Η Αρχαία Αγορά της Αθήνας

Οδηγός του Μουσείου

Η Αρχαία Αγορά της Αθήνας

Οδηγός του Μουσείου

ΠΕΜΠΤΗ ΕΚΔΟΣΗ

Laura Gawlinski

Φωτογραφίες

Craig A. Mauzy

Μετάφραση

Μαρία Μιχάλαρου

ΑΜΕΡΙΚΑΝΙΚΗ ΣΧΟΛΗ ΚΛΑΣΙΚΩΝ ΣΠΟΥΔΩΝ ΣΤΗΝ ΑΘΗΝΑ

PRINCETON, NEW JERSEY

Τίτλος του πρωτοτύπου

The Athenian Agora:
Museum Guide
Princeton, New Jersey

Σχεδιασμός: Mary Jane Gavenda

ISBN 978-960-7067-08-1

Τυπώθηκε στην Ελλάδα

Περιεχόμενα

ΠΡΟΛΟΓΟΣ

Ο παρών *Οδηγός* αποτελεί την πρώτη αυτοτελή έκδοση της Αμερικανικής Σχολής Κλασικών Σπουδών που αναφέρεται στα εκθέματα του *Μουσείου της Αρχαίας Αγοράς*. Συνοδεύει το βιβλίο *Η Αρχαία Αγορά της Αθήνας. Οδηγός στον Αρχαιολογικό Χώρο* (J. McK. Camp II, Αθήνα 2013, στο εξής: *Οδηγός της Αρχαίας Αγοράς της Αθήνας*), στο οποίο έχει χρησιμοποιηθεί το σύμβολο Ⓜ για να επισημανθούν τα αντικείμενα του Μουσείου. Εκεί ο επισκέπτης θα βρει πληροφορίες σχετικά με τις αρχαιότητες και τα μνημεία του αρχαιολογικού χώρου, καθώς και μια ευσύνοπτη ιστορική παρουσίαση. Ορισμένοι χάρτες και εικόνες που σχετίζονται με τον αρχαιολογικό χώρο περιλαμβάνονται και στην παρούσα έκδοση, ώστε οι Οδηγοί να μπορούν να χρησιμοποιηθούν χωριστά ο ένας από τον άλλο. Σύντομες βιβλιογραφικές αναφορές 📖 παρέχονται στο τέλος των περισσότερων λημμάτων, για όσους επιθυμούν περαιτέρω ενημέρωση σχετικά με τα εκθέματα.

Μέρος του υλικού που περιλαμβάνει ο *Οδηγός του Μουσείου* είχε δημοσιευθεί σε παλαιότερες εκδόσεις *Οδηγών της Αρχαίας Αγοράς της Αθήνας*, που περιείχαν σε έναν τόμο τόσο τα μνημεία του αρχαιολογικού χώρου όσο και τα αντικείμενα του Μουσείου (βλ. M. L. Lang and C. W. J. Eliot [1954], H. A. Thompson [1962, 1976] και J. McK. Camp II [1990], όλες στα Αγγλικά).

Στον *Οδηγό του Μουσείου της Αρχαίας Αγοράς* έχει ληφθεί υπόψη η πρόσφατη αναδιάρθρωση των αιθουσών του Μουσείου, καθώς και νέες ανακαλύψεις και πρόσφατες μελέτες. Ο *Οδηγός* απευθύνεται σε επισκέπτες που βρίσκονται στην Αθήνα και περιηγούνται τον αρχαιολογικό χώρο και ακολουθεί τη σειρά με την οποία βρίσκονται τοποθετημένα τα ευρήματα στη Στοά του Αττάλου. Ένας γενικός χάρτης του αρχαιολογικού χώρου –με αριθμημένα τα μνημεία– βρίσκεται σε ειδική θήκη στο οπισθόφυλλο του *Οδηγού της Αρχαίας Αγοράς της Αθήνας*. Οι παραπομπές από το κείμενο στο χάρτη γίνονται με το σύμβολο ⓿. Περισσότερες πληροφορίες αναφορικά με τον αρχαιολογικό χώρο όπου βρέθηκαν τα εκθέματα περιέχονται στα βιβλία των H. A. Thompson και R. E. Wycherley, *The Agora of Athens* (*Agora* XIV, 1972), και του J. McK. Camp II, *The Athenian Agora: Excavations in the Heart of Classical Athens* (Λονδίνο, 1986· ελλην. έκδ., Αθήνα, 2004).

Στο τέλος του *Οδηγού του Μουσείου της Αρχαίας Αγοράς* ο αναγνώστης θα βρει κατάλογο των εκδόσεων της Αμερικανικής Σχολής Κλασικών Σπουδών σχετικά με τα ευρήματα που ανακαλύφθηκαν στην Αρχαία Αγορά της Αθήνας. Μεγάλος αριθμός εκδόσεων και άλλων πηγών είναι διαθέσιμος, σε ηλεκτρονική μορφή, στην ιστοσελίδα για τις ανασκαφές της Αρχαίας Αγοράς: http://www.ascsa.edu.gr/index.php/excavationagora.

Ο παρών Οδηγός περιλαμβάνει έγχρωμες φωτογραφίες του Craig A. Mauzy. Οι εικόνες του φωτογραφικού αρχείου έχουν δημιουργηθεί από μια σειρά φωτογράφων που εργάστηκαν στην Αρχαία Αγορά: την Alison Frantz, τον James Heyle, τον Eugene Vanderpool Jr., τον Robert K. Vincent και τον Craig A. Mauzy. Τα περισσότερα σχέδια είναι έργα αρχιτεκτόνων της Αμερικανικής Σχολής Κλασικών Σπουδών: του Ιωάννη Τραυλού, του William B. Dinsmoor Jr. και του Richard Anderson. Η έκδοση του Οδηγού χρηματοδοτήθηκε εν μέρει από το ίδρυμα Charles A. Dana Foundation.

Οι εργασίες στην Αρχαία Αγορά της Αθήνας χρηματοδοτούνται από την Αμερικανική Σχολή Κλασικών Σπουδών στην Αθήνα και από το Packard Humanities Institute, με τη συμβολή του Randolph-Macon College, του Ιδρύματος Samuel H. Kress, καθώς και ιδιωτικών δωρεών. Οι ανασκαφές στον αρχαιολογικό χώρο πραγματοποιήθηκαν με τη βοήθεια εκατοντάδων ατόμων και τα αποτελέσματα των μελετών βασίζονται στις απόψεις των πολυάριθμων μελετητών που έχουν εργαστεί στις ανασκαφές της Αρχαίας Αγοράς για περισσότερα από 80 χρόνια.

John McK. Camp II
Διευθυντής των Ανασκαφών
της Αρχαίας Αγοράς

ΙΣΤΟΡΙΚΟ ΚΑΙ ΧΡΟΝΟΛΟΓΙΚΟ ΠΛΑΙΣΙΟ

σελ. 102

σελ. 105

σελ. 129

σελ. 156

σελ. 41

σελ. 161

ΠΡΟΪΣΤΟΡΙΑ ΚΑΙ ΠΡΩΤΟΪΣΤΟΡΙΑ (3200–700 π.Χ.)

περ. 3200–2800 π.Χ.
Ύστερη Νεολιθική εποχή.
Αρχαιότερη καταγεγραμμένη κατοίκηση της Αθήνας στις κλιτύες της Ακρόπολης.

περ. 3000–1550 π.Χ.
Πρωτοελλαδική και Μεσοελλαδική εποχή.

περ. 1550–1100 π.Χ.
Μυκηναϊκή εποχή (Υστεροελλαδική ή Ύστερη Εποχή του Χαλκού).
Ελληνική μυθολογία: Τρωικός πόλεμος, Ιάσωνας και Αργοναύτες, Θησέας και Μινώταυρος.

περ. 1100–700 π.Χ.
Πρωτογεωμετρική και Γεωμετρική εποχή (Εποχή του Σιδήρου).
Μετανάστευση ελληνικών φύλων και αποικισμός, οι πρώτοι Ολυμπιακοί Αγώνες (776 π.Χ.), εισαγωγή του αλφαβήτου, *Ιλιάδα* και *Οδύσσεια*.

ΑΡΧΑΪΚΗ ΕΠΟΧΗ (700–480 π.Χ.)

Τέλη 7ου αιώνα π.Χ.
Εμφάνιση του μελανόμορφου ρυθμού στην αγγειογραφία της Αθήνας.

περ. 600 π.Χ.
Ο νομοθέτης Σόλων (594 π.Χ.) και οι απαρχές της αθηναϊκής δημοκρατίας.

560–510 π.Χ.
Η τυραννίδα του Πεισίστρατου και των γιων του, Ιππία και Ίππαρχου. Δολοφονία του Ίππαρχου, 514 π.Χ.

περ. 515 π.Χ.
Εμφάνιση του ερυθρόμορφου ρυθμού στην αγγειογραφία της Αρχαίας Αγοράς.

508/7 π.Χ.
Εγκαθίδρυση της αθηναϊκής δημοκρατίας από τον Κλεισθένη.

490–479 π.Χ.
Περσικοί πόλεμοι: μάχη του Μαραθώνα (490 π.Χ.), μάχη των Θερμοπυλών (480 π.Χ.), ναυμαχία της Σαλαμίνας (480 π.Χ.) και μάχη των Πλαταιών (479 π.Χ.). Καταστροφή της Αθήνας από τους Πέρσες το 480 π.Χ.

ΚΛΑΣΙΚΗ ΕΠΟΧΗ (480–323 π.Χ.)

460–429 π.Χ.
Εποχή του Περικλή, ακμή της Αθήνας.

431–404 π.Χ.
Πελοποννησιακός πόλεμος, Αθήνα εναντίον Σπάρτης (Νικίειος ειρήνη, 421–415 π.Χ.)

399 π.Χ.
Θάνατος του Σωκράτη.

338 π.Χ.
Ακμή της Μακεδονίας υπό τον Φίλιππο Β′ και τον Μέγα Αλέξανδρο, μάχη της Χαιρώνειας (338 π.Χ.), διαχείριση των δημόσιων οικονομικών της Αθήνας από τον Λυκούργο (338–326 π.Χ.)

323 π.Χ.
Θάνατος του Μεγάλου Αλεξάνδρου.

σελ. 64

σελ. 176

σελ. 173

σελ. 181

σελ. 55

σελ. 187

ΕΛΛΗΝΙΣΤΙΚΗ ΕΠΟΧΗ (323–86 π.Χ.)

322 π.Χ.
Οι Μακεδόνες κατακτούν την Αθήνα.

Αρχές 3ου αιώνα π.Χ.
Εμφάνιση του ρυθμού της Δυτικής Κλιτύος στην κεραμική.

περ. 225 π.Χ.
Παραγωγή αγγείων με χρήση *μήτρας* (καλούπι).

2ος αιώνας π.Χ.
Παραγωγή νεοαττικών γλυπτών.

159–138 π.Χ.
Ανέγερση της Στοάς του Αττάλου με δαπάνη του Αττάλου Β', βασιλιά της Περγάμου.

146 π.Χ.
Ρωμαϊκή κυριαρχία στην Ελλάδα. Καταστροφή της Κορίνθου από τον Λεύκιο Μόμμιο.

86 π.Χ.
Πολιορκία και κατάκτηση της Αθήνας από τον Ρωμαίο στρατηγό Σύλλα.

ΡΩΜΑΪΚΗ ΕΠΟΧΗ (86 π.Χ.– 250 μ.Χ.)

27 π.Χ.–14 μ.Χ.
Ηγεμονία του Οκταβιανού Αυγούστου.

117–138 μ.Χ.
Ηγεμονία του Αδριανού.

138–161 μ.Χ.
Ηγεμονία του Αντωνίνου του Ευσεβούς.

περ. 150 μ.Χ.
Επίσκεψη του Παυσανία στην Αθήνα.

ΥΣΤΕΡΟΡΩΜΑΪΚΗ ΚΑΙ ΒΥΖΑΝΤΙΝΗ ΕΠΟΧΗ (250+ μ.Χ.)

267 μ.Χ.
Η Αθήνα και η Αρχαία Αγορά καταστρέφονται από τους Έρουλους.

330 μ.Χ.
Ίδρυση της Κωνσταντινούπολης.

396 μ.Χ.
Εισβολή των Βησιγότθων του Αλάριχου στην Αθήνα, φθορές στην Αρχαία Αγορά.

529 μ.Χ.
Κλείσιμο των φιλοσοφικών σχολών της Αθήνας από τον Ιουστινιανό.

582/3 μ.Χ.
Καταστροφή της Αρχαίας Αγοράς, πιθανότατα από τους Σλάβους, και εγκατάλειψή της.

10ος–12ος αιώνες μ.Χ.
Επανάχρηση του χώρου της Αρχαίας Αγοράς, ανέγερση της εκκλησίας των Αγίων Αποστόλων.

Ιστορία του Μουσείου

Εικ. 1. Τοποθέτηση του αγάλματος του Απόλλωνα Πατρώου στην αναστηλωμένη Στοά του Αττάλου (Αύγουστος 1956)

Όλα τα ευρήματα των ανασκαφών που διεξάγει η Αμερικανική Σχολή Κλασικών Σπουδών στην Αρχαία Αγορά, από το 1931, φιλοξενούνται σήμερα στη Στοά του Αττάλου 46. Επιπλέον, εδώ έχουν μεταφερθεί τα σημαντικότερα αντικείμενα που είχαν αποκαλυφθεί σε παλαιότερες ανασκαφές Ελλήνων αρχαιολόγων και βρίσκονταν στο Εθνικό Αρχαιολογικό Μουσείο: μεταξύ άλλων, το άγαλμα του Απόλλωνα Πατρώου (εικ. 1), οι προσωποποιήσεις της *Ιλιάδας* και της *Οδύσσειας* (εικ. 25, σελ. 37) και ένα κιονόκρανο κορινθιακού ρυθμού από το Ωδείο του Αγρίππα (σήμερα βρίσκεται στον χώρο του Ωδείου). Τέλος, τα ευρήματα που ανακαλύφθηκαν κατά τις ανασκαφές της Αμερικανικής Σχολής στη βόρεια κλιτύ της Ακρόπολης και στην Πνύκα φυλάσσονται, επίσης, στη Στοά του Αττάλου.

Η ιστορία του Μουσείου είναι συνυφασμένη με την ιστορία της αναστήλωσης της Στοάς του Αττάλου. Λίγα χρόνια μετά την έναρξη των ανασκαφών στην Αγορά, ο χώρος όπου στεγάζονταν τα ευρήματα δεν αρκούσε πλέον για τη φύλαξή τους (εικ. 2). Πριν ακόμα από τον Β′ Παγκόσμιο Πόλεμο υπήρξαν σχέδια για τη δημιουργία μουσείου στον αρχαιολογικό χώρο, όπου τα ευρήματα θα μπορούσαν να εκτίθενται στον τόπο όπου είχαν ανακαλυφθεί. Η περιοχή στα δυτικά του Άρειου Πάγου 74 θεωρήθηκε κατάλληλος χώρος για ένα τέτοιο μουσείο και το 1946 ξεκίνησαν εκεί προκαταρκτικές ανασκαφές, ενώ ετοιμάστηκαν και τα σχέδια των κτηρίων που θα ανεγείρονταν. Όταν η αρχαιολογική σκαπάνη έφερε στο φως απρόσμενα μεγάλο αριθμό σημαντικών κτηρίων και κινητών ευρημάτων, ο τότε διευθυντής της ανασκαφής Homer A. Thompson πρότεινε την αναστήλωση ενός αρχαίου κτηρίου ως λύση στο πρόβλημα της στέγασης των αρχαιοτήτων. Επιλέχθηκε η Στοά του Αττάλου (που είχε κατασκευαστεί με δαπάνη του βασιλιά της Περγάμου Αττάλου Β′, 159–138 π.Χ.), επειδή ο τύπος του κτηρίου ήταν κατάλληλος για τη στέγαση ενός μουσείου με διάφορες αίθουσες και χώρους εργασίας και επειδή το μεγάλο τμήμα της αρχικής κατασκευής που είχε διατηρηθεί επέτρεπε την ακριβή αποκατάστασή της. Μάλιστα, το βόρειο άκρο του κτηρίου στεκόταν ακέραιο έως το ύψος της αρχικής στέγης. Η αναστήλωση της Στοάς πραγματοποιήθηκε μεταξύ των ετών 1953–1956 (εικ. 3) με τη γενναιόδωρη χορηγία του John D. Rockefeller Jr. Τον Ιούνιο του 1957 η ελληνική Αρχαιολογική Υπηρεσία ανέλαβε τη φύλαξη και

Εικ. 2. Η αυλή του Παλαιού Σπιτιού της Ανασκαφής

Εικ. 3. Η Στοά του Αττάλου μετά την αναστήλωση (1956)

τη συντήρηση του αρχαιολογικού χώρου της Αγοράς και της Στοάς του Αττάλου. Τόσο η επανέκθεση του Μουσείου στο ισόγειο της Στοάς Αττάλου όσο και η επανέκθεση των γλυπτών στον όροφο της Στοάς Αττάλου πραγματοποιήθηκαν από το Υπουργείο Πολιτισμού και Αθλητισμού (Α′ Εφορεία Προϊστορικών και Κλασικών Αρχαιοτήτων), η μεν πρώτη το 2004 ενόψει των Ολυμπιακών Αγώνων της Αθήνας, η δε δεύτερη το 2012, στο πλαίσιο του έργου «Αναβιώνοντας την Αρχαία Αγορά, τον τόπο που γεννήθηκε η Δημοκρατία», με τη συγχρηματοδότηση του Ευρωπαϊκού Οικονομικού Χώρου και του Υπουργείου Ανάπτυξης, Ανταγωνιστικότητας και Ναυτιλίας.

Σήμερα, η Στοά του Αττάλου δεν παρέχει μόνο επαρκή χώρο για τη φύλαξη, έρευνα και έκθεση των αντικειμένων, αλλά επιτρέπει επίσης στον επισκέπτη να εκτιμήσει τη λειτουργία και τη μορφή αυτού του συνηθισμένου τύπου αρχαίου δημόσιου κτηρίου. Πρόκειται για ένα εξαιρετικό παράδειγμα του πλήρως εξελιγμένου τύπου στοάς: τόσο στο ισόγειο όσο και στον πάνω όροφο, μια διπλή κιονοστοιχία βρίσκεται μπροστά από μια σειρά 21 δωματίων, που χρησίμευαν πρωτίστως ως καταστήματα. Μπροστά από την κιονοστοιχία του ισογείου υπάρχει άνδηρο κατά μήκος όλου του κτηρίου. Κύρια λειτουργία της Στοάς ήταν να παρέχει στους πολίτες έναν προφυλαγμένο τόπο ανεπίσημων συναντήσεων και περιπάτου, γεγονός που πρέπει να διασφάλισε και την επιτυχία της ως εμπορικού κέντρου. Τα καταστήματα εκμισθώνονταν από το κράτος σε ιδιώτες εμπόρους, συνεπώς το κτήριο χρησίμευε τόσο ως στολίδι της πόλης, όσο και ως πηγή εσόδων. Αξιοσημείωτη είναι η προσαρμογή της μορφής των δωρικών κιόνων του ισογείου στις ανάγκες μιας στοάς. Σε αντίθεση με τους ναούς, οι στοές ήταν κτήρια σχεδιασμένα για χρήση από πολλούς ανθρώπους. Εξαιτίας αυτού, οι κίονες έχουν μεγαλύτερο κενό ανάμεσά τους, ώστε να διευκολύνεται η πρόσβαση στο εσωτερικό. Επίσης, το κάτω τμήμα κάθε κίονα της εξωτερικής κιονοστοιχίας είναι αράβδωτο, προκειμένου να μην φθείρεται κατά τη μεταφορά αγαθών ή την κίνηση των ανθρώπων.

Μετά από τέσσερις αιώνες κατά τους οποίους η Στοά είχε δεχτεί περιορισμένες μετατροπές, το 267 μ.Χ. καταστράφηκε από τους Έρουλους (γερμανικό φύλο). Ίχνη πυρκαγιάς είναι ακόμη και σήμερα ορατά στην εσωτερική όψη του νότιου τοίχου της. Λίγα χρόνια αργότερα, η Στοά ενσωματώθηκε στο Υστερορωμαϊκό Τείχος της Αθήνας, ενώ η πρόσοψη και όλοι οι κίονές της αφαιρέθηκαν και χρησιμοποιήθηκαν για τη στερέωση του πίσω μέρους του κτηρίου. Τέλος, τα δωμάτια στο πίσω μέρος συνέχισαν να χρησιμοποιούνται έως τους χρόνους της Οθωμανικής αυτοκρατορίας (15ος αι. μ.Χ.).

Το γεγονός ότι αρκετοί από τους τοίχους και τα αρχιτεκτονικά μέλη του κτηρίου είχαν διατηρηθεί κατέστησε δυνατή την πλήρη και ορθή αποκατάστασή του. Ποικίλα σωζόμενα μέλη ενσωματώθηκαν στην ανακατασκευή της Στοάς, κυρίως στο νότιο τμήμα του κτηρίου, κοντά στην είσοδο. Κατά την αναστήλωση χρησιμοποιήθηκαν τα ίδια υλικά με αυτά του αρχικού κτηρίου: μάρμαρο για την πρόσοψη, τους κίονες και διάφορα σημεία του εσωτερικού, ασβεστόλιθος για τους τοίχους και πήλινα κεραμίδια για τη στέγη. Ο πάνω όροφος και η στέγη εδράζονται σήμερα σε δοκάρια από οπλισμένο σκυρόδεμα, καλυμμένα με ξύλινα κελύφη, έτσι ώστε να αναπαριστούν ακριβώς τη διάταξη και τις διαστάσεις των αρχικών ξύλινων δοκαριών. Το σχέδιο των ξύλινων θυρών ανακτήθηκε από τις εγκοπές στις μαρμάρινες παραστάδες και στα κατώφλια, αλλά και με βάση τις αναλογίες σωζόμενων μαρμάρινων θυρών από τάφους, οι οποίες αντέγραφαν ξύλινες θύρες.

Χάρη στην ανακατασκευή της Στοάς του Αττάλου ο επισκέπτης μπορεί να αντιληφθεί γιατί οι στοές ήταν κατάλληλες για δημόσιες συναθροίσεις. Ο χώρος των κιονοστοιχιών παρείχε καταφύγιο σε χιλιάδες ανθρώπους, προστατεύοντάς τους από τον δυνατό ήλιο το καλοκαίρι και από τον άνεμο και τη βροχή τον χειμώνα, ενώ ταυτόχρονα διέθετε άφθονο φυσικό φως και καθαρό αέρα.

Agora XIV (1972), σελ. 230–233· C. A. Mauzy, *Agora Excavations, 1931–2006* (2006), σελ. 26–73.

Περιήγηση
στο
Μουσείο

ΟΙ ΧΩΡΟΙ ΤΟΥ ΜΟΥΣΕΙΟΥ

Οι παρακάτω χώροι της Στοάς του Αττάλου είναι συνήθως προσβάσιμοι στο κοινό (εικ. 4α–γ):

- Άνδηρο: μαρμάρινα ευρήματα, κυρίως αρχιτεκτονικά μέλη
- Ισόγειο, κιονοστοιχίες: γλυπτά και επιγραφές
- Ισόγειο, χώροι καταστημάτων: κύρια αίθουσα, πωλητήριο
- Πάνω όροφος: γλυπτά και προπλάσματα της αρχαίας πόλης

Το εισιτήριο της Αρχαίας Αγοράς περιλαμβάνει και την είσοδο στο Μουσείο.

Οι φωτογραφίες επιτρέπονται χωρίς φλας.

Απαγορεύεται στους επισκέπτες να αγγίζουν τις αρχαιότητες ή να κάθονται πάνω σε αυτές.

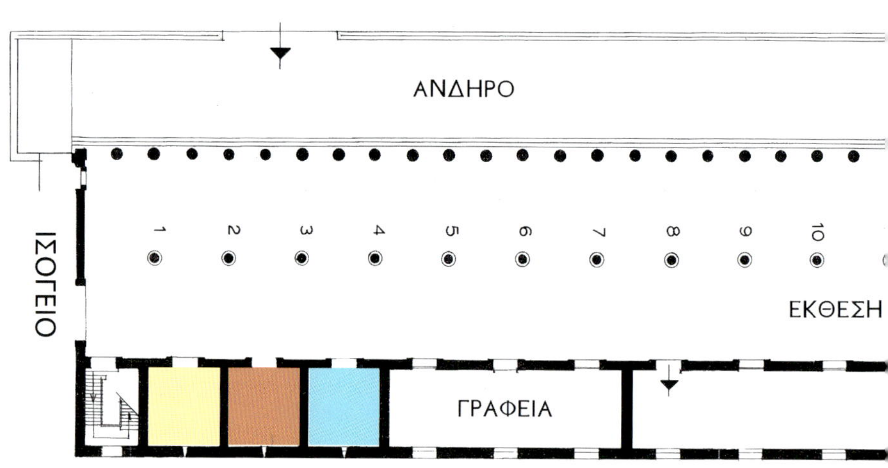

Εικ. 4α. Στοά του Αττάλου, ισόγειο

Τα γραφεία του Μουσείου και τα εργαστήρια συντήρησης και μελέτης των ευρημάτων είναι εγκατεστημένα εκεί όπου βρίσκονταν τα αρχαία καταστήματα του πάνω ορόφου. Το μεγαλύτερο μέρος του αρχαιολογικού υλικού φυλάσσεται στον πάνω όροφο, πίσω από αδιαφανές χώρισμα με γαλακτερό κρύσταλλο, καθώς και στις αποθήκες του υπογείου. Ορισμένα τμήματα του διαχωριστικού πετάσματος, ωστόσο, είναι διαφανή, επιτρέποντας στον επισκέπτη να βλέπει τα παλιά ξύλινα ερμάρια με τις γυάλινες πόρτες, όπου είναι τακτοποιημένα τα ευρήματα των ανασκαφών. Οι φοιτητές μπορούν να επισκεφθούν τους χώρους εργασίας και τις αποθήκες μετά από αίτηση στα γραφεία του Μουσείου.

Η είσοδος για άτομα με κινητικά προβλήματα βρίσκεται στη βόρεια πλευρά του κτηρίου. Τουαλέτες και ψύκτης υπάρχουν στο βόρειο άκρο του ισογείου.

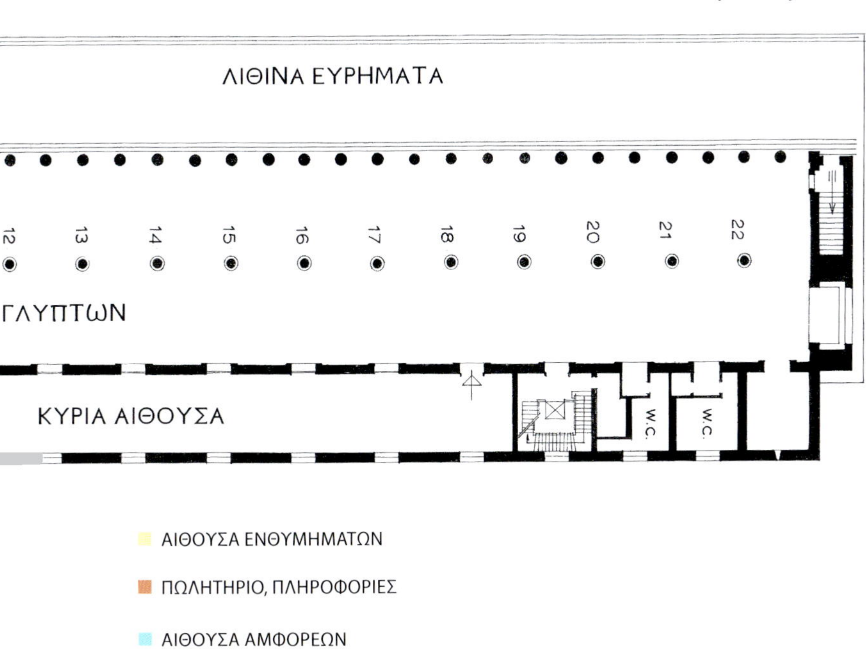

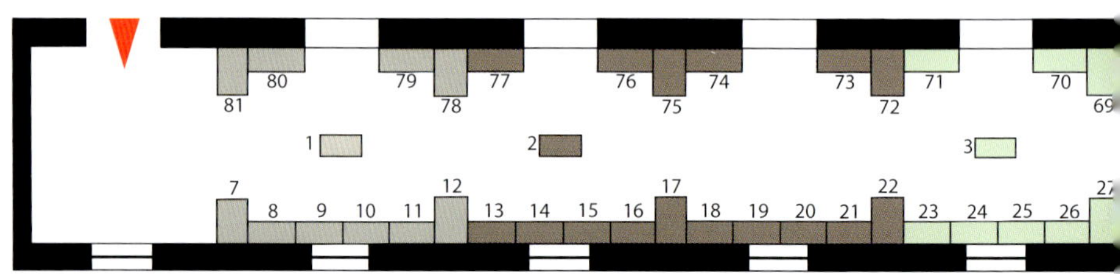

Εικ. 4β. Στοά του Αττάλου, ισόγειο: λεπτομερής κάτοψη της κύριας αίθουσας. Τα διαφορετικά χρώματα των προθηκών δηλώνουν τις χρονολογικές περιόδους.

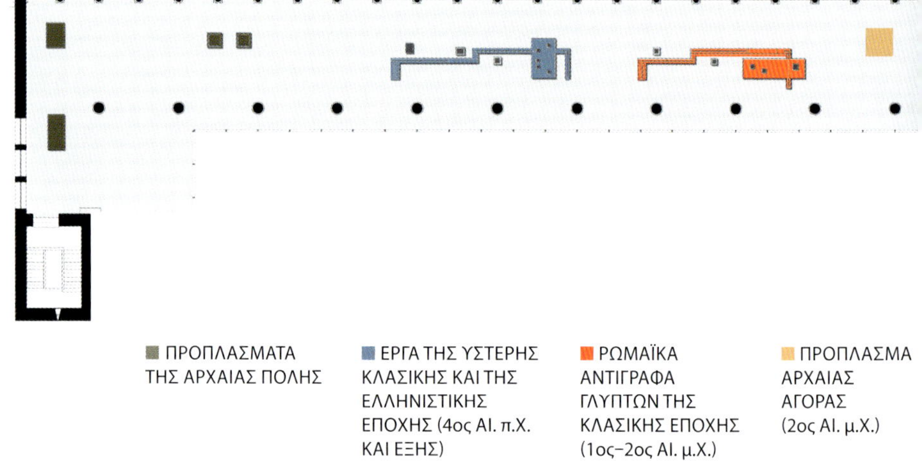

Εικ. 4γ. Στοά του Αττάλου, πάνω όροφος: γλυπτά και προπλάσματα της αρχαίας πόλης.

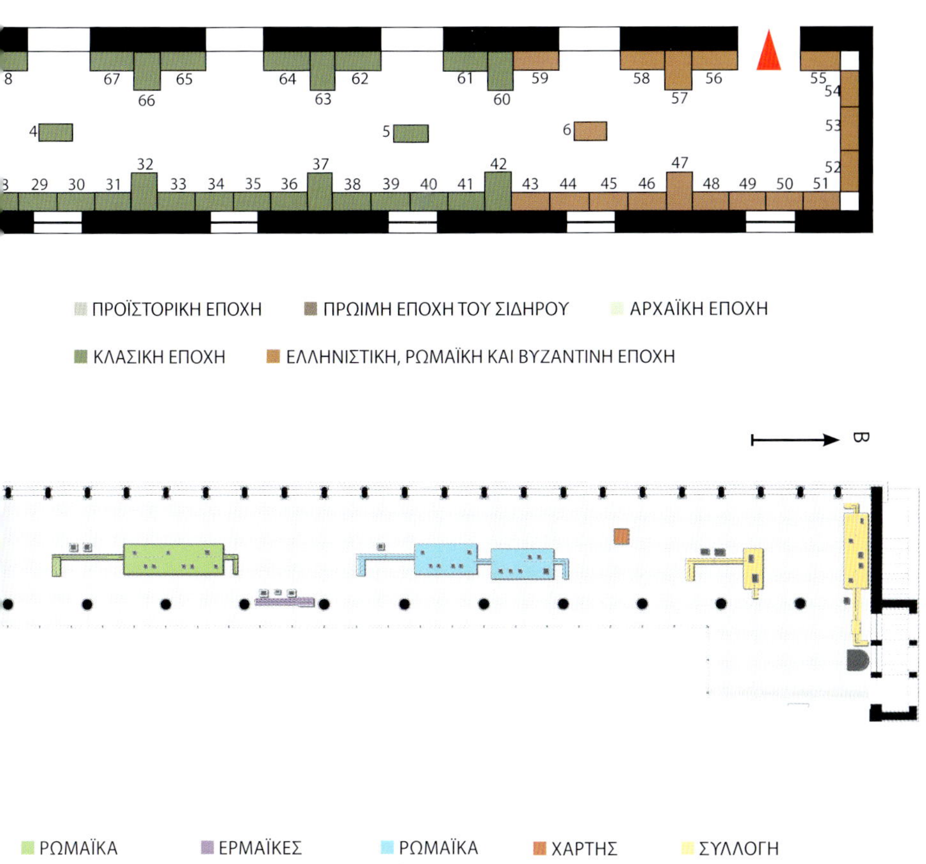

ΡΩΜΑΪΚΑ ΠΟΡΤΡΑΙΤΑ (1ος–2ος Αι. μ.Χ.)

ΕΡΜΑΪΚΕΣ ΣΤΗΛΕΣ ΜΕ ΠΟΡΤΡΑΙΤΑ ΔΗΜΟΣΙΩΝ ΛΕΙΤΟΥΡΓΩΝ (2ος–3ος Αι. μ.Χ.)

ΡΩΜΑΪΚΑ ΠΟΡΤΡΑΙΤΑ (3ος Αι. μ.Χ.)

ΧΑΡΤΗΣ ΑΡΧΑΙΑΣ ΑΓΟΡΑΣ (5ος Αι. μ.Χ.)

ΣΥΛΛΟΓΗ ΓΛΥΠΤΩΝ ΠΟΥ ΚΟΣΜΟΥΣΑΝ ΤΑ ΙΔΙΩΤΙΚΑ ΕΚΠΑΙΔΕΥΤΗΡΙΑ ΤΗΣ ΥΣΤΕΡΗΣ ΑΡΧΑΙΟΤΗΤΑΣ

ΑΝΔΗΡΟ

Είσοδος από τη νότια πλευρά

Διάφορα μαρμάρινα ευρήματα από όλα τα σημεία της ανασκαφής είναι συγκεντρωμένα εδώ. Η ποικιλομορφία των αντικειμένων προσφέρει μια κατατοπιστική εικόνα των αρχιτεκτονημάτων και των μνημείων που βρίσκονταν κάποτε στην Αρχαία Αγορά ή σε κοντινή απόσταση από αυτή.

Το καλοκαίρι οι επισκέπτες έχουν τη δυνατότητα να δροσιστούν στη μικρή κρήνη που βρίσκεται στο νότιο άκρο του ανδήρου. Η κρήνη αυτή χτίστηκε στη θέση μιας άλλης, πολύ μεγαλύτερης και σύγχρονης της Στοάς. Δεξιά και αριστερά της βρίσκεται λίθινο παγκάκι, το οποίο στη δεξιά άκρη του καταλήγει σε μια στήλη: όπως υποδεικνύει η επιγραφή της στήλης, το παγκάκι και η καινούργια κρήνη είναι αφιερωμένα στον Theodore Leslie Shear, διευθυντή των Ανασκαφών της Αρχαίας Αγοράς από την έναρξή τους, το 1931, έως τον θάνατό του, το 1945. Δίπλα στη στήλη υπάρχει ορθογώνιος μαρμάρινος βωμός, αφιερωμένος στη θεά Άρτεμη (I 7635). Οι ανάγλυφες παραστάσεις στις πλευρές του βωμού απεικονίζουν σάτυρους και μαινάδες που θυσιάζουν ζώα (εικ. 5). Αυτές οι μορφές συνδέονται περισσότερο με τον Διόνυσο από ό,τι με την Άρτεμη και η παρουσία τους υποδηλώνει τον τόπο εύρεσης του βωμού: ένα κτήριο όπου λατρευόταν ο Διόνυσος, στην κοιλάδα δυτικά της Αγοράς. Πρόκειται για έναν από τους πολυάριθμους βωμούς που μπορείτε να δείτε στο Μουσείο, με ποικίλα σχήματα και υλικά, οι οποίοι χρησιμοποιούνταν για τη λατρεία εξίσου πολυάριθμων θεοτήτων.

Εικ. 5. Βωμός της θεάς Άρτεμης

Στα δεξιά του παραπάνω βωμού βρίσκεται βάση αγαλμάτων με την υπογραφή του Θεόξενου του Θηβαίου (εικ. 6, I 5407). Στο μαρμάρινο βάθρο εδράζονταν κάποτε τα εικονιστικά αγάλματα ενός ζευγαριού

Εικ. 6. Βάση αγαλμάτων του Θεόξενου

–του Φυστέως και της Πεισικράτειας από τις Αχαρνές. Τα γλυπτά αυτά ήταν αφιέρωμα του γιου τους, Δημοπειθίδη, στη θεά Δήμητρα και την Κόρη. Κάτω από την αναθηματική επιγραφή, το έργο φέρει υπογραφή –με μικρότερα γράμματα– του κατά τα άλλα άγνωστου γλύπτη Θεόξενου του Θηβαίου. Χρονολογείται στο β′ μισό του 4ου αιώνα π.Χ. και τα δύο τμήματά του βρέθηκαν στο Ελευσίνιο 55, όπου ενδεχομένως ήταν τοποθετημένο. Η γυναικεία μορφή απέναντι από τον 4ο κίονα ίσως ταυτίζεται με την Πεισικράτεια (S 1016, σελ. 40).

Το τελευταίο σημαντικό αντικείμενο που βρίσκεται στο νότιο άκρο του ανδήρου είναι ένα *περιρραντήριο*, το οποίο περιείχε νερό για τον εξαγνισμό των πιστών (εικ. 7, Α 2115). Ένα παρόμοιο αντικείμενο μπορεί να δει κανείς στον αρχαιολογικό χώρο της Αγοράς, κοντά στους *όρους* (μαρμάρινες στήλες οριοθέτησης) 10.

Συνεχίζοντας με κατεύθυνση προς τα βόρεια, αριστερά της εισόδου, ο επισκέπτης θα συναντήσει άγαλμα της Μητέρας των Θεών στην τυπική καθιστή στάση της (εικ. 8, S 1356), αποσπασματικά σωζόμενο και σε κακή κατάσταση διατήρησης. Το ιερό της Μητέρας των Θεών στην Αγορά

Εικ. 7. Περιρραντήριο

Εικ. 8. Άγαλμα της Μητέρας των Θεών στα αριστερά της εισόδου του ανδήρου

Εικ. 9. Οι βάσεις αγαλμάτων I 6532 (πάνω) και I 5484 (κάτω)

ήταν το Μητρώο 14, ενώ άλλη μια από τις γλυπτές απεικονίσεις της βρίσκεται στην προθήκη 59 της κύριας αίθουσας (σελ. 172). Εκεί κοντά, βρίσκονται δύο βάσεις αγαλμάτων (εικ. 9): η Ι 6532 φέρει ίχνη πελμάτων, γεγονός που καταδεικνύει ότι επρόκειτο για βάση χάλκινου αγάλματος, και, λίγο πιο πέρα, η Ι 5484 (= *IG* I^3 953) έχει ορθογώνια υποδοχή, που πιθανότατα ταιριάζει σε υψηλή στήλη για τα στεφάνια που αναφέρονται στην επιγραφή της.

Εικ. 10. Δίγλωσσο επιτύμβιο μνημείο (Λατινικά και Ελληνικά)

Επιπλέον, στο άνδηρο υπάρχουν αρκετά επιτύμβια μνημεία. Συνεχίζοντας προς τα δεξιά, θα συναντήσετε δίγλωσση βάση της Ρωμαϊκής εποχής με επιγραφές στα Λατινικά και στα Ελληνικά (εικ. 10, Ι 774), η οποία είναι ιδιαίτερα σημαντική ως μια από τις ελάχιστες λατινικές επιγραφές σε ολόκληρη την Αρχαία Αγορά.

Λίγο παρακάτω βρίσκεται ο βωμός του Διός Φρατρίου και της Αθηνάς Φρατρίας (εικ. 11, Ι 6709, πρβλ. Ι 3706 στον αρχαιολογικό χώρο 24).

Εικ. 11. Βωμός του Διός Φρατρίου και της Αθηνάς Φρατρίας

Εικ. 12. Πώρινη τράπεζα προσφορών από την περιοχή του Ελευσινίου

Σώζονται ίχνη των μεταλλικών συνδέσμων που κάποτε συγκρατούσαν τις τέσσερις πλευρές του μαρμάρινου βωμού.

Ακολουθούν αρκετά αρχιτεκτονικά μέλη. Περίπου στο μέσο του ανδήρου υπάρχει πώρινη τράπεζα προσφορών, από την περιοχή του Ελευσινίου 56 (εικ. 12, Α 2890). Κοντά της βρίσκεται ένας αδρά δουλεμένος, ενεπίγραφος, λίθος, που κάποτε οριοθετούσε υποθηκευμένη γη ως εχέγγυο προικώου (εικ. 13, Ι 7001).

Προς τη βόρεια πλευρά του ανδήρου εκτίθενται και άλλα επιτύμβια μνημεία διάφορων σχημάτων. Τρεις μορφές είναι λαξευμένες στην αποσπασματικά σωζόμενη μαρμάρινη *λήκυθο* του 4ου αιώνα π.Χ. (εικ. 14, Ι 5459): επιγραφή πάνω από το κεφάλι του καθιστού άνδρα μας πληροφορεί ότι το όνομά του είναι Τιμοκράτης, ενώ οι επιγραφές πάνω από τις άλλες μορφές δεν είναι πλέον αναγνώσιμες. Η χειραψία των δεξιών χεριών (*δεξίωση*) αποτελεί τυπικό επιτύμβιο εικονογραφικό μοτίβο, που εκφράζει την επικοινωνία μεταξύ του νεκρού (εδώ του καθιστού άνδρα) και της οικογένειάς του. Πιο κάτω, είναι τοποθετημένη στήλη με ανθέμιο (εικ. 15, Ι 4970). Δίπλα σε αυτή τη λιτή στήλη βρίσκεται η πρώτη από τις δύο σαρκοφάγους του ανδήρου (εικ. 16, Α 1129). Εξαιρετικό δείγμα της

Εικ. 13. Επιγραφή υποθήκης

Εικ. 14 (αριστερά). Αποσπασματικά σωζόμενη επιτύμβια μαρμάρινη λήκυθος
Εικ. 15 (δεξιά). Επιτύμβια στήλη με ανθέμιο

Εικ. 16. Μαρμάρινη σαρκοφάγος της Αρχαϊκής εποχής

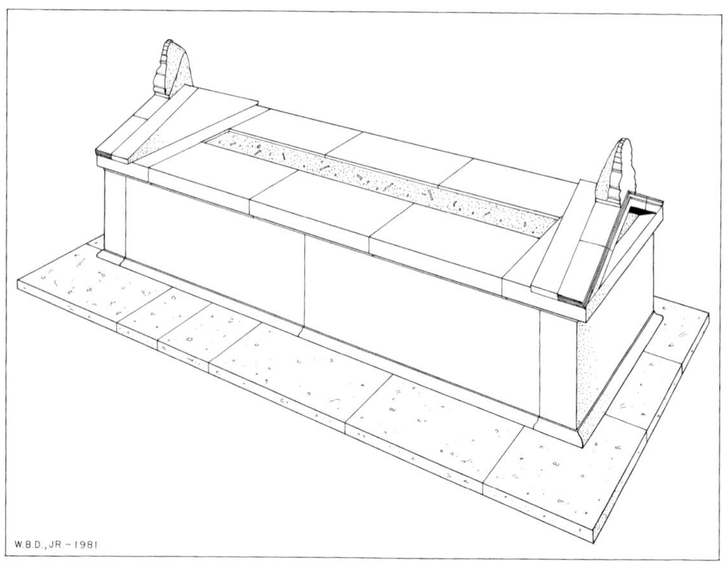

Εικ. 17. Σχεδιαστική αποκατάσταση του βωμού της Αφροδίτης

Ύστερης Αρχαϊκής περιόδου (περ. 520–480 π.Χ.), προέρχεται πιθανότατα από πρώιμο νεκροταφείο στα νοτιοδυτικά της δημόσιας πλατείας 74.

Σε αυτό το σημείο μπορεί κανείς να δει τμήματα των διακοσμητικών στοιχείων ενός βωμού (Α 3774 a και b), που σχεδόν σίγουρα συνδέονται με τον βωμό της Αφροδίτης Ουρανίας 36 (εικ. 17). Μια σειρά πώρινων βωμών (Α 774, Α 775, Α 2827 και Α 2828) από την περιοχή του Ελευσινίου 56 βρίσκονται επίσης εδώ (εικ. 18).

Στο βόρειο άκρο του ανδήρου στέκουν λίθινα στόμια πηγαδιών, τα περισσότερα με εμφανή τα σημάδια από το σκοινί που ανεβοκατέβαζε το δοχείο για την άντληση νερού (εικ. 19, Α 1085), καθώς και η δεύτερη σαρκοφάγος που σήμερα χρησιμεύει ως ζαρντινιέρα (Α 2519).

Κατά καιρούς νέα αντικείμενα προστίθενται και παλιά ευρήματα απομακρύνονται για να συντηρηθούν ή για να επιστρέψουν στον αρχαιολογικό χώρο. Για παράδειγμα, ο λουτήρας ST 334 (εικ. 20), που πιθανόν προέρχεται από το κυκλικό κτήριο των λουτρών 73, βρίσκεται σήμερα, μαζί με άλλα μαρμάρινα αντικείμενα, ακριβώς στα νότια του Μονόπτερου 43, ανάμεσα στα δέντρα.

Βάση αγαλμάτων του Θεόξενου: B. D. Meritt, *Hesperia* 26 (1957), αρ. 51, σελ. 203–206· *Agora* III (1957, ανατ. 1973), αρ. 228, σελ. 83· *Agora* XIV (1972), σελ. 153–154· *Agora* XXXI (1998), αρ. 11, σελ. 189–190. **Δίγλωσσο μνημείο**: *Agora* XXXV (2013), σελ. 220–221, αρ. 385. **Μαρμάρινη λήκυθος**: *Agora* XXXV (2013), σελ. 147, αρ. 182. **Ανθεμωτή στήλη**: *Agora* XXXV (2013), σελ. 133–134, αρ. 153.

Εικ. 18 (πάνω). Πώρινοι βωμοί από την περιοχή του Ελευσινίου

Εικ. 19 (αριστερά). Λίθινο στόμιο πηγαδιού με εμφανείς τις φθορές από το σκοινί

Εικ. 20 (κάτω). Λίθινος λουτήρας, πιθανόν από λουτρά στα νοτιοδυτικά της πλατείας της Αγοράς

ΣΜΙΛΕΥΟΝΤΑΣ ΤΟ ΜΑΡΜΑΡΟ

Ο χώρος του ανδήρου και των κιονοστοιχιών είναι γεμάτος με μαρμάρινα αντικείμενα: γλυπτά, βάσεις αγαλμάτων ή μνημείων, επιγραφές και αρχιτεκτονικά μέλη. Το μάρμαρο που χρησιμοποιήθηκε για αυτά προερχόταν από διάφορες περιοχές, εντός και εκτός της Αθήνας. Οι δύο πιο σημαντικές εγχώριες πηγές μαρμάρου ήταν το Πεντελικό όρος (βορειοανατολικά) και ο Υμηττός (νοτιοανατολικά): το πρώτο παρήγαγε λεπτόκοκκο λευκό μάρμαρο (πεντελικό), το δεύτερο κυανότεφρο (υμήττιο). Για γλυπτά καλύτερης ποιότητας γινόταν συχνά εισαγωγή χονδρόκοκκου μαρμάρου από την Πάρο. Οι εναλλαγές στη χρήση διαφορετικών ειδών μαρμάρου διακρίνονται στο Ηφαιστείο 1, όπου ο ναός πάνω από τη θεμελίωση είναι κατασκευασμένος από πεντελικό μάρμαρο, αλλά οι ανάγλυφες μετόπες –οι ορθογώνιοι λίθοι της ζωφόρου– είναι από παριανό μάρμαρο. Ωστόσο, η εκτεταμένη εισαγωγή μαρμάρου από περιοχές εκτός Αττικής έγινε δημοφιλής όταν οι Ρωμαίοι πήραν τον έλεγχο των λατομείων ολόκληρης της αυτοκρατορίας. Στην Αρχαία Αγορά, η πρόσοψη της σκηνής από το Ωδείο του Αγρίππα 41 (Α 1174, εικ. 21, σελ. 40) μας δείχνει πώς συνδυάζονταν τα διαφορετικά είδη μαρμάρου εκείνη την εποχή: οι πρασινωπές πλάκες είναι από μάρμαρο Καρύστου στην Εύβοια. Το χρώμα τους κάνει

Εικ. 21. Χρωματιστά μάρμαρα στην πρόσοψη της σκηνής του Ωδείου

Εικ. 22. Σύγχρονος μαρμαροτεχνίτης χρησιμοποιεί αντίγραφα αρχαίων εργαλείων, κατά την ανακατασκευή της Στοάς του Αττάλου

αντίθεση με το λευκό του πεντελικού μαρμάρου των ερμαϊκών στηλών και της επίστεψης με τους λωτούς και τα ανθέμια. Η βάση της πρόσοψης είναι φτιαγμένη από κυανότεφρο μάρμαρο Υμηττού.

Γύρω από τη δημόσια πλατεία της Αρχαίας Αγοράς υπήρχαν αρκετά εργαστήρια, όπου, μετά την αρχική επεξεργασία στο λατομείο, οι γλύπτες έδιναν στο μάρμαρο την τελική του μορφή. Οι ανασκαφές στα σπίτια των γλυπτών Μικίωνα και Μένωνα 71 (5ος–3ος αι. π.Χ.) και στα ρωμαϊκά εργαστήρια κοντά στη Βιβλιοθήκη του Πανταίνου 48 έχουν αποκαλύψει θραύσματα των σιδερένιων εργαλείων που χρησιμοποιούνταν: σφυριά, τρυπάνια και καλέμια για τη λάξευση του μαρμάρου. Έπειτα, σειρά είχε η λείανση με σμυρίγλι ή ελαφρόπετρα για να απαλειφθεί το παραμικρό σημάδι από τα εργαλεία (εικ. 22). Τέτοιου είδους σημάδια διάφορων τύπων και μεγεθών είναι ακόμη ορατά σε ημιτελή μαρμάρινα αντικείμενα και σε σημεία που ήταν αθέατα. Συχνά η πίσω πλευρά ενός γλυπτού ή τα μέρη του που τοποθετούνταν σε κάποια βάση ή στο έδαφος αφήνονταν σε μεγάλο βαθμό ακατέργαστα.

Μετά και την ολοκλήρωση της λείανσης το αντικείμενο γυαλιζόταν με κερί ή ελαιόλαδο. Ελάχιστα από τα γλυπτά της κύριας αίθουσας διατηρούν το χρώμα με το οποίο βάφονταν στη συνέχεια (Αφροδίτη, S 1192, σελ. 172 και σάτυρος, S 221, σελ. 173). Στο τέλος προσετίθεντο τυχόν λεπτομέρειες από μέταλλο ή λίθο: μάτια, βλεφαρίδες, στεφάνια ή δόρατα, όπως εκείνα στο ανάγλυφο για τη νίκη σε ιππικό αγώνισμα (I 7167, εικ. 28, σελ. 46–48).

Πολλοί άνθρωποι πρέπει να εργάζονταν στην Αθήνα για την επεξεργασία μαρμάρου και άλλων λίθων, κυρίως κατά τη διάρκεια μεγάλων οικοδομικών προγραμμάτων, όπως την εποχή του Περικλή. Προκειμένου να λαξευτεί το αέτωμα του Παρθενώνα το 434/3 π.Χ., η πόλη πλήρωσε 16.392 δραχμές στους γλύπτες (*IG* I[3] 449· το ημερομίσθιο ήταν τότε περίπου 1 δραχμή). Ένας από τους διασημότερους γλύπτες που εργάστηκαν στην Αγορά ήταν και ο Πραξιτέλης (η βάση αγάλματος I 4165, σελ. 33, φέρει την υπογραφή του). Ο πατέρας του Σωκράτη ήταν επίσης λιθοξόος και ίσως και ο ίδιος ο φιλόσοφος να ακολούθησε για λίγο τα βήματά του.

Την Κλασική εποχή, οι τεχνίτες προτιμούσαν τον χαλκό για περίοπτα γλυπτά, αλλά η ζήτηση για την ελληνική τέχνη κατά τη Ρωμαϊκή εποχή οδήγησε σε κατακόρυφη αύξηση των μαρμάρινων αντιγράφων. Εκμαγεία από τα πρωτότυπα γλυπτά χρησιμοποιήθηκαν, συχνά, για να ληφθούν οι ακριβείς διαστάσεις, αλλά όχι σε όλες τις περιπτώσεις. Επειδή η πλειονότητα των χάλκινων αγαλμάτων της Κλασικής εποχής αγνοείται (είτε τα αφαίρεσαν εισβολείς είτε τα έλιωσαν για το πολύτιμο μέταλλό τους), τα μαρμάρινα αντίγραφά τους θεωρούνται σήμερα πολύ σημαντικά, ειδικά όταν ταυτίζονται με έργα τέχνης που είναι γνωστά μόνο από γραπτές πηγές. Η προθήκη 59 της κύριας αίθουσας (σελ. 172) και η έκθεση του πάνω ορόφου παρουσιάζουν αρκετά τέτοια παραδείγματα.

Εκτός από τη γλυπτική και την αρχιτεκτονική, το μάρμαρο χρησιμοποιήθηκε και για την αναγραφή και τη δημόσια παρουσίαση νόμων και ψηφισμάτων. Παρόλο που δεν σώζονται ονόματα από χαράκτες επιγραφών, είναι δυνατό να προσδιορίσουμε τον "γραφικό χαρακτήρα" ορισμένων από αυτούς και να γνωρίζουμε εάν κάποιες επιγραφές έχουν λαξευτεί από το ίδιο άτομο. Η γλυπτική, τα αρχιτεκτονικά στοιχεία και οι επιγραφές μπορούσαν να συνδυαστούν στο ίδιο έργο, όπως, για παράδειγμα, στο ψήφισμα κατά της τυραννίας (I 6524, εικ. 91, σελ. 151–152).

AgPicBk 27 (2006)· O. Palagia (επιμ.), *Greek Sculpture: Function, Materials, and Techniques in the Archaic and Classical Periods* (Κέμπριτζ, 2006)· A. Stewart, *Hesperia* 82 (2013), σελ. 615–650.

ΙΣΟΓΕΙΟ: ΚΙΟΝΟΣΤΟΙΧΙΕΣ

Είναι προτιμότερο να περιηγηθείτε στον χώρο των κιονοστοιχιών του ισογείου με φορά αντίθετη προς τους δείκτες του ρολογιού, επιστρέφοντας έτσι στην είσοδο της κύριας αίθουσας και στο κλιμακοστάσιο, που βρίσκονται στο νότιο άκρο της Στοάς. Αυτή τη διαδρομή ακολουθεί και ο παρών Οδηγός, περιγράφοντας πρώτα τα αντικείμενα μπροστά από τις εισόδους των αρχαίων καταστημάτων κι έπειτα εκείνα της εσωτερικής κιονοστοιχίας. Η διαδρομή αλλάζει μόνο όταν δύο αντικείμενα που βρίσκονται απέναντι είναι καλύτερα να εξετάζονται μαζί.

ΛΑΤΡΕΥΤΙΚΟ ΑΓΑΛΜΑ ΤΟΥ ΑΠΟΛΛΩΝΑ ΠΑΤΡΩΟΥ

Στα δεξιά, όπως εισέρχεστε στο ισόγειο, μπροστά από τον αρχαίο νότιο τοίχο, βρίσκεται ένα κολοσσικό άγαλμα του Απόλλωνα από πεντελικό μάρμαρο (εικ. 23, S 2154: 4ος αι. π.Χ.). Το κεφάλι του ήταν πρόσθετο, από ξεχωριστό κομμάτι μαρμάρου, και δεν σώζεται, ενώ τα χέρια έχουν αποσπασθεί. Στην αριστερή πλευρά του κορμού του στηριζόταν κιθάρα. Είναι ενδεδυμένος με πέπλο και ιμάτιο, το μακρύ ένδυμα, δηλαδή, που συνήθιζε να φορά ως θεός της μουσικής. Αρχαίο αντίγραφο του αγάλματος σε μικρογραφία εκτίθεται στην προθήκη 59 της κύριας αίθουσας (S 877, σελ. 172). Το άγαλμα ανακαλύφθηκε το 1907 από Έλληνες ανασκαφείς στη δυτική πλευρά της Αγοράς. Ταυτίστηκε με το λατρευτικό άγαλμα του Ναού του Απόλλωνα Πατρώου 23, έργο το οποίο ο Παυσανίας αποδίδει (1.3.4) στον Ευφράνορα, έναν από τους κορυφαίους γλύπτες και ζωγράφους της Αθήνας των μέσων του 4ου αιώνα π.Χ.

H. A. Thompson, *AE* 1953–1954 Γ′ (1961), σελ. 30–44· S. Adam, *The Technique of Greek Sculpture in the Archaic and Classical Periods* (Οξφόρδη, 1966), σελ. 94–97· J. Travlos, *Pictorial Dictionary of Ancient Athens* (Λονδίνο, 1971), σελ. 96–97· *Agora* XIV (1972), σελ. 139· O. Palagia, *Euphranor* (Leiden, 1980), σελ. 13–20· C. Hedrick, *AJA* 92 (1988), σελ. 198–200· *AgPicBk* 27 (2006), σελ. 40–41· M. Lawall, *Hesperia* 78 (2009), σελ. 396–401.

ΒΑΣΗ ΑΓΑΛΜΑΤΩΝ ΜΕ ΤΗΝ ΥΠΟΓΡΑΦΗ ΤΟΥ ΠΡΑΞΙΤΕΛΗ

Η βάση από λευκό μάρμαρο (I 4165: 4ος αι. π.Χ.) στα αριστερά του Απόλλωνα Πατρώου έφερε δύο εικονιστικά αγάλματα, του Σπουδία και της συζύγου του Κλειοκράτειας. Τα πορτραίτα ήταν αφιερωμένα στη Δήμητρα και την Κόρη. Το ζευγάρι είναι επίσης γνωστό από τον 41ο Λόγο του Δημοσθένη, όπου αναφέρεται ότι συμμετείχαν σε οικογενειακή διένεξη. Στο δεξί τμήμα της μπροστινής πλευράς της βάσης, κάτω από το όνομα της Κλειοκράτειας, με μικρότερα γράμματα, υπάρχει η υπογραφή του πιο διάσημου γλύπτη της Αθήνας τον 4ο αιώνα π.Χ.: του Πραξιτέλη. Στη φθαρμένη αριστερή πλευρά της όψης διακρίνονται διάσπαρτα γράμματα από το όνομα του Σπουδία και από το όνομα κάποιου

άλλου γλύπτη που φιλοτέχνησε το άγαλμά του. Η βάση βρέθηκε στα βόρεια του Ναού του Ηφαίστου ❶, σε θεμελίωση της πρώιμης Ρωμαϊκής εποχής. Πιθανότατα βρισκόταν σε ιερό της θεάς Δήμητρας από τη μέσα πλευρά του Διπύλου ㉙, το οποίο είδε ο Παυσανίας (1.2.4), και προφανώς υπέστη μεγάλες φθορές κατά την πολιορκία από τους Ρωμαίους το 86 π.Χ.

T. L. Shear, *Hesperia* 6 (1937), σελ. 339–342· B. D. Meritt, *Hesperia* 26 (1957), αρ. 50, σελ. 200–203· J. Marcadé, *Recueil des signatures des sculpteurs grecs* 2 (Παρίσι, 1957), αρ. 115· *Agora* III (1957, ανατ. 1973), αρ. 228, σελ. 85· *AgPicBk* 10 (1966), εικ. 27· *Agora* XIV (1972), σελ. 154–155· *Agora* XXXI (1998), αρ. 7, σελ. 188–189.

ΙΩΝΙΚΟ ΚΙΟΝΟΚΡΑΝΟ ΚΑΙ ΒΑΣΗ ΚΙΟΝΑ ΑΠΟ ΤΗ ΣΤΟΑ ΤΟΥ ΑΤΤΑΛΟΥ

Απέναντι από τη βάση των αγαλμάτων, δίπλα στον 1ο κίονα της εσωτερικής κιονοστοιχίας, βρίσκεται μία από τις αυθεντικές βάσεις κιόνων (Α 2567: 2ος αι. π.Χ.) της Στοάς. Η βάση ανακαλύφθηκε στην αρχική της θέση αλλά μετακινήθηκε προκειμένου να διατηρηθεί. Το κιονόκρανο (Α 2073: 2ος αι. π.Χ.), επίσης από τη Στοά του Αττάλου, έχει συγκολληθεί από πολλά θραύσματα. Σε αυτά τα αρχιτεκτονικά μέλη βασίστηκε σε μεγάλο βαθμό η αναστήλωση της Στοάς.

J. Travlos, *Pictorial Dictionary of Ancient Athens* (Λονδίνο, 1971), εικ. 651· A. Paterakis, *OSGP* 5 (1997), σελ. 79.

ΙΩΝΙΚΟ ΚΙΟΝΟΚΡΑΝΟ ΜΕ ΙΧΝΗ ΧΡΩΜΑΤΩΝ

Ένα ιωνικό κιονόκρανο από πεντελικό μάρμαρο βρίσκεται μεταξύ των θυρών των δύο νοτιότερων καταστημάτων (εικ. 24, Α 2973: 5ος αι. π.Χ.). Προέρχεται από το Υστερορωμαϊκό Τείχος ㊾, νότια της Στοάς του Αττάλου, και μαζί του αποκαλύφθηκε ολόκληρος ο κίονας που σήμερα βρίσκεται στο νότιο κλιμακοστάσιο (Α 2972, σελ. 72), καθώς και κορμοί δύο κιόνων από την ίδια κιονοστοιχία, που τώρα βρίσκονται μπροστά στη Βιβλιοθήκη του Πανταίνου (βλ. *Οδηγός της Αρχαίας Αγοράς της Αθήνας*, σελ. 138). Όλα προέρχονται από ένα κατά τα άλλα άγνωστο κτήριο του γ′ τετάρτου του 5ου αιώνα π.Χ. Σύμβολα τεχνιτών που διακρίνονται πάνω τους υποδεικνύουν ότι τα αρχιτεκτονικά αυτά μέλη είχαν τοποθετηθεί και αλλού πριν ενσωματωθούν στο Υστερορωμαϊκό Τείχος τον 3ο αιώνα μ.Χ. Ο επισκέπτης μπορεί ακόμη να διακρίνει (αλλά παρακαλείται να μην αγγίζει) ίχνη από χρώματα που τονίζουν τις λαξευμένες λεπτομέρειες.

Εικ. 23 (αριστερά). Απόλλων Πατρώος (;), πιθανόν του γλύπτη Ευφράνορα, β′ μισό του 4ου αι. π.Χ.

Εικ. 24. Ιωνικό κιονόκρανο του γ' τετάρτου του 5ου αι. π.Χ. και υδατογραφία, όπου φαίνεται η πολυχρωμία του

Ενδιαφέρον παρουσιάζει και η σύγκριση του κιονοκράνου με το μεταγενέστερο κιονόκρανο από τη Στοά του Αττάλου (βλ. παραπάνω Α 2073), προκειμένου να διαπιστωθούν οι αλλαγές στον ιωνικό ρυθμό με το πέρασμα του χρόνου.

H. A. Thompson, *Hesperia* 29 (1960), σελ. 351–356· J. Travlos, *Pictorial Dictionary of Ancient Athens* (Λονδίνο, 1971), εικ. 153· *Agora* XIV (1972), σελ. 166· L. S. Meritt, *Hesperia* 65 (1996), αρ. 14B, σελ. 129–130, 154–156.

ΠΡΟΣΩΠΟΠΟΙΗΣΕΙΣ ΤΗΣ *ΙΛΙΑΔΑΣ* ΚΑΙ ΤΗΣ *ΟΔΥΣΣΕΙΑΣ* ΜΕ ΕΝΕΠΙΓΡΑΦΗ ΒΑΣΗ

Τα αγάλματα των εύρωστων γυναικείων μορφών με πανοπλία, απέναντι από τον 2ο κίονα, αποτελούν προσωποποιήσεις της *Ιλιάδας* και της *Οδύσσειας* (S 2038, S 2039, I 6628: 2ος αι. μ.Χ.). Τα στοιχεία για την ταύτισή τους βρίσκονται στις μορφές που απεικονίζονται στην πανοπλία του μικρότερου αγάλματος (εικ. 25): η τερατόμορφη Σκύλλα –με τους σκύλους να εξέχουν από το κάτω τμήμα της– κυριαρχεί στον θώρακα της πανοπλίας, ενώ στις *πτέρυγες* του θώρακα διακρίνονται ο Αίολος, θεός των ανέμων, τρεις σειρήνες με φτερά πουλιών που παίζουν μουσικά όργανα και ο Κύκλωπας Πολύφημος με το τρίτο μάτι στο μέτωπο. Όλες

Εικ. 25. Θώρακας της προσωποποίησης της Οδύσσειας, 2ος αι. μ.Χ.

αυτές οι εικόνες παραπέμπουν σε σκηνές από την *Οδύσσεια*. Σε μια από τις κατώτερες μακριές πτέρυγες του θώρακα διακρίνεται η υπογραφή του γλύπτη: Ιάσων ο Αθηναίος. Το μικρό τμήμα ξίφους που σώζεται στη δεξιά πλευρά της διπλανής μορφής είναι χαρακτηριστικό της *Ιλιάδας*. Το μέγεθος και η ηλικία της φανερώνουν ότι αυτή είναι η μεγαλύτερη αδερφή. Η ταύτισή της ως προσωποποίηση της *Ιλιάδας* επιβεβαιώθηκε με την ανακάλυψη της συμφυούς βάσης της, που σήμερα βρίσκεται στα δεξιά του αγάλματος. Πρόκειται για τμήμα του ίδιου κομματιού πεντελικού μαρμάρου με το άγαλμα, όπου έχει λαξευτεί το παρακάτω επίγραμμα:

> *Η Ιλιάδα, εγώ που υπήρχα πριν από τον Όμηρο και μετά τον Όμηρο, στέκομαι δίπλα σε αυτόν που με γέννησε όταν ήταν νέος.*

Μαζί με τη βάση βρέθηκε και το αριστερό σκέλος της *Ιλιάδας* (δεν εκτίθεται). Σύμφωνα με το επίγραμμα, υπήρχε και τρίτη μορφή, ενδεχομένως καθιστή: ο Όμηρος, πλαισιωμένος από τις προσωποποιήσεις των δύο μεγάλων έργων του, σαν πατέρας με τις κόρες του.

Τα αγάλματα ήρθαν στο φως το 1869, στη νοτιοδυτική γωνία της Στοάς του Αττάλου. Η ενεπίγραφη βάση και το αριστερό σκέλος βρέθηκαν σε βυζαντινό πηγάδι κοντά στην περιοχή, το 1953. Η προέλευση, η χρονολόγηση (αρχές 2ου αι. μ.Χ) και η θεματολογία των αγαλμάτων συγκλίνουν στον συσχετισμό τους με τη Βιβλιοθήκη του Πανταίνου 48. Ωστόσο, δεν έχει ανακαλυφθεί ακόμη το ακριβές σημείο μέσα στη Βιβλιοθήκη, όπου ήταν τοποθετημένη η βάση.

G. Treu, *AM* 14 (1889), σελ. 160–169· H. A. Thompson, *Hesperia* 23 (1954), σελ. 62–65· A. E. Raubitscheck, *Hesperia* 23 (1954), σελ. 317–319· *Agora* III (1957, ανατ. 1973), αρ. 464· G. M. Richter, *The Portraits of the Greeks* 1 (Λονδίνο, 1965), σελ. 53–54· J. Travlos, *Pictorial Dictionary of Ancient Athens* (Λονδίνο, 1971), σελ. 233–234· *Agora* XIV (1972), σελ. 115· K. Seaman στο *Personification in the Greek World: From Antiquity to Byzantium* (Aldershot, 2005), σελ. 173–189.

ΑΓΑΛΜΑ ΘΕΑΣ, ΠΙΘΑΝΟΤΑΤΑ ΤΗΣ ΑΦΡΟΔΙΤΗΣ ΗΓΕΜΟΝΗΣ

Η αγέρωχη γυναικεία μορφή από πεντελικό μάρμαρο σε υπερφυσικό μέγεθος, που βρίσκεται σήμερα απέναντι από τον 3ο κίονα, ανακαλύφθηκε στο Υστερορωμαϊκό Τείχος 49 κοντά στη Βιβλιοθήκη του Πανταίνου (εικ. 26, S 378: περ. 170–150 π.Χ.). Το κεφάλι, ο δεξιός βραχίονας και το δεξί πέλμα ήταν πρόσθετα και δεν σώζονται. Πάνω από τον χιτώνα η θεά φορά ιμάτιο, που καλύπτει διαγωνίως την πλάτη και ακουμπά χαλαρά στον αριστερό ώμο και στον δεξιό μηρό. Τα ανοιγμένα δάχτυλα του αριστερού της χεριού στηρίζονται στον γοφό. Το δεξί χέρι ήταν υψωμένο σαν να κρατούσε σκήπτρο ή κάτι παρόμοιο.

Αυτός ο αγαλματικός τύπος ήταν πολύ διαδεδομένος στον ελληνιστικό κόσμο και το συγκεκριμένο άγαλμα από την Αρχαία Αγορά αποτελεί ένα από τα πιο μνημειακά δείγματά του. Ο ίδιος τύπος αγάλματος έχει χρησιμοποιηθεί για διάφορες θεότητες: σίγουρα για την Άρτεμη, αλλά και για την Αφροδίτη, όπως φαίνεται και σε μικρογραφικό άγαλμα από την Αρχαία Αγορά (S 1192, προθήκη 59, σελ. 172). Έχει υποστηριχθεί ότι η αρχική θέση αυτού του αγάλματος της Αφροδίτης ήταν έξω από τη βορειοδυτική γωνία της Αγοράς, στο ιερό που ήταν αφιερωμένο στην Αφροδίτη Ηγεμόνη, στον Δήμο και στις Χάριτες 3.

Πρέπει επίσης να σημειωθεί ότι το άγαλμα αποκαλύφθηκε στο Υστερορωμαϊκό Τείχος, κοντά στην Αφροδίτη που περιγράφεται παρακάτω (S 1882, σελ. 41) και κοντά σε τμήματα από την οροφή του Ναού του Άρεως 38. Επομένως, είναι πιθανό, αυτά τα δύο αγάλματα της Αφροδίτης να είναι εκείνα που είδε ο Παυσανίας (1.8.4) μέσα στον Ναό του Άρεως. Προφανώς, η Αφροδίτη Ηγεμόνη είχε μετακινηθεί εκεί από το αρχικό σημείο λατρείας της πριν από την επίσκεψη του Παυσανία τον 2ο αιώνα μ.Χ.

T. L. Shear, *Hesperia* 4 (1935), σελ. 384–386· E. B. Harrison, *Hesperia* 29 (1960), σελ. 374· E. B. Harrison στο *Akten des XIII. Internationalen Kongresses für klassische Archäologie, Berlin 1988* (Mainz, 1990), σελ. 346· O. Palagia στο *The Archaeology of Athens and Attica under the Democracy* (Οξφόρδη, 1994), σελ. 115, 120· A. Stewart, *Hesperia* 81 (2012), σελ. 288–289, 311, 318–319.

Εικ. 26 (δεξιά). Αφροδίτη Ηγεμόνη(;), περ. 170–150 π.Χ.

ΑΓΑΛΜΑ ΓΥΝΑΙΚΑΣ

Η ώριμη γυναικεία μορφή από πεντελικό μάρμαρο (S 1016: μέσα 4ου αι. π.Χ.) που βρίσκεται απέναντι από τον 4ο κίονα, σε κακή κατάσταση διατήρησης, φορά χιτώνα και ιμάτιο και ανήκει σε τύπο αγάλματος που χρονολογείται στα μέσα του 4ου αιώνα π.Χ. Το άγαλμα αποκαλύφθηκε ακριβώς στα δυτικά του Ελευσινίου 56, όπου πιθανόν στεκόταν. Ίσως να πρόκειται για την Πεισικράτεια από τη βάση που βρισκόταν κάποτε στο Ελευσίνιο και σήμερα είναι τοποθετημένη στο άνδηρο της Στοάς του Αττάλου (βλ. παραπάνω I 5407, σελ. 22–23).

ΕΡΜΑΪΚΕΣ ΣΤΗΛΕΣ, ΥΠΟΣΤΗΡΙΓΜΑΤΑ ΑΓΑΛΜΑΤΩΝ

Η προηγούμενη γυναικεία μορφή βρίσκεται ανάμεσα σε δύο ερμαϊκές στήλες, αναπαραστάσεις του θεού Ερμή με τη μορφή τετράπλευρων στηλών με ανθρώπινο κεφάλι και φαλλό (S 33: 2ος αι. μ.Χ. και S 198: Ρωμαϊκή εποχή). Και οι δύο αυτές ερμαϊκές στήλες χρησίμευαν ως υποστηρίγματα, στο πλάι μεγάλων αγαλμάτων. Στη δεξιά στήλη, όπου ο Ερμής είναι γενειοφόρος, στηριζόταν ένα νήπιο. Παραπέμπει στο σύμπλεγμα του Ερμή που κρατά τον μικρό Διόνυσο στην Αρχαία Ολυμπία. Ίσως, όμως, πρόκειται για το αντίγραφο ενός χάλκινου συμπλέγματος των δύο θεών που είχε φιλοτεχνήσει ο Κηφισόδοτος ο Πρεσβύτερος, σύμφωνα με περιγραφές του Πλίνιου (34.87). Η αριστερή στήλη απεικονίζει τον Ερμή νεαρό και αγένειο. Πάνω στο κεφάλι του ακουμπά ο πρόχειρα διπλωμένος μανδύας της μεγαλύτερης μορφής που βρισκόταν δίπλα του. Και οι δύο ερμαϊκές στήλες ανακαλύφθηκαν στη δυτική πλευρά της Αρχαίας Αγοράς.

Agora XI (1965), αρ. 210–213· A. Corso, *The Art of Praxiteles: The Development of Praxiteles' Workshop and its Cultural Tradition Until the Sculptor's Acme (364–1 B.C.)* (Ρώμη, 2004), σελ. 77–85· C. A. Mauzy, *Agora Excavations, 1931–2006* (2006), σελ. 18–19.

ΤΜΗΜΑΤΑ ΑΠΟ ΤΟ ΠΡΟΣΚΗΝΙΟ ΤΟΥ ΩΔΕΙΟΥ ΤΟΥ ΑΓΡΙΠΠΑ ΚΑΙ ΚΕΦΑΛΗ ΤΡΙΤΩΝΑ

Απέναντι από τον 5ο κίονα βρίσκεται τμήμα από το προσκήνιο του Ωδείου του Αγρίππα 41, η αποκατάσταση του οποίου βασίστηκε σε θραύσματα που βρέθηκαν στα κατάλοιπα του κτηρίου (εικ. 21, A 1174 + A 586 + S 553 + S 554 + S 558 + S 1391 + S 1213: περ. 15 π.Χ.). Το μπροστινό τμήμα ήταν επενδυμένο με πλάκες από πρασινωπό μάρμαρο Καρύστου ανάμεσα σε ερμαϊκές στήλες από ντόπιο λευκό πεντελικό μάρμαρο. Στηριζόταν σε βάση από κυανότεφρο μάρμαρο Υμηττού, επίσης εγχώριο, ενώ στεφόταν με αρχιτεκτονικό μέλος από λευκό μάρμαρο, διακοσμημένο με διαπλεκόμενα άνθη λωτών και ανθέμια. Οι κεφαλές των Ερμών ήταν ανδρικές και γυναικείες, πιθανότατα σε εναλλαγή. Τόσο οι κεφαλές όσο και ο λεπτεπίλεπτος ανάγλυφος διάκοσμος της επίστεψης αποτελούν χαρακτηριστικά παραδείγματα των κλασικιστικών έργων της εποχής του Οκταβιανού Αυγούστου (περ. 15 π.Χ.).

Η κεφαλή Τρίτωνα στον τοίχο πάνω από την πρόσοψη της σκηνής (S 1214: περ. 150 μ.Χ.) ανήκει σε μία από τις έξι υπερφυσικές μορφές (τρεις Τρίτωνες και τρεις Γίγαντες), οι οποίες λαξεύτηκαν το 150 μ.Χ. περίπου, προκειμένου να στολίσουν την πρόσοψη του Ωδείου του Αγρίππα. Οι Τρίτωνες φαίνεται να έχουν ως πρότυπο το άγαλμα του Ποσειδώνα από το δυτικό αέτωμα του Παρθενώνα και εκφράζουν την κλασικιστική τάση της περιόδου των Αντωνίνων. Η συγκεκριμένη κεφαλή ανακαλύφθηκε στην Ελευσίνα (περίπου 22 χιλιόμετρα μακριά!), αλλά ο λαιμός της βρέθηκε μπροστά από το Ωδείο.

Γενικά: H. A. Thompson, *Hesperia* 19 (1950), σελ. 64–68, 106· J. Travlos, *Pictorial Dictionary of Ancient Athens* (Λονδίνο, 1971), σελ. 365–366, εικ. 485–487· *Agora* XIV (1972), σελ. 113. **Σκηνή**: A. Paterakis, *OSGP* 5 (1997), σελ. 80. **Τρίτωνας**: O. Palagia, *The Pediments of the Parthenon* (Leiden, 1993), σελ. 9, 47.

ΑΓΑΛΜΑ ΘΕΑΣ, ΠΙΘΑΝΟΤΑΤΑ ΤΗΣ ΑΦΡΟΔΙΤΗΣ

Το ακέφαλο άγαλμα θεάς (S 1882: περ. 420 π.Χ.) με μέγεθος λίγο μεγαλύτερο του φυσικού, που βρίσκεται απέναντι από τον 6ο κίονα, έχει συγκολληθεί από μικρά θραύσματα παριανού μαρμάρου που βρέθηκαν στο Υστερορωμαϊκό Τείχος 49, κοντά στη νοτιοδυτική γωνία της Βιβλιοθήκης του Πανταίνου (βλ. εικ. σελ. 8, πάνω δεξιά). Η χάρη και κάποια υπερβολή στην κίνηση και την ενδυμασία, σε συνδυασμό με την ευαισθησία της εκτέλεσης, παραπέμπουν στο θωράκιο του Ναού της Αθηνάς Νίκης στην Ακρόπολη και στις αγγειογραφίες του Ζωγράφου του Μειδία. Αυτά τα κοινά με άλλα έργα τέχνης στοιχεία χρονολογούν το άγαλμα γύρω στο 420 π.Χ. Πρόκειται αδιαμφισβήτητα για θεά, σχεδόν σίγουρα για την Αφροδίτη. Δεδομένου ότι πολλά θραύσματα από τη μαρμάρινη οροφή του Ναού του Άρεως βρέθηκαν μαζί με το άγαλμα της θεάς, ίσως πρόκειται για το ένα από τα δύο αγάλματα της Αφροδίτης που είδε ο Παυσανίας (1.8.4) στο ιερό του Άρεως 38. Βλ. παραπάνω, S 378, σελ. 38.

E. B. Harrison, *Hesperia* 29 (1960), σελ. 373–376· S. Adam, *The Technique of Greek Sculpture in the Archaic and Classical Periods* (Οξφόρδη, 1966), σελ. 16, 52–53· O. Palagia στο *The Archaeology of Athens and Attica under the Democracy* (Οξφόρδη, 1994), σελ. 115· A. Stewart, *Hesperia* 81 (2012), σελ. 276.

ΑΓΑΛΜΑ ΓΥΝΑΙΚΑΣ, ΠΙΘΑΝΟΝ ΤΗΣ ΘΕΑΣ ΑΦΡΟΔΙΤΗΣ

Μετά την είσοδο για την κύρια αίθουσα του Μουσείου, απέναντι από τον 8ο και τον 9ο κίονα, θα συναντήσετε αποσπασματικά σωζόμενο γυναικείο άγαλμα από πεντελικό μάρμαρο (S 37: περ. 400–380 π.Χ.). Φορά πολύ λεπτό χιτώνα, καθώς και ιμάτιο, που καλύπτει το απλωμένο μπροστά αριστερό χέρι, περνά πίσω στην πλάτη και μαζεύεται μπροστά στον δεξιό μηρό. Μεγάλο τμήμα των πτυχώσεων του ενδύματος έχει λαξευτεί σε ξεχωριστό κομμάτι μαρμάρου και είναι πρόσθετο, επειδή κατά την επεξεργασία του γλυπτού εμφανίστηκε ελάττωμα στο αρχικό κομμάτι του λίθου. Ένα σημείο των πτυχώσεων του αριστερού χεριού έχει απολαξευθεί προκειμένου να προσαρμοστεί εκεί άλλο ένα πρόσθετο τμήμα. Η πίσω όψη του αγάλματος είναι ημιτελής. Ο τρόπος απόδοσης των πτυχώσεων του ενδύματος και η υψηλή ποιότητα της εργασίας χρονολογούν το γλυπτό στο α′ τέταρτο του 4ου αιώνα π.Χ. Το άγαλμα είχε ενσωματωθεί σε ύστερη θεμελίωση που βρισκόταν στη νοτιοανατολική γωνία του Μητρώου ⓮ και από την καλή κατάσταση διατήρησής του συνάγουμε ότι βρισκόταν σε στεγασμένο σημείο του χώρου. Η πιθανή του ταύτιση με την Αφροδίτη προκύπτει από τεχνοτροπικές ομοιότητες με άλλα αγάλματα της θεάς.

T. L. Shear, *Hesperia* 2 (1933), σελ. 175–178· B. Schlörb, *Untersuchungen zur Bildhauergeneration nach Phidias* (Waldsassen, 1964), σελ. 53· S. Adam, *The Technique of Greek Sculpture in the Archaic and Classical Periods* (Οξφόρδη, 1966), σελ. 15, 20, 31, 34· A. Stewart, *Hesperia* 81 (2012), σελ. 277–278.

ΚΟΡΜΟΣ ΓΥΝΑΙΚΕΙΟΥ ΑΓΑΛΜΑΤΟΣ, ΠΙΘΑΝΟΝ ΤΗΣ ΘΕΑΣ ΑΦΡΟΔΙΤΗΣ

Στην πλευρά της κιονοστοιχίας, δίπλα στον 9ο κίονα, υπάρχει κορμός γυναικείας μορφής από πεντελικό μάρμαρο (S 210: περ. 400 π.Χ.), ο οποίος πιθανόν ανήκει σε άγαλμα ενδεδυμένο σαν το προηγούμενο και είναι εξίσου υψηλής τεχνικής ποιότητας. Το κεφάλι (δεν σώζεται) είχε λαξευτεί σε ξεχωριστό κομμάτι μαρμάρου. Ενδεχομένως να πρόκειται και πάλι για άγαλμα της θεάς Αφροδίτης.

Stewart, *Hesperia* 81 (2012), σελ. 277.

ΔΥΟ ΑΓΑΛΜΑΤΑ ΓΥΝΑΙΚΕΙΩΝ ΘΕΟΤΗΤΩΝ

Επιστρέφοντας στον τοίχο των καταστημάτων, απέναντι από τους κίονες 9 και 10, θα δείτε δύο ενδεδυμένες γυναικείες μορφές από πεντελικό μάρμαρο (S 462, S 473: περ. 150–86 π.Χ.). Ανακαλύφθηκαν, μαζί με αρκετά άλλα αποσπασματικά σωζόμενα αγάλματα, εντοιχισμένες σε τοίχο της πρώιμης Ρωμαϊκής εποχής, γύρω από τη μικρή πλατεία στα νότια του

Νέου Βουλευτηρίου ⓭. Υπάρχουν αρκετοί λόγοι για να τις θεωρήσουμε θύματα της πολιορκίας του Σύλλα το 86 π.Χ., γεγονός το οποίο θέτει και το κατώτερο όριο στη χρονολόγησή τους. Το κεφάλι του αγάλματος στα αριστερά (S 462) ήταν ένθετο, ενώ εκείνο του αγάλματος στα δεξιά (S 473) λαξεύτηκε στο ίδιο κομμάτι μαρμάρου με τον κορμό. Και τα δύο είναι χαρακτηριστικά δείγματα της αθηναϊκής γλυπτικής των ελληνιστικών χρόνων. Το καθένα φορά στενό χιτώνα και φαρδύ, πολύπτυχο ιμάτιο, με ένα κορδόνι να τυλίγεται κάτω από το στήθος και πάνω από τους ώμους. Χάρη στα κατάλοιπα αγάλματος του θεού Έρωτα στον αριστερό ώμο του γλυπτού S 473, η μορφή ταυτίζεται με την Αφροδίτη. Η θεά ακουμπά το αριστερό της χέρι σε κορμό δέντρου, όπως το διάσημο λατρευτικό άγαλμα της «Αφροδίτης εν Κήποις», που φιλοτεχνήθηκε στα τέλη του 5ου αιώνα π.Χ. από τον Αλκαμένη (περιγράφεται από τον Παυσανία 1.19.2). Το άγαλμα ενσωματώνει επίσης χαρακτηριστικά από τον τύπο της Αφροδίτης Ουρανίας του Φειδία, υποδηλώνοντας ότι ίσως κάποτε βρισκόταν στο ιερό της Αφροδίτης Ουρανίας ㊱ ως αναθηματικό άγαλμα. Η μορφή με αρ. S 462 παραμένει αταύτιστη. Δίνει την εντύπωση ότι πρόκειται για χορεύτρια, ίσως Νύμφη ή μία από τις τρεις Χάριτες, αλλά είναι πιθανότερο να αποτελεί ένα ακόμη άγαλμα της θεάς Αφροδίτης.

Γενικά: H. A. Thompson, *Hesperia* 6 (1937), σελ. 168. **S 462**: A. Stewart, *Hesperia* 81 (2012), σελ. 298–310, 320. **S 473**: A. Delivorrias, *AntP* 8.3 (1968), σελ. 26· A. Stewart, *Hesperia* 81 (2012), σελ. 298–310, 321–322.

ΑΝΑΘΗΜΑΤΙΚΟ ΑΝΑΓΛΥΦΟ ΑΦΙΕΡΩΜΕΝΟ ΣΤΟΝ ΠΑΝΑ ΚΑΙ ΣΤΙΣ ΝΥΜΦΕΣ

Ανάμεσα στα αγάλματα της Αφροδίτης, απέναντι στους κίονες 9 και 10, υπάρχει ανάγλυφο από πεντελικό μάρμαρο, που απεικονίζει θεότητες συγκεντρωμένες σε σπήλαιο (εικ. 27, I 7154: περ. 330 π.Χ.). Πρόκειται για ένα ιερό μέσα σε σπήλαιο, όπως μας δείχνει ο ακατέργαστος βωμός που βρίσκεται στο κέντρο του. Από τα αριστερά προς τα δεξιά, οι μορφές είναι οι εξής: Δήμητρα, Απόλλωνας (καθιστός), Άρτεμη, Ερμής, τρεις Νύμφες (η μία καθιστή), Πάνας (ξαπλωμένος στον βράχο να γεμίζει την κούπα του από έναν ασκό με κρασί) και ο κερασφόρος ποτάμιος θεός Αχελώος, από τον οποίο μόνο ίχνη σώζονται στο δεξιό άκρο του αναγλύφου. Στο πάνω μέρος, ο ανακεκλιμένος Δίας κοιτάζει τι συμβαίνει κοντά στον βωμό. Ο Πάνας, ο Αχελώος και οι Νύμφες ανήκαν στην ίδια συντροφιά και πολύ συχνά απαντώνται μαζί σε ιερά σπηλαίων. Το ανάγλυφο ήταν πιθανότατα ανάθημα στο περίφημο σπήλαιο του Πάνα, στη βορειοδυτική πλευρά της Ακρόπολης. Χώροι λατρείας αφιερωμένοι στον Απόλλωνα και στη Δήμητρα (πιθανόν και στον Δία) βρίσκονταν επίσης στη βόρεια κλιτύ της Ακρόπολης, επομένως το γλυπτό απεικονίζει μία σύναξη «γειτόνων».

Εικ. 27. Αναθηματικό ανάγλυφο με το σπήλαιο του Πάνα, β′ μισό του 4ου αι. π.Χ.

Υπάρχουν δύο βασικές ερμηνείες για τη σκηνή που διαδραματίζεται στο κέντρο και έφερε κοντά όλους αυτούς τους θεούς: είτε πρόκειται για τον Ερμή που παραδίδει τον μικρό Διόνυσο (που μόλις γεννήθηκε από τον μηρό του Δία) στα χέρια μιας από τις Νύμφες που θα φροντίσουν για την ανατροφή του είτε πρόκειται για την ιστορία ενός άλλου βρέφους, του Ίωνα, μυθικού γενάρχη των Ιώνων, από τον οποίο έλκουν την καταγωγή τους οι Αθηναίοι. Επειδή ο Ίωνας εγκαταλείφθηκε στη βόρεια κλιτύ της Ακρόπολης, αυτή η ερμηνεία συνδέει το θέμα του αναγλύφου με το μέρος όπου το γλυπτό είχε πιθανόν τοποθετηθεί ως ανάθημα.

Το ενδιαφέρον για το ανάγλυφο ενισχύεται από το όνομα του αναθέτη που διακρίνεται στο μπροστινό τμήμα της βάσης του: Νεοπτόλεμος, γιος του Αντικλή από τον δήμο της Μελίτης. Είναι γνωστό ότι ο άνδρας αυτός ήταν ένας πολύ εύπορος Αθηναίος που έζησε το β′ μισό του 4ου αιώνα π.Χ. και είχε επαινεθεί επανειλημμένα για τις κοινωνικές και θρησκευτικές ευεργεσίες του. Η χρονολόγηση του αναθήματος γύρω στο 330 π.Χ. συμπίπτει με τη δραστηριότητα του αναθέτη και την τεχνοτροπία του μαρμάρινου αναγλύφου.

Το γλυπτό βρέθηκε αναποδογυρισμένο στο περιστύλιο της Οικίας Ωμέγα 58. Τα κεφάλια όλων των μορφών έχουν καταστραφεί, ενδεχομένως από υπερβάλλοντα ζήλο των Χριστιανών, ενώ η κύρια μορφή (το βρέφος) έχει υποστεί ανεπανόρθωτη ζημιά.

T. L. Shear Jr., *Hesperia* 42 (1973), σελ. 168–170· T. L. Shear Jr., *OpRom* 9 (1973), σελ. 183–191· H. A. Thompson, *JWalt* 36 (1977), σελ. 73–84· A. Stewart, *Greek Sculpture: An Exploration* (New Haven, 1990), σελ. 192–193· A. Ajootian στο *Pity and Power in Ancient Athens* (Κέμπριτζ, 2005), σελ. 246–248· V. M. Strocka στο *Thiasos: Festschrift für Edwin Pochmarski zum 65. Geburtstag* (Βιέννη, 2008), σελ. 1005–1015· G. I. Despinis, *AA* 2009, σελ. 11–19.

ΚΟΡΜΟΣ ΑΓΑΛΜΑΤΟΣ ΝΕΟΥ

Ο κορμός νέου από πεντελικό μάρμαρο που βρίσκεται απέναντι από τον 11ο κίονα έχει μέγεθος περίπου 2/3 του φυσικού (S 1313: τέλη 5ου–αρχές 4ου αι. π.Χ.). Το κεφάλι, τα χέρια και τα πόδια του από τα γόνατα και κάτω δεν σώζονται. Δεν φέρει ακατέργαστες πλευρές και η επιφάνεια του μαρμάρου παρουσιάζει μικρή αλλοίωση. Παρά την αποσπασματική του μορφή, το άγαλμα εντυπωσιάζει με την ομορφιά της στάσης και της διάπλασής του, καθώς και με τη γεμάτη ευαισθησία επεξεργασία του μαρμάρου. Ο νέος στηριζόταν στο δεξί πόδι, ενώ το αριστερό ήταν τραβηγμένο προς τα πίσω και το κεφάλι ελαφρώς στραμμένο προς τα αριστερά του. Καθώς λείπει οποιοδήποτε σύμβολο, κάθε προσπάθεια ταύτισης θα ήταν επισφαλής. Ίσως απεικονίζει τον Ηρακλή, αλλά αυτή είναι μόνο μία από τις πολλές πιθανότητες. Όπως και να έχει, το άγαλμα παρουσιάζει ενδιαφέρον, επειδή μας δείχνει πώς οι Αθηναίοι καλλιτέχνες απέδωσαν ένα γλυπτικό θέμα, του οποίου τα πιο φημισμένα δείγματα ήταν έργα του γλύπτη Πολύκλειτου. Με βάση την τεχνοτροπία χρονολογείται στη δεκαετία του 430 π.Χ. Τα τεχνικά χαρακτηριστικά του ανάγονται στον 5ο–4ο αιώνα π.Χ. Βρέθηκε σε χριστιανικό τάφο νοτιοδυτικά της Μέσης Στοάς, ενώ η αρχική θέση του παραμένει άγνωστη.

H. A. Thompson, *Hesperia* 18 (1949), σελ. 233–234· H. von Heintze, *RM* 72 (1965), σελ. 19, 36–40· *Agora* XIV (1972), σελ. 148, σημ. 152.

ΚΟΡΜΟΣ ΑΓΑΛΜΑΤΟΣ ΝΕΟΥ

Ακριβώς απέναντι από το προηγούμενο άγαλμα, δίπλα στον 11ο κίονα, βρίσκεται ένας άλλος κορμός αγάλματος της Κλασικής εποχής από πεντελικό μάρμαρο, σε ακόμη πιο αποσπασματική κατάσταση διατήρησης (S 502: 4ος αι. π.Χ.). Οι ανασκαφείς τον έφεραν στο φως σε δύο τμήματα, σε διαταραγμένα στρώματα κοντά στο κέντρο της Αγοράς. Το μέγεθος και η στάση της μορφής είναι παρόμοια με του προηγούμενου αγάλματος, με εξαίρεση το κεφάλι που έγερνε ελαφρώς προς τα δεξιά της και το δεξί χέρι που ήταν υψωμένο σαν να ακουμπούσε στο κεφάλι.

ΣΥΜΠΛΕΓΜΑ ΔΥΟ ΓΥΝΑΙΚΕΙΩΝ ΜΟΡΦΩΝ

Μπροστά από τον τοίχο, απέναντι από τον 11ο κίονα, πάνω σε υψηλή βάση, βρίσκεται σύμπλεγμα από παριανό μάρμαρο που απεικονίζει δύο ενήλικες γυναικείες μορφές με μέγεθος περίπου 3/4 του φυσικού (S 429: περ. 420 π.Χ.). Η μία μεταφέρει την άλλη ψηλά στην πλάτη της. Τα κεφάλια, τα πόδια και τρία από τα χέρια δεν σώζονται. Το σύμπλεγμα φέρει εκτεταμένες αποκρούσεις και το πίσω τμήμα του παρουσιάζει σημάδια φθοράς από πατήματα.

Η επιδέξια επιλογή διαφορετικού ενδύματος και επεξεργασίας των πτυχώσεων διαφοροποιεί τις δύο μορφές: η κάτω μορφή φορά βαρύ πέπλο, ενώ η πάνω φορά χιτώνα από λεπτό ύφασμα, που κολλά πάνω στο σώμα. Δεν φέρουν ακατέργαστες πλευρές και η λάξευσή τους είναι υψηλής ποιότητας. Η τεχνοτροπία οδηγεί στη χρονολόγηση του γλυπτού γύρω στο 420 π.Χ.

Το σύμπλεγμα ανακαλύφθηκε σε στρώμα της Βυζαντινής εποχής, μέσα στην επίχωση αρχαίου πηγαδιού ανατολικά του Ναού του Ηφαίστου ❶. Με βάση το μάρμαρο, την κλίμακα και την ποιότητά του, το έργο ενδέχεται να ανήκει σε μια από τις αετωματικές συνθέσεις του Ηφαιστείου. Μάλιστα, σύμφωνα με το σημείο όπου βρέθηκε, πιθανότατα προέρχεται από το ανατολικό αέτωμα. Η παράσταση παραμένει αινιγματική: ίσως η μία γυναίκα σώζει την απελπισμένη φίλη της από κάποια συμφορά ή ίσως πρόκειται για *εφεδρισμό*, ένα παιχνίδι κατά το οποίο ο ένας παίκτης μετέφερε στην πλάτη του τον άλλο.

H. A. Thompson, *Hesperia* 18 (1949), σελ. 235–236· *Agora* XIV (1972), σελ. 148· A. Delivorrias, *Attische Giebelskulpturen und Akrotere des fünften Jahrhunderts* (Tübingen, 1974), σελ. 33–40· C. Scheffer, *OpAth* 21 (1996), σελ. 169–188.

ΤΜΗΜΑ ΑΝΑΘΗΜΑΤΙΚΟΥ ΑΝΑΓΛΥΦΟΥ ΓΙΑ ΤΗ ΝΙΚΗ ΤΗΣ ΛΕΟΝΤΙΔΑΣ ΦΥΛΗΣ ΣΤΗΝ ΑΝΘΙΠΠΑΣΙΑ

Πάνω σε τετράγωνο βάθρο απέναντι από τον 12ο κίονα, βρίσκεται τμήμα της κάτω γωνίας ενός μαρμάρινου αμφίπλευρου αναγλύφου (εικ. 28, I 7167: αρχές 4ου αι. π.Χ.). Στην μπροστινή πλευρά σώζονται (εξολοκλήρου ή τμηματικά) πέντε ιππείς: οι τέσσερις είναι νεαροί, αγένειοι, χωρίς περικεφαλαία και φορούν χιτώνες μέχρι το γόνατο. Ο επί κεφαλής τους, που βρίσκεται στην άκρη της σειράς, είναι μεγαλύτερης ηλικίας, γενειοφόρος και φορά περικεφαλαία. Οπές ανοιγμένες με τρυπάνι υποδεικνύουν ότι κάθε ιππέας κρατούσε ένα χάλκινο, πρόσθετο δόρυ. Ο επί κεφαλής έφερε και ξίφος, η λαβή του οποίου ξεχωρίζει πάνω από το αριστερό του χέρι. Τα ηνία –αν υπήρχαν– ήταν ζωγραφισμένα με χρώμα.

Στην πίσω πλευρά, κάτω δεξιά, υπάρχει η επιγραφή: «Η φυλή Λεοντίς νίκησε». Αριστερά της επιγραφής σώζεται το ένα σκέλος και η ουρά ενός λιονταριού, αναφορά στο όνομα της φυλής (λέων > Λεοντίς). Πρόκειται

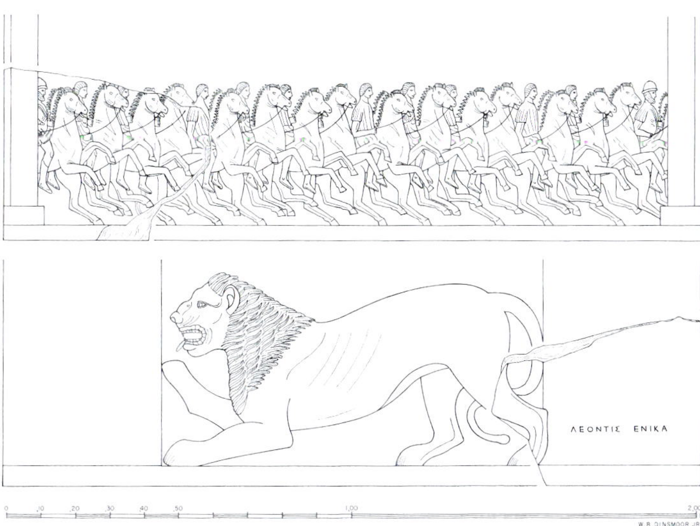

Εικ. 28. Μνημείο για νίκη στην ανθιππασία, αρχές 4ου αι. π.Χ., φωτογραφία και σχεδιαστική αποκατάσταση

Εικ. 29. Βάση μνημείου του Βρυάξιδος, 4ος αι. π.Χ. (σήμερα βρίσκεται στο Εθνικό Αρχαιολογικό Μουσείο)

πιθανόν για αγώνα μεταξύ των δέκα φυλών της Αθήνας και οι ιππείς της μπροστινής πλευράς του αναγλύφου ίσως είναι η ομάδα της φυλής, με αρχηγό τον *φύλαρχο*. Το αγώνισμα στο οποίο κέρδισε η συγκεκριμένη φυλή ήταν η *ανθιππασία*, μια εικονική μάχη του ιππικού που λάμβανε χώρα στα Μεγάλα Παναθήναια.

Το ανάγλυφο φιλοτεχνήθηκε περίπου την εποχή που ο Ξενοφών συνέγραφε τα έργα του *Ιππαρχικός* και *Περί Ιππικής* (περ. 365 π.Χ.). Ο Ξενοφών μάλλον θα ενέκρινε το ύφος των ιππέων της Λεοντίδας, αλλά και την απόδοσή τους στο ανάγλυφο από τον ανώνυμο γλύπτη: «Τέτοια είναι τα άλογα που ιππεύουν οι θεοί και οι ήρωες στις καλλιτεχνικές απεικονίσεις, και οι άνδρες που συμπεριφέρονται με τρόπο σωστό σε αυτά τα άλογα φαίνονται οι ίδιοι μεγαλοπρεπείς» (*Περί Ιππικής* 11.8).

Το ανάγλυφο λαξεύτηκε σε πεντελικό μάρμαρο και βρέθηκε επαναχρησιμοποιημένο σε ύστερη θεμελίωση, δυτικά της Βασιλείου Στοάς 26, κοντά στη βάση μνημείου του γλύπτη Βρυάξιδος (εικ. 29, βλ. *Οδηγός της Αρχαίας Αγοράς της Αθήνας*, σελ. 110). Η βάση αυτή, που σήμερα βρίσκεται στο Εθνικό Αρχαιολογικό Μουσείο, προέρχεται επίσης από μνημείο για νίκες σε ιππικό αγώνα. Ενώ, όμως, το μνημείο για τη νίκη της Λεοντίδας φυλής είναι αφιερωμένο σε ολόκληρη φυλή, το μνημείο του Βρυάξιδος είχε περισσότερο ιδιωτικό χαρακτήρα: λαξεύτηκε προς τιμήν ενός άνδρα και των δύο γιων του που είχαν οδηγήσει τις ομάδες τους στη νίκη σε αγώνες *ανθιππασίας*.

T. L. Shear Jr., *Hesperia* 40 (1971), σελ. 271–272· *Agora* XIV (1972), σελ. 95, σημ. 72· *AgPicBk* 24 (1998), σελ. 28–30· *AgPicBk* 25 (2003), σελ. 24–25· J. McK. Camp II στο *The Athenian Agora: New Perspectives on an Ancient Site* (Mainz, 2009), σελ. 30–31.

ΤΜΗΜΑΤΑ ΑΝΑΓΛΥΦΩΝ ΠΙΘΑΝΟΝ ΑΠΟ ΤΗ ΖΩΦΟΡΟ ΤΟΥ ΝΑΟΥ ΤΟΥ ΑΡΕΩΣ

Οι τέσσερις γυναικείες μορφές (S 676, S 679, S 870, S 1072: 435–420 π.Χ.) που στέκονται μπροστά από τον τοίχο, απέναντι από τον 13ο κίονα, έχουν επιλεγεί από μια ομάδα 40 ή και περισσότερων θραυσμάτων, αρκετά ομοιογενών σε μέγεθος και τεχνοτροπία ώστε να θεωρούνται μέρη του ίδιου γλυπτικού συνόλου. Είναι από πεντελικό μάρμαρο, με υψηλό ανάγλυφο άριστης ποιότητας. Η τεχνοτροπία τους υποδεικνύει χρονολόγηση στη δεκαετία του 430 π.Χ. Όρθιες στατικές μορφές πιθανόν καταλάμβαναν το μεγαλύτερο τμήμα της ζωφόρου. Ανάμεσα στα θραύσματα που δεν εκτίθενται υπάρχουν αρκετές κεφαλές (η μία ενός γενειοφόρου άνδρα), μία καθιστή μορφή και ένα θραύσμα με κεφάλια προβάτων –προφανώς επρόκειτο να θυσιαστούν. Το πλήρες ύψος των όρθιων μορφών ήταν περίπου 0,85 μ. Προκειμένου να προσδώσει ιδιαίτερα χαρακτηριστικά στις μορφές του, ο γλύπτης έχει δώσει ποικιλία στη στάση τους (πρόσθια όψη, πλάγια όψη και στάση τριών τετάρτων), στην επιλογή των ενδυμάτων και στον τρόπο με τον οποίο είναι φορεμένα τα ρούχα.

Τα θραύσματα βρέθηκαν διασκορπισμένα σε ολόκληρη την ανασκαφή, αλλά αρκετά από αυτά ήταν συγκεντρωμένα γύρω από τον Ναό του Άρεως ㊳.

H. A. Thompson, *Hesperia* 21 (1952), σελ. 94–95· B. Schlörb, *Untersuchungen zur Bildhauergeneration nach Phidias* (Waldsassen, 1964), σελ. 34–36· J. Travlos, *Pictorial Dictionary of Ancient Athens* (Λονδίνο, 1971), εικ. 144· E. B. Harrison στο *Archaische und klassische griechische Plastik* 2 (Mainz, 1986), σελ. 109–117.

ΚΟΡΜΟΣ ΑΓΑΛΜΑΤΟΣ ΤΗΣ ΑΘΗΝΑΣ

Απέναντι από τον 14ο κίονα βρίσκεται το πάνω μέρος του κορμού της θεάς Αθηνάς, από πεντελικό μάρμαρο (S 654: περ. 420 π.Χ.). Η αιγίδα της παρουσιάζεται μικρή σε διαστάσεις, σαν μια φαρδιά διαγώνια λωρίδα που φέρει το κεφάλι της Μέδουσας. Τα κεφάλια των φιδιών στις άκρες της αιγίδας ήταν χάλκινα και έχουν αφαιρεθεί από τις υποδοχές τους. Στο πίσω μέρος του αγάλματος, τα ελισσόμενα φίδια είναι λαξευμένα στο μάρμαρο. Το δεξί χέρι της θεάς ήταν απλωμένο, προφανώς για να κρατά το δόρυ της, ενώ το αριστερό κρεμόταν κάτω, πιθανότατα ακουμπώντας στην ασπίδα της. Με βάση την τεχνοτροπία χρονολογείται μεταξύ 420–410 π.Χ., ενώ το μέγεθος και η ποιότητα λάξευσής του καταδεικνύουν τη μεγάλη αξία του.

Ο κορμός αποκαλύφθηκε σε βυζαντινό τοίχο, 18 μ. νότια του Ναού του Άρεως ㊳. Ίσως να πρόκειται για το άγαλμα Αθηνάς που είδε ο Παυσανίας (1.8.4) στο ιερό του Άρεως, το οποίο απέδωσε σε έναν Παριανό γλύπτη με το όνομα Λόκρος. Ο γλύπτης αυτός είναι κατά τα άλλα άγνωστος.

T. L. Shear, *AJA* 40 (1936), σελ. 196, 198· B. Schlörb, *Untersuchungen zur Bildhauergeneration nach Phidias* (Waldsassen, 1964), σελ. 35· G. Despinis, *Συμβολή στη μελέτη του έργου του Αγορακρίτου* (Αθήνα, 1971), σελ. 186–188· *Agora* XIV (1972), σελ. 164· *AgPicBk* 27 (2006), σελ. 29–30.

ΟΡΘΙΑ ΓΥΝΑΙΚΕΙΑ ΜΟΡΦΗ

Η ακέφαλη γυναικεία μορφή φυσικού μεγέθους από πεντελικό μάρμαρο, απέναντι από τους κίονες 15 και 16, φορά χιτώνα και πέπλο (S 339: 4ος αι. π.Χ.). Ο έντονος *κόλπος* (σχηματίζεται όταν το ύφασμα τραβιέται πάνω από τη ζώνη και μετά πέφτει προς τα κάτω), καθώς και το *απόπτυγμα* (η αναδίπλωση του υφάσματος στο πάνω μέρος του ρούχου) αναδεικνύουν την επιδέξια επεξεργασία των πλούσιων πτυχώσεων στο μπροστινό και στο πίσω μέρος του αγάλματος. Το προτεταμένο αριστερό σκέλος και το ελαφρώς λυγισμένο δεξί γόνατο υποδηλώνουν προσπάθεια κίνησης προς τον θεατή. Από το γεγονός ότι η πυκνή κόμη πέφτει βαριά ακριβώς στο κέντρο της πλάτης, συμπεραίνουμε ότι το κεφάλι θα πρέπει να κοίταζε ευθεία προς τον θεατή (ήταν ένθετο και δεν σώζεται). Και οι δύο πήχεις ήταν ανασηκωμένοι προς τα εμπρός, είχαν λαξευτεί σε ξεχωριστά κομμάτια μαρμάρου και ενώνονταν με συνδετικά καρφιά των οποίων οι υποδοχές σώζονται. Το άνω τμήμα του αγάλματος είναι ιδιαίτερα αλλοιωμένο λόγω της έκθεσής του στις καιρικές συνθήκες. Σύμφωνα με την τεχνοτροπία του χρονολογείται στο α′ μισό του 4ου αιώνα π.Χ., ενώ η υψηλή ποιότητα λάξευσης και η μεγάλη φθορά υποδεικνύουν ότι πρόκειται μάλλον για πρωτότυπο έργο και όχι για αντίγραφο των Ρωμαϊκών χρόνων.

Το άγαλμα ανακαλύφθηκε στον Μεγάλο Αγωγό 11, δυτικά του Ναού του Άρεως 38. Όπως το άγαλμα του Αδριανού 16, έτσι και το S 339 είχε επαναχρησιμοποιηθεί κατά την Ύστερη Αρχαιότητα ως καλυπτήριο στοιχείο του αγωγού.

T. L. Shear, *Hesperia* 4 (1935), σελ. 372–374· L. J. Roccos, *Hesperia* 69 (2000), σελ. 258.

ΒΑΣΗ ΜΝΗΜΕΙΟΥ ΓΙΑ ΝΙΚΗ ΣΤΟΝ ΑΠΟΒΑΤΗ ΑΓΩΝΑ

Η χαμηλή βάση από πεντελικό μάρμαρο (S 399: 4ος αι. π.Χ.), απέναντι από τους κίονες 16 και 17, έφερε μνημείο για τη νίκη ενός άνδρα στον *αποβάτη* αγώνα των Παναθηναίων. Το όνομα του νικητή διακρίνεται στην επίστεψη της βάσης: Κράτης, γιος του Εόρτιου από τον Πειραιά (εικ. 30). Στην πάνω επιφάνεια της βάσης υπάρχει τετράγωνη υποδοχή για τον στύλο που συγκρατούσε το έπαθλο, καθώς και δύο ακόμη, μικρότερες, ορθογώνιες υποδοχές για άλλα αντικείμενα. Ο αγώνας απεικονίζεται

Εικ. 30. Ανάγλυφη βάση μνημείου για τη νίκη στον αποβάτη αγώνα των Παναθηναίων, 4ος αι. π.Χ. Ο αγώνας διεξαγόταν στην Οδό των Παναθηναίων και ο ένοπλος αναβάτης έπρεπε να κατέβει και να ανέβει στο κινούμενο άρμα.

στο ανάγλυφο: ο *οπλίτης* (οπλισμένος αναβάτης του άρματος) έπρεπε να κατέβει και να ανέβει στο άρμα, ενώ αυτό βρισκόταν σε κίνηση. Το αγώνισμα, που αναγόταν στην εποχή των ομηρικών μαχών, ήταν σύμφωνα με την αθηναϊκή παράδοση το αρχαιότερο από όλα τα αγωνίσματα των Παναθηναίων, γεγονός που εν μέρει εξηγεί τη σημασία που έχει ως θέμα στη ζωφόρο του Παρθενώνα. Ο αγώνας διεξαγόταν στην Οδό των Παναθηναίων 37, η οποία διέσχιζε την Αγορά, και ο τερματισμός γινόταν κοντά στο Ελευσίνιο 56. Το μνημείο του νικητή πιθανόν να ήταν τοποθετημένο κοντά στη διαδρομή του αγώνα. Η τεχνοτροπία του αναγλύφου και η μορφή των γραμμάτων της επιγραφής χρονολογούν το έργο στις αρχές του 4ου αιώνα π.Χ.

Η βάση ανακαλύφθηκε στο Υστερορωμαϊκό Τείχος 49, νότια της Στοάς του Αττάλου, κοντά στο Ελευσίνιο.

T. L. Shear, *Hesperia* 4 (1935), σελ. 379–381· J. Travlos, *Pictorial Dictionary of Ancient Athens* (Λονδίνο, 1971), εικ. 26· *Agora* XIV (1972), σελ. 121· *AgPicBk* 24 (1998), σελ. 27· *AgPicBk* 25 (2003), σελ. 24–25· J. McK. Camp II στο *The Athenian Agora: New Perspectives on an Ancient Site* (Mainz, 2009), σελ. 30–31.

ΑΓΑΛΜΑ ΘΕΑΣ ΑΠΟ ΤΗ ΒΑΣΙΛΕΙΟ ΣΤΟΑ

Μπροστά από τον τοίχο, απέναντι από τον 18ο κίονα, βρίσκεται κορμός γυναικείας μορφής από πεντελικό μάρμαρο με μέγεθος περ. μιάμιση φορά μεγαλύτερο του φυσικού (εικ. 31, S 2370: 350–325 π.Χ.). Το κεφάλι (δεν σώζεται) ήταν πρόσθετο και τοποθετημένο σε τόρμο (υποδοχή). Ο αριστερός πήχυς ήταν επίσης πρόσθετος και ενωνόταν με μεταλλικό σύνδεσμο με τον κορμό· δεν σώζεται, όπως και ολόκληρο το δεξί χέρι και τα πόδια από τα γόνατα και κάτω. Το βάρος της μορφής στηριζόταν στο αριστερό σκέλος· ο αριστερός πήχυς ήταν απλωμένος μπροστά. Η θεά φορά χιτώνα *χειριδωτό* (με μανίκια), από λεπτό πολύπτυχο ύφασμα. Η ζώνη, ένα λεπτό κορδόνι, περνά πάνω από τον κάθε ώμο, μετά πίσω στην πλάτη χιαστί και τέλος δένεται μπροστά. Πάνω από τον χιτώνα φορά φαρδύ ιμάτιο, το οποίο είναι ριγμένο στον αριστερό ώμο, περνά διαγώνια στην πλάτη κι έπειτα στο μπροστινό τμήμα της μορφής, όπου συγκρατείται μεταξύ του αριστερού πήχυ και της μέσης. Το εξωτερικό ένδυμα ξεχωρίζει εύκολα, από το βαρύτερο και λείο ύφασμα με τις αραιότερες πτυχές. Το άγαλμα δεν φέρει ακατέργαστες πλευρές. Οι αναλογίες του, σε συνδυασμό με τις πλούσιες πτυχώσεις, την απόδοση του λεπτού χιτώνα και την υψηλή ποιότητα λάξευσης, το χρονολογούν στο γ′ τέταρτο του 4ου αιώνα π.Χ.

Εικ. 31. Υπερφυσικό άγαλμα αλληγορικής μορφής, πιθανόν της Θέμιδας· βρέθηκε μπροστά στη Βασίλειο Στοά, γ′ τέταρτο του 4ου αι. π.Χ.

Το κοντινότερο ανάλογο αυτής της μορφής είναι το άγαλμα της Θέμιδας από τον Ραμνούντα, έργο του ντόπιου γλύπτη Χαιρέστρατου (3ος αι. π.Χ., εικ. 32). Μια πιθανή εξήγηση για την εξάρτηση του αγάλματος από τον Ραμνούντα από το άγαλμα στην Αθήνα είναι ότι απεικόνιζαν την ίδια θεά. Το S 2370 πιθανότατα έστεκε μπροστά στη Βασίλειο Στοά 26 (εικ. 33). Για τη θέση αυτή, δεν θα μπορούσε να υπάρξει καταλληλότερη επιλογή από τη Θέμιδα, τη θεά που αποτελούσε προσωποποίηση του νόμου και της τάξης και προστάτιδα των όρκων. Ωστόσο, το άγαλμα ενδεχομένως να ταυτίζεται και με τη Δημοκρατία ή την Τύχη (αδερφή της Θέμιδας).

Εικ. 32. Άγαλμα της Θέμιδας από τον Ραμνούντα, περ. 300 π.Χ. Σήμερα βρίσκεται στο Εθνικό Αρχαιολογικό Μουσείο

Εικ. 33. Σχεδιαστική αποκατάσταση της Βασιλείου Στοάς (περ. 300 π.Χ.) από τα ανατολικά, με το άγαλμα της «Θέμιδας» στο κέντρο

T. L. Shear, *Hesperia* 40 (1971), σελ. 270–271· O. Palagia, *Hesperia* 51 (1982), σελ. 99–113· O. Palagia στο *The Archaeology of Athens and Attica under the Democracy* (Οξφόρδη, 1994), σελ. 113–122.

ΕΙΚΟΝΙΣΤΙΚΗ ΠΡΟΤΟΜΗ ΤΟΥ ΑΥΤΟΚΡΑΤΟΡΑ ΑΝΤΩΝΙΝΟΥ ΤΟΥ ΕΥΣΕΒΟΥΣ

Απέναντι από τον 19ο κίονα βρίσκεται μαρμάρινη προτομή του αυτοκράτορα Αντωνίνου του Ευσεβούς (138–161 μ.Χ.), με μέγεθος ελαφρώς μεγαλύτερο από το φυσικό (S 2436: 138–161 μ.Χ.). Φορά θώρακα (όπως φαίνεται από τις επωμίδες), από κάτω χιτώνα και από πάνω έναν βαρύ μανδύα με κρόσσια. Απεικονίζει τον αυτοκράτορα σε ώριμη ηλικία.

Η προτομή έχει λαξευτεί σε λευκό μάρμαρο με μεγάλους και αραιούς κρυστάλλους. Βρέθηκε σε πηγάδι της Οικίας Ωμέγα 58.

T. L. Shear Jr., *Hesperia* 42 (1973), σελ. 170–171.

ΑΓΑΛΜΑΤΑ ΑΝΔΡΙΚΩΝ ΜΟΡΦΩΝ

Απέναντι από τον 20ό κίονα βρίσκονται δύο ανδρικές μορφές, που αντιπροσωπεύουν συνήθη τύπο ανδρικού εικονιστικού αγάλματος στην Ελλάδα της Ρωμαϊκής εποχής (S 850 + S 1604: 2ος αι. μ.Χ. [σώμα], περ. 300 μ.Χ. [κεφάλι]· S 936: 2ος αι. μ.Χ.). Κάθε μορφή φορά χιτώνα, ο οποίος είναι σχεδόν εντελώς καλυμμένος με φαρδύ ιμάτιο. Δίπλα στον αριστερό αστράγαλο της μορφής S 936 διακρίνονται κατάλοιπα ενός *scrinium* (κουτί για παπύρους). Αυτά τα αγάλματα, μαζί με άλλα πέντε της ίδιας περιόδου (τρία όρθια και δύο καθιστά), ανακαλύφθηκαν στα ανατολικά του Ωδείου του Αγρίππα 41. Πιθανότατα τοποθετήθηκαν εκεί κατά την ανοικοδόμηση του Ωδείου, γύρω στο 150 μ.Χ., και ίσως έφεραν εικονιστικές κεφαλές λογίων ανδρών, που σχετίζονταν με το κτήριο όταν χρησιμοποιείτο ως χώρος διαλέξεων. Όλα τα γλυπτά είναι από πεντελικό μάρμαρο.

Το 1957 η κεφαλή μεσήλικα άνδρα (S 1604) τοποθετήθηκε από τους ανασκαφείς στο σώμα της μορφής S 850 (εικ. 34), αλλά είναι μεταγενέστερη (γύρω στο 300 μ.Χ.).

Εικ. 34. Εικονιστικό άγαλμα με ένθετη κεφαλή μεταγενέστερης περιόδου

Agora I (1953) αρ. 52, 57, 58· *Agora* XXIV (1988), σελ. 65.

ΑΓΑΛΜΑ ΔΗΜΟΣΙΟΥ ΛΕΙΤΟΥΡΓΟΥ

Η ανδρική μορφή (S 657: 5ος αι. μ.Χ.) που βρίσκεται μπροστά από το τελευταίο κατάστημα χαρακτηρίζεται από υποβλητική ακινησία. Φορά δύο ενδύματα κάτω από την τήβεννο, δηλαδή την επίσημη ενδυμασία των υψηλόβαθμων δημόσιων λειτουργών της Ύστερης Ρωμαϊκής Αυτοκρατορικής περιόδου (βλ. σελ. 9, εικ. πάνω δεξιά). Είναι από πεντελικό μάρμαρο και έχει φυσικό μέγεθος. Το κεφάλι, τα χέρια και τα πόδια δεν σώζονται. Παρά την εκτεταμένη φθορά, το σημαντικότερο χαρακτηριστικό του γλυπτού παραμένει εμφανές: η σχηματοποίηση και η έντονη γραμμικότητα των πτυχώσεων, που παραπέμπουν στις αρχές της μνημειακής ελληνικής γλυπτικής κατά την πρώιμη Αρχαϊκή εποχή (περ. 700–600 π.Χ.). Στην πραγματικότητα, το άγαλμα αυτό ολοκληρώνει τον κύκλο της εξέλιξης της ελληνικής γλυπτικής τέχνης. Χρονολογείται στον 5ο αιώνα μ.Χ. και συνιστά ένα από τα υστερότερα ολόγλυφα αγάλματα που σώζονται από την αρχαία Αθήνα. Βρέθηκε κοντά στη βορειοανατολική γωνία του Ύστερορωμαϊκού Ανακτόρου 41.

Agora I (1953), αρ. 64, σελ. 79–81· *AgPicBk* 5 (1960), εικ. 19· A. Franz, *DOP* 19 (1965), σελ. 192· *Agora* XXIV (1988), σελ. 65, 112–113.

Στη βόρεια άκρη του ισογείου σχηματίζεται εσοχή στον τοίχο, κάτω από το κλιμακοστάσιο. Από το μαρμάρινο παγκάκι της μπορεί κανείς να απολαύσει τη θαυμάσια θέα προς τις δύο διαφορετικές κιονοστοιχίες, αλλά και προς τους γύρω λόφους.

ΑΚΡΩΤΗΡΙΟ ΦΤΕΡΩΤΗΣ ΝΙΚΗΣ ΑΠΟ ΤΗ ΣΤΟΑ ΤΟΥ ΕΛΕΥΘΕΡΙΟΥ ΔΙΟΣ

Εικ. 35. Αποκάλυψη του αγάλματος της φτερωτής Νίκης στη Στοά του Ελευθερίου Διός (1933)· το ίδιο άγαλμα σήμερα (δεξιά)

Άγαλμα Νίκης από πεντελικό μάρμαρο εκτίθεται μπροστά στον βόρειο τοίχο της Στοάς του Αττάλου (εικ. 35, S 312: περ. 400 π.Χ.). Το γλυπτό ανακαλύφθηκε μπροστά στη Στοά του Ελευθερίου Διός 25. Ο αγαλματικός τύπος και ο μεγάλος βαθμός φθοράς του ταιριάζουν σε *ακρωτήριο* (διακοσμητικό στοιχείο στέγης), επομένως το άγαλμα πιθανόν στεκόταν πάνω στη στέγη του κτηρίου –πιθανότατα στην αριστερή γωνία της νότιας πτέρυγας. Τα ακρωτήρια με ανθρώπινη μορφή είναι ασυνήθιστα σε στοές, αλλά η Νίκη (αγγελιαφόρος των θεών) συχνά συνδέεται με τον Δία, στον οποίο ήταν αφιερωμένη η συγκεκριμένη στοά.

Ο «πλούσιος ρυθμός», που αναπτύχθηκε με τόση τελειότητα στην Αθήνα μετά την ολοκλήρωση των αετωμάτων του Παρθενώνα, βρίσκει την καλύτερή του έκφραση σε αυτό το έργο. Τα ακρωτήρια, ως τα υστερότερα στοιχεία της Στοάς,

χρονολογούνται στην αλλαγή του 5ου προς τον 4ο αιώνα π.Χ. Πολλά θραύσματα από τις φτερούγες αυτής της μορφής και αρκετά τμήματα από άλλες Νίκες βρέθηκαν μπροστά από τη Στοά. Ο Ναός του Άρεως 38 αποτελεί άλλο ένα πιθανό σημείο όπου ίσως ήταν τοποθετημένο το άγαλμα.

T. L. Shear, *Hesperia* 4 (1935), σελ. 374–379· H. A. Thompson, *Hesperia* 6 (1937), σελ. 37· J. Travlos, *Pictorial Dictionary of Ancient Athens* (Λονδίνο, 1971), εικ. 671· *Agora* XIV (1972), σελ. 99· A. Delivorrias, *Attische Giebelskulpturen und Akrotere des fünften Jahrhunderts* (Tübingen, 1974), σελ. 124–125, 137–142, 160–161· E. B. Harrison στα *Πρακτικά του XII Διεθνούς Συνεδρίου Κλασικής Αρχαιολογίας* Γ′ (Αθήνα, 1988), σελ. 104· *AgPicBk* 27 (2006), εξώφυλλο, εικ. 32, εικ. 49· C. A. Mauzy στο *The Athenian Agora: New Perspectives on an Ancient Site* (Mainz, 2009), σελ. 95.

ΑΥΘΕΝΤΙΚΟ ΔΑΠΕΔΟ ΤΗΣ ΣΤΟΑΣ ΤΟΥ ΑΤΤΑΛΟΥ ΚΑΙ ΨΗΦΙΔΩΤΟ

Δίπλα στον βορειότερο κίονα της εσωτερικής κιονοστοιχίας έχει διατηρηθεί δείγμα από το αρχαίο δάπεδο που βρέθηκε σε εκείνο το σημείο του κτηρίου: αποτελείται από μικρά κομμάτια μαρμάρου μέσα σε κονίαμα. Παρόμοιος τύπος δαπέδου χρησιμοποιήθηκε και κατά την ανακατασκευή του κτηρίου.

Κοντά στο αρχαίο δάπεδο βρίσκονται τμήματα ψηφιδωτού (εικ. 36, Α 2103 και Α 2105) από δωμάτιο μεγάλης οικίας του 4ου αιώνα μ.Χ., που ήταν χτισμένη έξω από τη νοτιοδυτική γωνία της Αγοράς και κατά μήκος της δυτικής κλιτύος του Άρειου Πάγου 74. Η κύρια παράσταση στο κέντρο του μωσαϊκού έχει καταστραφεί σχεδόν ολοσχερώς. Σώζεται μόνο τμήμα του περίτεχνου γεωμετρικού πλαισίου, με ψηφίδες από μάρμαρο, ασβεστόλιθο και γυαλί σε έντονα χρώματα.

H. A. Thompson, *Hesperia* 17 (1948), σελ. 169–170· B. Tsakirgis στο *The Art of Antiquity* (2007), σελ. 270–271.

Συνεχίζοντας προς τη νότια πλευρά της Στοάς, θα δείτε με τη σειρά τα εκθέματα που περιγράφονται παρακάτω –εκτός από όσα περιγράφηκαν ήδη λόγω συσχετισμού με γλυπτά που βρίσκονται στην άλλη πλευρά, μπροστά στα καταστήματα.

ΕΝΕΠΙΓΡΑΦΗ ΑΝΑΘΗΜΑΤΙΚΗ ΣΤΗΛΗ ΜΕ ΠΑΡΑΣΤΑΣΗ ΥΠΟΔΗΜΑΤΟΠΟΙΕΙΟΥ

Η υψηλή στήλη από κυανό μάρμαρο που βρίσκεται δίπλα στον 20ό κίονα έχει τόρμο στην πάνω επιφάνειά της, όπου στηριζόταν το ίδιο το ανάθημα, πιθανότατα ένα μαρμάρινο ανάγλυφο με λατρευτική σκηνή (εικ. 37, I 7396: 4ος αι. π.Χ.). Πρόκειται για ασυνήθιστο μνημείο, καθώς ακόμη και

Εικ. 36. Ψηφιδωτό δάπεδο σε οικία έξω από τη νοτιοδυτική γωνία της Αγοράς, 4ος αι. μ.Χ. Φωτογραφία και υδατογραφία με το σχέδιο του ψηφιδωτού

Εικ. 37. Υποδηματοποιείο. Αναθηματική στήλη αφιερωμένη από τον υποδηματοποιό Διονύσιο στον ήρωα Καλλιστέφανο, β' τέταρτο του 4ου αι. π.Χ.

το άνω τμήμα της ίδιας της βάσης του φέρει παράσταση σε χαμηλό ανάγλυφο: μια ματιά στο υποδηματοποιείο του αναθέτη Διονύσιου. Συνολικά υπάρχουν πέντε μορφές, ανάμεσα στις οποίες διακρίνονται ένας τουλάχιστον γενειοφόρος ηλικιωμένος άνδρας, ένας νεαρός άνδρας και ένα παιδί. Όλοι κάθονται σε καρέκλες με υψηλή πλάτη, εκτός από το παιδί που αρκείται σε ένα σκαμνί. Είναι όλοι αφοσιωμένοι στην κατασκευή υποδημάτων, ενώ στον τοίχο από πάνω τους κρέμονται τα έτοιμα προϊόντα τους.

Η επιγραφή, που ξεκινά ακριβώς κάτω από το ανάγλυφο και συνεχίζεται στον κορμό της στήλης, αναφέρεται αρχικά στο αφιέρωμα του Διονύσιου και των παιδιών του στον ήρωα Καλλιστέφανο και στα παιδιά του, με τρόπο που θυμίζει σκηνές λατρείας πολλών αναθηματικών αναγλύφων, τα οποία διάφορες οικογένειες είχαν αφιερώσει στον Ασκληπιό και στα παιδιά του. Έπειτα, σε εξάμετρο στίχο ο Διονύσιος εξηγεί ότι τιμά τον ήρωα και τα παιδιά του, επειδή είχε ένα όραμα στον ύπνο του. Σε αντάλλαγμα ζητά από τον ήρωα πλούτο και καλή υγεία. Η τεχνοτροπία του αναγλύφου και η μορφή των γραμμάτων χρονολογούν το έργο στο β' τέταρτο του 4ου αιώνα π.Χ. Ο ήρωας Καλλιστέφανος δεν είναι γνωστός από άλλες πηγές. Το ανάγλυφο αποτελεί σχετικά νέα προσθήκη στις λίγες γνωστές παραστάσεις της Κλασικής περιόδου που δείχνουν επαγγελματίες την ώρα που εργάζονται. Ανακαλύφθηκε στα νοτιοανατολικά της Στοάς του Αττάλου.

J. McK. Camp II, *AJA* 77 (1973), σελ. 209· J. McK. Camp II, *The Athenian Agora* (Λονδίνο, 1986), σελ. 146–147· J. McK. Camp II στο *Greek Art in View* (Οξφόρδη, 2004), σελ. 129–137.

ΒΑΣΗ ΑΓΑΛΜΑΤΟΣ ΤΟΥ ΦΙΛΟΣΟΦΟΥ ΚΑΡΝΕΑΔΗ

Η χαμηλή βάση από υμήττιο μάρμαρο δίπλα στον 19ο κίονα στήριζε χάλκινη καθιστή μορφή (*IG* II[2] 3781: 2ος αι. π.Χ.). Είναι ορατές οι δύο οπές στο άνω τμήμα της, όπου τοποθετούνταν οι σύνδεσμοι που συγκρατούσαν τα πόδια. Η επιγραφή στην όψη αναφέρει τα εξής:

> *Ο Άτταλος και ο Αριαράθης από τον δήμο του Συπαληττού αφιέρωσαν (αυτό το άγαλμα) του Καρνεάδη από τον δήμο της Αζηνίας*

Ο τιμώμενος άνδρας ήταν ο επικεφαλής της Νέας Ακαδημίας, διαπρεπής φιλόσοφος στην Αθήνα τον 2ο αιώνα π.Χ. Είχε σταλεί από τους Αθηναίους στη Ρώμη, ως αρχηγός αντιπροσωπείας για την υπεράσπιση μιας υπόθεσης μπροστά στη Σύγκλητο το 156–155 π.Χ. Με την ευκαιρία αυτή, είχε δώσει σειρά διαλέξεων πάνω στην ελληνική φιλοσοφία, που εντυπωσίασαν πολύ τη διανόηση της Ρώμης. Αυτό είναι πιθανόν το άγαλμα του Καρνεάδη που είδε και επαίνεσε ο Κικέρωνας (*de Finibus* 5.2.4) και που χρησίμευσε ως πρότυπο για πολλά μεταγενέστερα αντίγραφα.

Όσον αφορά την ταυτότητα των αναθετών, οι γνώμες διίστανται. Παρόλο που στο παρελθόν ο Άτταλος και ο Αριαράθης είχαν ταυτιστεί με τους βασιλείς της Περγάμου και της Καππαδοκίας αντίστοιχα, σήμερα είναι ευρύτερα αποδεκτό ότι πρόκειται για Αθηναίους πολίτες που έφεραν τα ίδια με τους βασιλείς ονόματα.

H. A. Thompson, *Hesperia* 19 (1950), σελ. 318–319· B. D. Meritt, *The Athenian Year* (Berkeley, 1961), σελ. 229–230· G. M. Richter, *Portraits of the Greeks* 2 (Λονδίνο, 1965), σελ. 250· H. B. Mattingly, *Historia* 20 (1971), σελ. 29–32· *Agora* XIV (1972), σελ. 107· C. Habicht, *Hesperia* 59 (1990), σελ. 571–572· S. V. Tracy and C. Habicht, *Hesperia* 60 (1991), σελ. 217· A. Stähli, *AA* 106 (1991), σελ. 219–252· *AgPicBk* 2 (αναθ. 1992), εικ. 34, 35.

ΕΙΚΟΝΙΣΤΙΚΗ ΚΕΦΑΛΗ, ΠΙΘΑΝΟΝ ΤΟΥ ΗΡΟΔΟΤΟΥ

Η γενειοφόρος κεφαλή (S 270: 2ος αι. μ.Χ.) που βρίσκεται δίπλα στον 18ο κίονα απεικονίζει έναν επιφανή πνευματικό άνδρα της Κλασικής εποχής. Τα χαρακτηριστικά της ταιριάζουν σε ενεπίγραφα πορτραίτα του Ηρόδοτου, εκτός από την απουσία μαλλιών στην κορυφή της κεφαλής. Είναι αμφίβολο αν πράγματι μοιάζει στον «πατέρα της Ιστορίας». Αντίγραφο ενός πρώιμου έργου, φιλοτεχνήθηκε τον 2ο αιώνα μ.Χ. και ενδεχομένως κοσμούσε κάποια βιβλιοθήκη.

T. L. Shear, *Hesperia* 4 (1935), σελ. 402–404· *Agora* I (1953), αρ. 1, σελ. 9–10· *AgPicBk* 5 (1960), εικ. 2· G. M. Richter, *The Portraits of the Greeks* 1 (Λονδίνο, 1965), σελ. 146–147.

ΕΠΙΓΡΑΦΗ ΜΕ ΑΠΟΦΑΣΕΙΣ ΕΠΙΤΡΟΠΗΣ ΔΙΑΙΤΗΤΩΝ ΣΧΕΤΙΚΑ ΜΕ ΘΥΣΙΕΣ ΤΩΝ ΣΑΛΑΜΙΝΙΩΝ

Η μεγάλη, ακέραια, επιγραφή σε πεντελικό μάρμαρο (I 3244: 363/2 π.Χ.) δίπλα στον 17ο κίονα περιλαμβάνει τις αποφάσεις επιτροπής πέντε ιδιωτών *Διαιτητών*, το 363/2 π.Χ., σχετικά με την πραγματοποίηση θυσιών προς τιμήν διάφορων θεοτήτων και ηρώων από δύο κλάδους του γένους των Σαλαμινίων. Το κείμενο είναι πολύ διαφωτιστικό τόσο για τις αρχαίες θρησκευτικές πρακτικές, όσο και για τη διαδικασία της *διαιτησίας*, σημαντικού θεσμού της αθηναϊκής δικαιοσύνης. Η στήλη επρόκειτο να τοποθετηθεί στην Αθήνα, στο Ιερό του Ευρυσάκη, ενός από τους σημαντικότερους Σαλαμίνιους ήρωες. Το Ευρυσάκειο βρισκόταν στα νότια του Ναού του Ηφαίστου (βλ. *Οδηγός της Αρχαίας Αγοράς της Αθήνας*, σελ. 44).

W. S. Ferguson, *Hesperia* 7 (1938), σελ. 1–74· *Agora* III (1957, ανατ. 1973), αρ. 254· Sokolowski, *Lois sacreés des cités grecques: Supplément* (Παρίσι, 1962), αρ. 19· *Agora* XIX (1991), αρ. L4a· R. Parker, *Athenian Religion* (Οξφόρδη, 1996), σελ. 308–316· M. C. Taylor, *Salamis and the Salaminioi* (Άμστερνταμ, 1997), σελ. 47–63· S. D. Lambert, *ZPE* 119 (1997), σελ. 85–106.

ΕΤΗΣΙΑ ΑΝΑΦΟΡΑ ΤΩΝ ΠΩΛΗΤΩΝ

Η πολύ καλά διατηρημένη επιγραφή (I 5509: 367/6 π.Χ.) δίπλα στον 16ο κίονα περιέχει την αναφορά του συμβουλίου των οκτώ *Πωλητών* για το έτος 367/6 π.Χ., η οποία αναφέρεται στην πώληση κατασχεμένης οικίας και στην εκμίσθωση 17 μεταλλείων στην περιοχή του Λαυρίου.

Hesperia Suppl. 4 (1940), σελ. 59· M. Crosby, *Hesperia* 10 (1941), σελ. 14–27· M. Crosby, *Hesperia* 19 (1950), σελ. 189–206· *Hesperia* Suppl. 9 (1951), σελ. 150–154· *AgPicBk* 4 (1960), εικ. 6· J. McK. Camp II, *The Athenian Agora* (Λονδίνο, 1986), σελ. 130–131· *Agora* XIX (1991), αρ. P5· *Hesperia* Suppl. 29 (1998), σελ. 64· S. D. Lambert, *The Phratries of Attica* (Ann Arbor, αναθ. 1998), αρ. T10· P. J. Rhodes and R. Osborne, *Greek Historical Inscriptions* (Οξφόρδη, 2003), αρ. 36.

ΨΗΦΙΣΜΑ ΤΩΝ ΠΡΥΤΑΝΕΩΝ

Η μαρμάρινη επιγραφή (I 1024: 260/59 π.Χ.) δίπλα στον 15ο κίονα δεν έχει αποσπαστεί από την αρχαία βάση της. Παρουσιάζει τον τρόπο με τον οποίο οι υψηλές αυτές στήλες στηρίζονταν ένθετες μέσα σε κατάλληλες υποδοχές στην άνω επιφάνεια των αδρά κατεργασμένων λίθων της βάσης· λιωμένος μόλυβδος χυνόταν μέσα στην υποδοχή, προκειμένου να διασφαλιστεί η σταθερότητα της στήλης, και ο λίθος της βάσης θαβόταν σχεδόν ολόκληρος στο έδαφος. Το κείμενο της επιγραφής περιλαμβάνει ευχαριστήριο ψήφισμα προς τους *Πρυτάνεις* του προηγούμενου έτους και προς διάφορους άλλους αξιωματούχους της Βουλής των Πεντακοσίων. Ανακαλύφθηκε ανατολικά της Θόλου 5, της έδρας των Πρυτάνεων, και πιθανότατα χρονολογείται στο 260/59 π.Χ.

Hesperia Suppl. 1 (1937), αρ. 9· *Agora* XV (1974), αρ. 86· S. V. Tracy, *Hesperia* 57 (1988), σελ. 305, 307· A. S. Henry, *Chiron* 18 (1988), σελ. 217–222.

ΑΓΑΛΜΑ ΤΥΠΟΥ «ΑΦΡΟΔΙΤΗΣ GENETRIX», ΠΙΘΑΝΟΝ ΝΥΜΦΗΣ

Ο μικρός ακέφαλος κορμός (S 1654: 2ος αι. μ.Χ.) δίπλα στον 13ο κίονα αποτελεί παραλλαγή διάσημου αθηναϊκού αγάλματος του ύστερου 5ου αιώνα π.Χ., της λεγόμενης «Αφροδίτης Genetrix»· χρονολογείται στη Ρωμαϊκή εποχή. Η επιφάνεια του μαρμάρου έχει αλλοιωθεί, επειδή βρισκόταν κοντά σε αποχέτευση. Η θεά φορά λεπτό χιτώνα που έχει γλιστρήσει από τον αριστερό ώμο και έχει αφήσει ακάλυπτο το στήθος. Στην πλάτη της είναι ριγμένο ιμάτιο που κρατούσε ψηλά με το δεξί χέρι, το οποίο όμως δεν σώζεται. Στο αριστερό χέρι κρατάει μια *υδρία* (αγγείο για νερό), αντί για το μήλο που κρατούσε το πρωτότυπο άγαλμα. Ανακαλύφθηκε μπροστά στο Νυμφαίο 60, για το οποίο είχε πιθανόν φιλοτεχνηθεί, επομένως χρονολογείται στα μέσα του 2ου αιώνα μ.Χ.

H. A. Thompson, *Hesperia* 22 (1953), σελ. 53–54· *AgPicBk* 11 (1968), εικ. 3.

ΚΕΦΑΛΗ ΝΙΚΗΣ

Η καλοδιατηρημένη κεφαλή από πεντελικό μάρμαρο (S 2354: 2ος αι. μ.Χ.), σε μέγεθος λίγο μεγαλύτερο από το φυσικό, που βρίσκεται δίπλα στον 12ο κίονα, είναι αντίγραφο, πιθανόν λαξευμένο τον 2ο αιώνα μ.Χ. Το πρωτότυπο, έργο του β′ μισού του 5ου αιώνα π.Χ., ήταν παρόμοιο με τη Νίκη του Παιωνίου στην Ολυμπία, αλλά όχι πανομοιότυπο. Βρέθηκε στην Οικία Ωμέγα 58.

T. L. Shear Jr., *Hesperia* 40 (1971), σελ. 273· E. B. Harrison στο *The Eye of Greece* (Κέμπριτζ, 1982), σελ. 53–65.

Ο κορμός ανδρικής μορφής S 502 έχει ήδη περιγραφεί μαζί με τον κορμό S 1313 που βρίσκεται στην πλευρά των καταστημάτων (σελ. 45).

ΒΑΣΗ ΤΡΙΠΟΔΑ

Ανάμεσα στον 6ο και στον 7ο κίονα βρίσκεται η βάση χάλκινου τρίποδα από πεντελικό μάρμαρο (S 370: 2ος αι. π.Χ., βλ. σελ. 9, εικ. πάνω αριστερά). Ο *λέβητας* (σκεύος) του τρίποδα στηριζόταν στην πάνω επιφάνεια της βάσης, ενώ τα πόδια του ήταν κατά τέτοιο τρόπο προσαρμοσμένα στις τρεις κατακόρυφες ακμές του μαρμάρου, ώστε να δημιουργούν ένα πλαίσιο για κάθε ανάγλυφη παράσταση. Ο τρίποδας αποτελούσε πιθανώς έπαθλο σε αγώνες δραματικούς ή διθυραμβικούς. Η γυμνή ανδρική μορφή που κρατά ρόπαλο έχει ταυτιστεί με τον Θησέα, βασιλιά της Αθήνας. Φαίνεται ότι ήταν η κεντρική μορφή, επομένως ίσως ήταν ο κεντρικός χαρακτήρας του δράματος. Στα δεξιά του, βρίσκεται μία ενδεδυμένη βασιλική ανδρική μορφή (ίσως ο Αιγέας, πατέρας του Θησέα) και στα αριστερά του μία ενδεδυμένη γυναικεία μορφή που κρατά *φιάλη*, ένα ανοιχτό, ρηχό δοχείο για την τέλεση σπονδών (ίσως η Μήδεια, γυναίκα του Αιγέα). Η βάση χρονολογείται μάλλον στον 2ο αιώνα π.Χ. αποτελώντας έτσι πρώιμο και σημαντικό δείγμα του νεοαττικού ρυθμού. Η αναβίωση –με εξεζητημένο τρόπο– κάποιων αρχαϊκών χαρακτηριστικών, όπως οι σχηματοποιημένες πτυχώσεις του ενδύματος, η επιτηδευμένη κίνηση στα πόδια και οι ανατομικές ατέλειες, δημιουργεί μεγάλη αντίθεση με τον ρεαλισμό στην απόδοση του μανδύα του Θησέα.

Η βάση αποκαλύφθηκε όρθια στο μέσο του κεντρικού χώρου των Δημόσιων Γραφείων (21), ανάμεσα σε ερείπια από την καταστροφή του κτηρίου το 267 μ.Χ. Εκεί δεν βρέθηκαν κανενός είδους υποστηρίγματα για τη βάση, άρα δεν ήταν αυτή η αρχική της θέση.

T. L. Shear, *Hesperia* 4 (1935), σελ. 324, 387–393· W. Fuchs, *Die Vorbilder der neuattischen Reliefs* (Βερολίνο, 1959), σελ. 46, 166, 171· *Agora* XI (1965), σελ. 79–81, αρ. 128· J. Travlos, *Pictorial Dictionary of Ancient Athens* (Λονδίνο, 1971), σελ. 234· *Agora* XIV (1972), σελ. 79, 126.

ΚΟΡΜΟΣ ΑΝΑΚΕΚΛΙΜΕΝΗΣ ΑΝΔΡΙΚΗΣ ΜΟΡΦΗΣ

Δίπλα στον 6ο κίονα βρίσκεται το άνω τμήμα ανακεκλιμένης ανδρικής μορφής, που στηρίζεται στο αριστερό χέρι (εικ. 38, S 147: 2ος αι. π.Χ.). Έχει κατασκευαστεί από πεντελικό μάρμαρο, σε μέγεθος 2/3 του φυσικού. Η στάση του θυμίζει την προσωποποίηση του Ιλισσού στο δυτικό αέτωμα του Παρθενώνα και παλαιότερα είχε προταθεί η απόδοσή του στην αντίστοιχη θέση στο ανατολικό αέτωμα του Ναού του Ηφαίστου. Ωστόσο, το έντονο πλάσιμο που χαρακτηρίζει τη μορφή, καθώς και η χρήση πεντελικού μαρμάρου αντί για παριανό, φαίνεται ότι απέκλεισαν τον συσχετισμό του με το Ηφαιστείο. Ενδεχομένως, ο κορμός ανήκει σε άγαλμα του Ηρακλή από την Ελληνιστική περίοδο. Ανακαλύφθηκε σε σύγχρονη θεμελίωση στα ανατολικά του Ναού του Ηφαίστου.

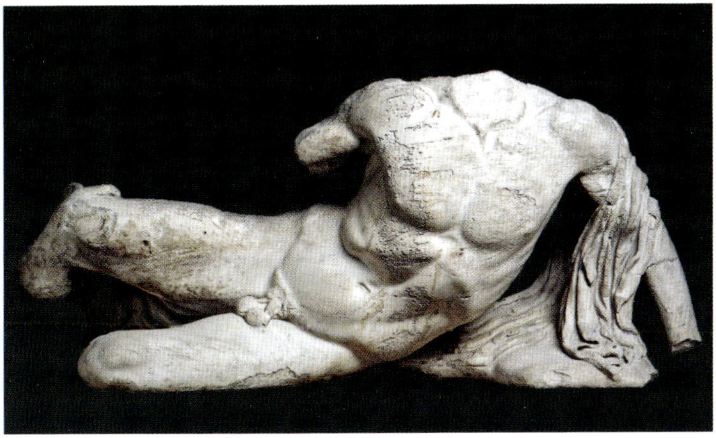

Εικ. 38. Ανακεκλιμένη ανδρική μορφή, 2ος αι. π.Χ. (πάνω). Προσωποποίηση του Ιλισσού ποταμού από το δυτικό αέτωμα του Παρθενώνα που βρίσκεται στο Βρετανικό Μουσείο (κάτω).

H. A. Thompson, *Hesperia* 18 (1949), σελ. 233· *Agora* XIV (1972), σελ. 148, σημ. 152.

ΟΡΟΙ

Η περιήγηση στα εκθέματα που βρίσκονται κατά μήκος της κιονοστοιχίας ολοκληρώνεται με δύο *όρους* (εικ. 39, Ι 5510, Ι 7039: περ. 500 π.Χ.) μεταξύ του 3ου (Ι 5510 = *IG* I[3] 1087) και του 4ου κίονα (Ι 7039 = *IG* I[3] 1088). Και οι δύο *όροι* (στήλες οριοθέτησης) βρέθηκαν *κατά χώραν* (στην αρχική θέση τους) στη νοτιοδυτική γωνία της Αγοράς ⓾, ο ένας (Ι 5510) δίπλα στην οικία του υποδηματοποιού Σίμωνα ⑨ και ο άλλος (Ι 7039) κάτω από το δυτικό άκρο της Μέσης Στοάς ㊼. Οι δύο αυτοί *όροι* –και άλλοι σαν αυτούς– χρησίμευαν για να δηλώνουν πού ακριβώς ήταν τα όρια ανάμεσα στον δημόσιο χώρο της πλατείας της Αγοράς και στα ιδιωτικά κτήρια. Επίσης, προειδοποιούσαν ορισμένες κατηγορίες παραβατών του νόμου, καθώς και τους ανήλικους, ότι δεν τους επιτρεπόταν η είσοδος στην Αγορά.

Και οι δύο ορθογώνιοι *όροι* είναι από παριανό μάρμαρο και φέρουν την εξής επιγραφή στο πάνω και πλαϊνό τμήμα της μπροστινής πλευράς: «ΗΟΡΟΣ ΕΙΜΙ ΤΕΣ ΑΓΟΡΑΣ». Η μορφή των γραμμάτων των επιγραφών τοποθετεί τη χάραξή τους γύρω στο 500 π.Χ., περίοδο κατά την οποία το ελληνικό αλφάβητο και η κατεύθυνση γραφής του δεν είχε ακόμη οριστικοποιηθεί. Ας σημειωθεί ότι η επιγραφή στον *όρο* Ι 5510 διαβάζεται από τα αριστερά προς τα δεξιά, ενώ στον *όρο* Ι 7039 διαβάζεται αντίστροφα.

Ι 5510: T. L. Shear, *Hesperia* 8 (1938), σελ. 205–206· *Hesperia* Suppl. 4 (1940), σελ. 107–108· *Agora* III (1957, ανατ. 1973), αρ. 713. **Ι 5510 και Ι 7039**: H. A. Thompson, *Hesperia* 37 (1968), σελ. 61–63· J. Travlos, *Pictorial Dictionary of Ancient Athens* (Λονδίνο, 1971), εικ. 20–22· *Agora* XIV (1972), σελ. 117–119· J. McK. Camp II, *The Athenian Agora* (Λονδίνο, 1986), σελ. 48, 51–52· *Agora* XIX (1991), αρ. H25, H26· *Hesperia* Suppl. 31 (2003), σελ. 289–291· *AgPicBk* 4 (αναθ. 2004), σελ. 5· G. V. Lalonde, *Hesperia* 75 (2006), σελ. 86–88.

ΙΣΟΓΕΙΟ: ΧΩΡΟΣ ΑΡΧΑΙΩΝ ΚΑΤΑΣΤΗΜΑΤΩΝ

Από τα 21 καταστήματα του ισογείου, τα τρία στο νότιο άκρο και το ένα στο βόρειο έχουν αποκατασταθεί στην αρχική τους μορφή. Δέκα από αυτά έχουν συνενωθεί για να σχηματίσουν τον ενιαίο χώρο της κύριας αίθουσας. Η περιήγηση ξεκινά από το νότιο άκρο.

ΑΙΘΟΥΣΑ ΕΝΘΥΜΗΜΑΤΩΝ

(συνήθως κλειστή για το κοινό)

Τρεις μεγάλες μπρούντζινες τιμητικές πλάκες στον πίσω τοίχο της αίθουσας αναφέρονται στις ανασκαφές της Αρχαίας Αγοράς, στην ανακατασκευή της Στοάς του Αττάλου και στη διαμόρφωση του τοπίου της Αγοράς. Περιλαμβάνουν τα ονόματα όσων συμμετείχαν στις εργασίες και όσων συνέβαλαν οικονομικά. Μία άλλη μπρούντζινη επιγραφή

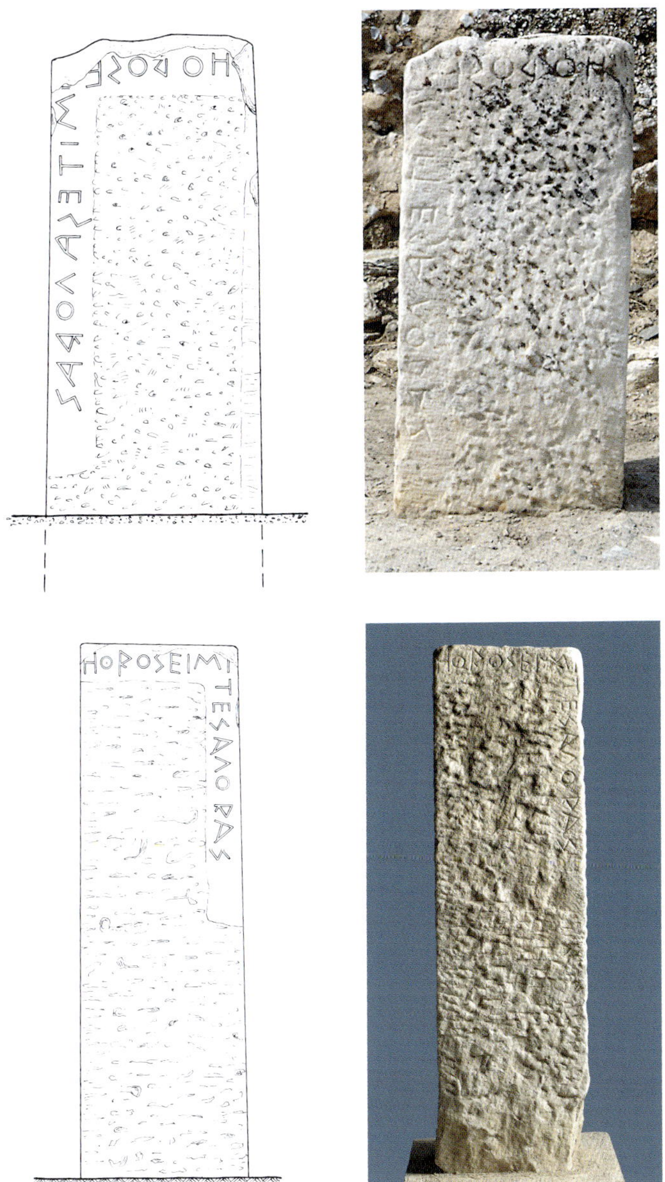

Εικ. 39. Όροι της Αρχαίας Αγοράς, περ. 500 π.Χ.: (πάνω) ο όρος κάτω από το δυτικό άκρο της Μέσης Στοάς (Ι 7039, σχέδιο και φωτογραφία)· (κάτω) ο όρος νοτιοανατολικά της Θόλου (Ι 5510, σχέδιο και φωτογραφία).

είναι τοποθετημένη, ξεχωριστά, στον δεξιό τοίχο προς τιμήν του John D. Rockefeller, Jr. (1874–1960), ως πρώτου και βασικού χορηγού. Το ψηφιδωτό τμήμα του δαπέδου είναι σύγχρονη κατασκευή και μοιάζει με τα δάπεδα που θα μπορούσε κανείς να δει σε ανάλογους χώρους στην αρχαιότητα.

Εδώ φυλάσσονται και ορισμένα μαρμάρινα γλυπτά, όπως η γυναικεία μορφή S 182, που ενδεχομένως αποτελεί ακρωτήριο του Ηφαιστείου (βλ. *Οδηγός της Αρχαίας Αγοράς της Αθήνας*, σελ. 41).

ΠΩΛΗΤΗΡΙΟ

Εδώ πωλούνται οδηγοί, θεματικές εκδόσεις, κάρτες και αντίγραφα διάφορων ευρημάτων. Για επιπλέον φωτογραφίες, αλλά και για τις επιστημονικές εκδόσεις που αφορούν την Αρχαία Αγορά, μπορείτε να απευθυνθείτε στα γραφεία του πάνω ορόφου της Στοάς.

ΕΚΘΕΣΗ ΑΜΦΟΡΕΩΝ

(εάν είναι κλειστή, απευθυνθείτε στους φύλακες)

Οι βαθύνσεις στο κατώφλι και στις παραστάδες της θύρας αυτής της έκθεσης είναι πολύ διαφωτιστικές για τη λειτουργία των αρχαίων θυρών: διακρίνονται οι εσοχές για τη δοκό με την οποία ασφάλιζαν τις θύρες, που ήταν αρχικά τοποθετημένες στην εσωτερική πλευρά του κατωφλιού. Αργότερα, μετά την προσθήκη παταριού στο δωμάτιο, τα θυρόφυλλα μεταφέρθηκαν προς την εξωτερική πλευρά του κατωφλιού. Τότε έγιναν και οι οπές για έξι δοκούς που ασφάλιζαν τη θύρα από μέσα και για μία δοκό που τοποθετείτο στην εξωτερική πλευρά. Η φθορά στο κατώφλι υποδηλώνει ότι, συνήθως, ο κόσμος εισερχόταν σε αυτόν τον χώρο από τα δεξιά. Στη δεξιά παραστάδα της θύρας, στο ύψος του ματιού, είναι λαξευμένη σε μικρογραφία η μορφή του Ερμή, θεού του εμπορίου, ως σαφής ένδειξη της χρήσης του χώρου (εικ. 40).

Εικ. 40. Ερμαϊκή στήλη λαξευμένη στην παραστάδα της έκθεσης αμφορέων

Για τη μεταφορά οίνου χρησιμοποιούνταν πήλινοι αμφορείς, που συνήθως χωρούσαν όσο μπορούσε να μεταφέρει ένας άνθρωπος, δηλαδή 19–30 λίτρα. Το κάτω μέρος των αμφορέων ήταν μυτερό (*οξυπύθμενοι*), ώστε να μπορεί κανείς να τους κρατήσει με ευκολία. Γερές λαβές εκατέρωθεν του στομίου διευκόλυναν τη μεταφορά του αγγείου και το άδειασμα του περιεχομένου. Ο αμφορέας έκλεινε είτε με πήλινο πώμα και λάσπη είτε, ορισμένες φορές, με φελλό.

Κατά την κατασκευή των αμφορέων, ενόσω ο πηλός ήταν ακόμη μαλακός, σφραγιζόταν η ράχη της λαβής. Το γεγονός ότι στις σφραγίδες αναφέρονται ονόματα δημόσιων λειτουργών, αλλά και κατασκευαστών των αμφορέων, υποδηλώνει ότι τα κράτη με μεγάλη παραγωγή οίνου ασκούσαν αυστηρό έλεγχο στο εμπόριο αυτού του σημαντικού προϊόντος. Συχνά οι σφραγίδες φανερώνουν τον τόπο προέλευσης, είτε με ένα επίθετο, π.χ. Κνίδιος, είτε με κάποιο σύμβολο, όπως το ρόδο για τη Ρόδο.

Οι ανασκαφές στην Αρχαία Αγορά έχουν φέρει στο φως περισσότερους από 800 αμφορείς –σχεδόν ακέραιους (εικ. 41)– και πάνω από 15.000 ενσφράγιστες λαβές (εικ. 42). Δεδομένου ότι στις περισσότερες περιπτώσεις γνωρίζουμε πλέον τον τόπο προέλευσης των αμφορέων και μπορούμε να τους χρονολογήσουμε σε διαστήματα που δεν ξεπερνούν τα 50 έτη, το εμπόριο οίνου αποτελεί το καλύτερα τεκμηριωμένο κεφάλαιο στην ιστορία του αρχαίου εμπορίου. Οι αμφορείς που ανακαλύφθηκαν στην Αρχαία Αγορά προέρχονται από πολλά μέρη του Αιγαίου, κυρίως από τη Θάσο, τη Χίο, τη Ρόδο, την Κω και την Κνίδο, αλλά και από πιο μακρινές περιοχές, όπως η Μαύρη Θάλασσα, η Ιταλία και η Ισπανία. Χρονολογούνται μεταξύ του 6ου αιώνα π.Χ. και του 6ου αιώνα μ.Χ. Στα ράφια της αριστερής πλευράς της αίθουσας οι αμφορείς είναι τοποθετημένοι με χρονολογική σειρά: ξεκινώντας από κάτω, πρώτα βλέπουμε τα σφαιρικά σχήματα της Αρχαϊκής περιόδου, έπειτα τα πιο γωνιώδη δείγματα των Ελληνιστικών χρόνων και τέλος ορισμένους πολύ ραδινούς οξυπύθμενους αμφορείς της Ύστερης Αρχαιότητας.

Στην δεξιά πλευρά της αίθουσας, οι αμφορείς παρατάσσονται σύμφωνα με τον τόπο προέλευσής τους, αντιπροσωπεύοντας όλους τους διάσημους οίνους της ελληνικής αρχαιότητας. Οι πιο διακεκριμένοι και ακριβοί οίνοι ήταν εκείνοι της Χίου και της Θάσου. Φθηνότεροι και πιο διαδεδομένοι ήταν οι οίνοι της Ρόδου και της Κνίδου. Κάθε ένα από τα σημαντικά οινοπαραγωγικά κέντρα υιοθέτησε από νωρίς ένα χαρακτηριστικό σχήμα αμφορέα, το οποίο και διατήρησε για αιώνες (όπως κάνουν σήμερα οι παραγωγοί διάσημων ποτών). Αξιοσημείωτα χαρακτηριστικά αποτελούν, για παράδειγμα, ο διογκωμένος λαιμός των αμφορέων από τη Χίο, η δακτυλιόσχημη βάση των αμφορέων της Κνίδου και η διπλή λαβή των αμφορέων της Κω.

Στην κεντρική προθήκη εκτίθενται χαρακτηριστικά δείγματα ενσφράγιστων λαβών. Σε πολλές περιπτώσεις, το σύμβολο που εμφανίζεται πάνω τους είναι ίδιο με εκείνο που υπάρχει στα νομίσματα της οινοπαραγωγού πόλης: το ρόδο για τη Ρόδο, η Σφίγγα για τη Χίο και ο Ηρακλής για τη Θάσο, ως αγαπημένος ήρωας του νησιού. Η εμπορική σημασία του οίνου για αυτές τις πόλεις επιβεβαιώνεται και από τις απεικονίσεις αμφορέων –με το χαρακτηριστικό για κάθε πόλη σχήμα– πάνω στα νομίσματά τους. Ιδιαίτερα μεγάλος αριθμός σφραγίδων προέρχεται από τη Θάσο.

Εικ. 41. Αμφορείς στο υπόγειο της Στοάς του Αττάλου

Εικ. 42. Σφραγίδα αμφορέα από τη Ρόδο με την κεφαλή του Ήλιου και το όνομα του άρχοντα Σώστρατου

Οι φωτογραφίες που βρίσκονται στον τοίχο μας ενημερώνουν αναφορικά με τη χρήση των αμφορέων στην αρχαιότητα. Υπάρχει εδώ και χάρτης που περιλαμβάνει τα βασικά κέντρα παραγωγής και κατανάλωσης οίνου. Η έκθεση υλοποιήθηκε με την αρωγή της οινοποιίας Achaia Clauss, η οποία εδρεύει στην Πάτρα.

Χάραγμα με ερμαϊκή στήλη: *AgPicBk* 14 (αναθ. 1988), εικ. 46, 47· B. Tsakirgis στο *The Athenian Agora: New Perspectives on an Ancient Site* (Mainz, 2009), σελ. 54. **Αμφορείς**: V. Grace and M. Savvatianou-Petropoulakou στο *Exploration Archéologique de Délos* XXVII (Παρίσι, 1970), σελ. 277–382· *AgPicBk* 6 (αναθ. 1979)· M. L. Lawall στο *The Athenian Agora: New Perspectives on an Ancient Site* (Mainz, 2009), σελ. 63–68.

Το κλιμακοστάσιο στο νότιο άκρο της Στοάς οδηγεί στον πάνω όροφο. Η μετακίνηση ατόμων με κινητικά προβλήματα μέσω ανελκυστήρα γίνεται κατόπιν συνεννόησης με τους φύλακες του Μουσείου.

ΝΟΤΙΟ ΚΛΙΜΑΚΟΣΤΑΣΙΟ

Στο πρώτο αρχαίο κατάστημα, που βρίσκεται στο νότιο άκρο της Στοάς, έχει αποκατασταθεί σκάλα της Ρωμαϊκής περιόδου, η οποία δίνει πρόσβαση στον πάνω όροφο. Οι τοίχοι του χώρου είναι στο μεγαλύτερο μέρος τους αρχαίοι και πάνω τους διακρίνονται πολλές μικρές υποδοχές, πιθανόν για τη στήριξη των ραφιών του καταστήματος. Πριν ανεβείτε τις σκάλες, μπορείτε να δείτε στον νότιο τοίχο της Στοάς –έξω και δεξιά από τη θύρα– μία αδέξια χαραγμένη κεφαλή άνδρα (εικ. 43).

Κατά την κατασκευή της σκάλας (περ. 100 μ.Χ.), στο ύψος του πλατύσκαλου ανοίχτηκε πόρτα στον πίσω τοίχο της Στοάς· από εκεί οι επισκέπτες μπορούσαν να βγαίνουν από το κτήριο και να κατευθύνονται προς τη Ρωμαϊκή Αγορά που βρίσκεται στα νοτιοανατολικά 47, μέσω ενός δρόμου πλαισιωμένου από κιονοστοιχίες. Από τη σύγχρονη καγκελόπορτα, μπορεί

Εικ. 43. Εγχάρακτη ανδρική κεφαλή έξω από το νότιο κλιμακοστάσιο

Εικ. 44. Ιωνικός κίονας από το Υστερορωμαϊκό Τείχος, περ. 440 π.Χ., και υδατογραφία όπου φαίνεται η πολυχρωμία του

κανείς να δει τμήματα μαρμάρινων αρχιτεκτονικών μελών της Στοάς που φυλάσσονται σήμερα πίσω από το κτήριο.

Ο υπέροχος ιωνικός κίονας που ορθώνεται στο κέντρο του κλιμακοστασίου χρονολογείται στην εποχή του Περικλή· βρέθηκε, μαζί με άλλους δύο, στο Υστερορωμαϊκό Τείχος 49, κοντά στη νοτιοδυτική γωνία της Βιβλιοθήκης του Πανταίνου (εικ. 44, Α 2972, βλ. *Οδηγός της Αρχαίας Αγοράς της Αθήνας*, σελ. 138). Το ύψος της σκάλας δίνει στον επισκέπτη τη δυνατότητα να παρατηρήσει λεπτομέρειες πάνω στον κίονα, όπως τις εγκοπές για την τοποθέτηση μεταλλικής κατασκευής. Ένα ακόμη κιονόκρανο από την ίδια κιονοστοιχία είναι τοποθετημένο στα αριστερά της θύρας του κλιμακοστασίου (Α 2973, σελ. 35). Αξιοσημείωτα είναι τα ίχνη αρχαίων χρωμάτων πάνω στα κιονόκρανα. Αυτοί οι κίονες είχαν παρόμοιο μέγεθος με εκείνους της βόρειας πρόστασης του Ερεχθείου (περ. 420–415 π.Χ.), αλλά είναι πρωιμότεροι κατά 25 περίπου χρόνια. Προέρχονται από ένα άγνωστο κατά τα άλλα κτήριο του 5ου αιώνα π.Χ.

Χαραγμένη κεφαλή άνδρα: *AgPicBk* 5 (1960), εικ. 43. **Ιωνικός κίονας**: H. A. Thompson, *Hesperia* 29 (1960), σελ. 351–356· J. Travlos, *Pictorial Dictionary of Ancient Athens* (Λονδίνο, 1971), εικ. 152· *Agora* XIV (1972), σελ. 166· L. S. Meritt, *Hesperia* 65 (1996), σελ. 129–130, 154–156, αρ. 14Α.

ΠΑΝΩ ΟΡΟΦΟΣ

Αρχαιότητες εκτίθενται και στον πάνω όροφο, ο οποίος άνοιξε για το κοινό το καλοκαίρι του 2012, χάρη στη χρηματοδότηση από τον Ευρωπαϊκό Οικονομικό Χώρο (ΕΟΧ) και το Υπουργείο Ανάπτυξης, Ανταγωνιστικότητας και Ναυτιλίας. Ιδιαίτερο ενδιαφέρον παρουσιάζουν τα προπλάσματα της Ακρόπολης, της Πνύκας, της Θόλου και της Αρχαίας Αγοράς. Τα υπόλοιπα εκθέματα είναι κυρίως αγάλματα, ερμαϊκές στήλες και ρωμαϊκά πορτραίτα, ορισμένα από τα οποία παρουσιάζονται στο κοινό για πρώτη φορά. Ο επισκέπτης δεν πρέπει να χάσει την εκπληκτική θέα της Αγοράς και της γύρω περιοχής από την κιονοστοιχία του ορόφου.

Τα αρχαία καταστήματα του πάνω ορόφου χρησιμοποιούνται σήμερα ως γραφεία, εργαστήρια και χώροι αποθήκευσης για τα ευρήματα των ανασκαφών. Ένα υαλοπέτασμα διαχωρίζει αυτούς τους χώρους από την έκθεση, το οποίο όμως είναι κατά τόπους διαφανές, επιτρέποντας έτσι τη θέαση τμημάτων της συλλογής.

Οι διαφορές μεταξύ του ορόφου και του ισογείου προκαλούν εντύπωση στον επισκέπτη: πάνω, η οροφή είναι χαμηλότερη και δίριχτη αντί για επίπεδη όπως στο ισόγειο, οι κίονες είναι μικρότεροι και ανήκουν σε διαφορετικούς ρυθμούς, ενώ η γενικότερη αίσθηση του χώρου είναι πιο οικεία. Η εξωτερική κιονοστοιχία αποτελείται από ιδιόμορφα ενωμένους ιωνικούς ημικίονες, ενώ η εσωτερική από αιγυπτιακά φοινικόμορφα κιονόκρανα, με τη μορφή που έγιναν ιδιαίτερα δημοφιλή στην Ελλάδα τον 2ο αιώνα π.Χ. (περγαμηνά κιονόκρανα). Στο ισόγειο έχουν χρησιμοποιηθεί δωρικοί κίονες στην εξωτερική κιονοστοιχία και ιωνικοί στην εσωτερική, γεγονός που καθιστά τη Στοά του Αττάλου αντιπροσωπευτικό δείγμα της ανάμειξης ρυθμών, η οποία ήταν συνήθης σε στοές με παραπάνω από ένα επίπεδο.

ΙΩΝΙΚΟ ΚΙΟΝΟΚΡΑΝΟ ΑΠΟ ΤΟΝ ΝΑΟ ΤΗΣ ΑΘΗΝΑΣ ΣΤΟ ΣΟΥΝΙΟ ΚΑΙ ΓΩΝΙΑΙΟ ΙΩΝΙΚΟ ΚΙΟΝΟΚΡΑΝΟ

Μόλις ανεβείτε τις σκάλες θα συναντήσετε δύο ιωνικά κιονόκρανα, τοποθετημένα μπροστά σε τοίχο της Στοάς. Το δεξί είναι από πεντελικό μάρμαρο, μικρών διαστάσεων, και αποκαλύφθηκε στο Υστερορωμαϊκό Τείχος, στη βόρεια κλιτύ της Ακρόπολης (Α 2887: 4ος αι. π.Χ.). Το κτήριο στο οποίο ανήκε παραμένει άγνωστο, αλλά από τον τύπο του κιονοκράνου προκύπτει ότι ήταν τοποθετημένο σε γωνία: τουλάχιστον μία έλικα είναι ορατή σε κάθε πλευρά του.

Το αριστερό κιονόκρανο (εικ. 45, Α 1595) χρονολογείται λίγο μετά το 450 π.Χ., λόγω των μεγάλων διαστάσεων, της μορφής των επιμέρους στοιχείων του και της χρήσης χρώματος αντί λάξευσης στη διακόσμηση. Ενδιαφέρον παρουσιάζει η απαλή χάραξη των μοτίβων που προηγήθηκε της βαφής με χρώμα. Αυτό το κιονόκρανο, μαζί με τμήματα άλλων από

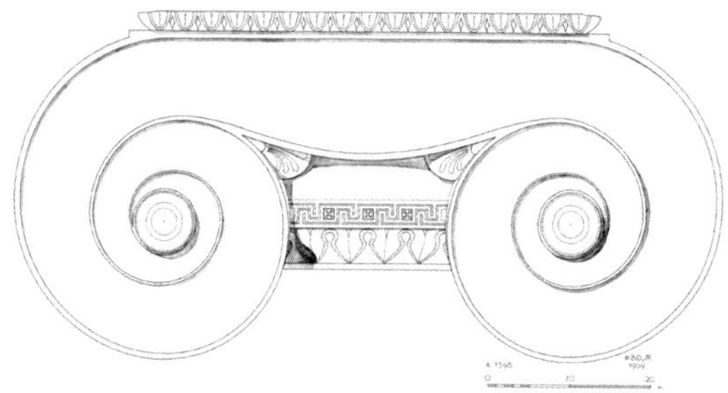

Εικ. 45. Ιωνικό κιονόκρανο από τον Ναό της Αθηνάς στο Σούνιο, μέσα 5ου αι. π.Χ., φωτογραφία και σχεδιαστική αναπαράσταση

την ίδια κιονοστοιχία, καθώς και μαζί με σπόνδυλους των κιόνων, ανακαλύφθηκε στο Υστερορωμαϊκό Τείχος 49, στην περιοχή της Βιβλιοθήκης του Πανταίνου. Το λεπτόκοκκο μάρμαρο με τις λεπτές γκρίζες ραβδώσεις προέρχεται από την Αγριλέζα, κοντά στο Σούνιο, και τα κιονόκρανα που έχουν ανακαλυφθεί στην Αθήνα είναι πανομοιότυπα με ένα κιονόκρανο που βρέθηκε στα ερείπια του Ναού της Αθηνάς στο Σούνιο (σήμερα φυλάσσεται στο Εθνικό Αρχαιολογικό Μουσείο). Οι κίονες, καθώς και τμήματα του θριγκού, μεταφέρθηκαν στην Αρχαία Αγορά στις αρχές της Ρωμαϊκής περιόδου και επαναχρησιμοποιήθηκαν στον Νοτιοανατολικό Ναό 52. Ενδιαφέρον παρουσιάζει η σύγκριση με την ιστορία του Ναού του Άρεως 38 και με εκείνη του Νοτιοδυτικού Ναού 20.

Α 2887: L. S. Meritt, *Hesperia* 65 (1996), σελ. 140, 167–169, αρ. 21. **Κίονας από το Σούνιο**: W. B. Dinsmoor, *Hesperia* 51 (1982), σελ. 429–438· L. S. Meritt, *Hesperia* 65 (1996), σελ. 134, 158–163, αρ. 17Α.

ΠΡΟΠΛΑΣΜΑΤΑ ΤΗΣ ΑΡΧΑΙΑΣ ΠΟΛΗΣ

Το ύψος και η θέση της Στοάς του Αττάλου επιτρέπουν την πολύ καλή θέαση της περιοχής και των μνημείων της από τα ανοίγματα της κιονοστοιχίας. Τα προπλάσματα (μακέτες) της Θόλου, της Ακρόπολης, της Πνύκας και της Αγοράς, από διάφορες περιόδους, μπορούν να εξεταστούν σε συνδυασμό με τα αρχαία κατάλοιπα μπροστά από τη Στοά.

Απέναντι από τον ιωνικό κίονα από το Σούνιο βρίσκεται πρόπλασμα της Θόλου 5. Η μορφή της στέγης είναι αβέβαιη, λόγω του στρογγυλού σχήματος του κτηρίου και των ρομβοειδών κεραμίδων που χρησιμοποιήθηκαν σε αυτή. Εδώ παρουσιάζεται υποθετική αναπαράσταση του κτηρίου με άνοιγμα στο κέντρο της στέγης (πρβλ. πρόπλασμα με κλειστή στέγη στον *Οδηγό της Αρχαίας Αγοράς της Αθήνας*, εικ. 21). Κατάλοιπα της Θόλου διαφαίνονται μέσα από τα δέντρα, στα δυτικά. Το πρόπλασμα της Ακρόπολης στη νότια πλευρά της Στοάς παρουσιάζει τον Ιερό Βράχο κατά τον 2ο αιώνα μ.Χ.· ο επισκέπτης έχει οπτική επαφή με την Ακρόπολη μέσα από τα ανοίγματα του νότιου τοίχου της Στοάς. Τα σπήλαια του Απόλλωνα και του Πάνα είναι ορατά στον βράχο κάτω από τα Προπύλαια, ενώ ανάμεσα στα δέντρα διακρίνονται στην απόκρημνη πλαγιά, παράλληλα, τα κατάλοιπα του Υστερορωμαϊκού Τείχους και η Οδός των Παναθηναίων. Το οχυρωματικό τείχος είναι πολύ καλά διατηρημένο στο τελευταίο τμήμα του, ακριβώς νότια της Στοάς, όπου πατά πάνω στη δυτική στοά της Βιβλιοθήκης του Πανταίνου 48. Και εδώ, το τείχος αποτελείται εξολοκλήρου από τμήματα αρχαίων κτηρίων που καταστράφηκαν κατά την εισβολή των Ερούλων το 267 μ.Χ.

Η διπλανή προθήκη περιλαμβάνει προπλάσματα της Πνύκας, παρουσιάζοντας τις δύο από τις τρεις φάσεις εξέλιξης του τόπου συνάντησης της Εκκλησίας του Δήμου στον γειτονικό λόφο, ο οποίος είναι ορατός 500 μ. προς τα νοτιοδυτικά.

Στο κάτω ράφι, μπορεί κανείς να δει την πρώτη περίοδο (περ. 500 π.Χ.), όταν η φυσική πλαγιά του λόφου χρησιμοποιήθηκε ως αμφιθεατρικός χώρος συνεδριάσεων. Στα τέλη του 5ου αιώνα π.Χ., η κλίση αντιστράφηκε με τεχνητή επιχωμάτωση, με σκοπό ίσως την προστασία από τους ανέμους.

Η δεύτερη οικοδομική φάση δεν παρουσιάζεται.

Κατά την τρίτη περίοδο (εικ. 46, β' μισό του 4ου αι. π.Χ.) ο χώρος ανακατασκευάζεται με το ίδιο σχέδιο, αλλά σε μεγαλύτερη κλίμακα. Την ίδια περίοδο ξεκίνησε και η κατασκευή δύο μεγάλων στοών στην κορυφή του λόφου για τη διευκόλυνση των παρευρισκομένων στις συνελεύσεις. Ωστόσο, το οικοδομικό πρόγραμμα διακόπηκε από την απειλή εχθρικής εισβολής στα τέλη του 4ου αιώνα π.Χ. και ένα οχυρωματικό τείχος ανεγέρθηκε πάνω στα θεμέλια των κιονοστοιχιών. Γύρω

Εικ. 46. Πρόπλασμα της Πνύκας (τρίτη περίοδος εξέλιξης), β' μισό του 4ου αι. π.Χ.

στο 200 π.Χ., αυτό το τείχος ενισχύθηκε και μετατοπίστηκε στο χείλος του λόφου, όπως φαίνεται και στο μεγάλο πρόπλασμα του πάνω ραφιού της προθήκης.

Στη συνέχεια, θα συναντήσετε δύο προπλάσματα της Αρχαίας Αγοράς: το πρώτο την παρουσιάζει γύρω στο 500 π.Χ. και το δεύτερο περίπου στο 400 π.Χ. Ένα τρίτο πρόπλασμα της Αγοράς στα μέσα του 2ου αιώνα μ.Χ. είναι τοποθετημένο κοντά στο κέντρο της κιονοστοιχίας και περιγράφεται παρακάτω. Κοιτάζοντας πάνω από το στηθαίο της Στοάς, ο επισκέπτης μπορεί να ταυτίσει τα υπάρχοντα θεμέλια των διάφορων αρχαίων κτηρίων με τα προπλάσματά τους.

Προπλάσματα Ακρόπολης και Πνύκας: J. Travlos, *Pictorial Dictionary of Ancient Athens* (Λονδίνο, 1971), εικ. 89, σελ. 466–475· *Agora* XIV (1972), σελ. 48–50· *Hesperia* Suppl. XIX (1981), σελ. 133–147. **Πρόπλασμα της Θόλου**: S. Miller στα *Πρακτικά του XII Διεθνούς Συνεδρίου Κλασικής Αρχαιολογίας Δ'* (Αθήνα, 1988), σελ. 134–139· *AgPicBk* 4 (αναθ. 2004), εικ. 15.

ΣΤΗΘΑΙΟ ΤΗΣ ΣΤΟΑΣ

Κοντά στα δύο πρώτα προπλάσματα της Αγοράς, αυθεντικά αρχιτεκτονικά μέλη έχουν ενσωματωθεί στον τρίτο κίονα (από το νότιο άκρο) και στο πάνω μέρος του στηθαίου εκατέρωθεν του κίονα. Εγκοπές πάνω στο στηθαίο υποδηλώνουν ότι τα διαστήματα μεταξύ των κιόνων πιθανότατα έκλειναν με σκίαστρα που προφύλασσαν από τον ήλιο και από τον αέρα. Το αρχαίο στηθαίο ήταν λαξευμένο και στις δύο πλευρές, αλλά κατά την ανακατασκευή της Στοάς η εσωτερική όψη του αφέθηκε ακόσμητη, με εξαίρεση τα χρωματισμένα πλαίσια στον νότιο και βόρειο τοίχο του ορόφου.

Η συλλογή των γλυπτών αναπτύσσεται στον υπόλοιπο όροφο, ανάμεσα στην εσωτερική και την εξωτερική κιονοστοιχία, έτσι ώστε τα γλυπτά να μπορούν να ιδωθούν από διαφορετικές οπτικές γωνίες. Τα εκθέματα είναι τοποθετημένα σε ενότητες που περιγράφονται από τα δεξιά προς τα αριστερά· σχεδόν όλα είναι λαξευμένα σε λευκό, πεντελικό μάρμαρο, που πήρε το όνομά του από την περιοχή της Αθήνας όπου εξορυσσόταν.

ΕΡΓΑ ΤΗΣ ΥΣΤΕΡΗΣ ΚΛΑΣΙΚΗΣ ΚΑΙ ΕΛΛΗΝΙΣΤΙΚΗΣ ΕΠΟΧΗΣ (4ος ΑΙ. π.Χ. ΚΑΙ ΕΞΗΣ): ΙΔΕΑΛΙΣΤΙΚΕΣ ΜΟΡΦΕΣ ΘΕΩΝ ΚΑΙ ΘΝΗΤΩΝ

Η πρώτη ενότητα της έκθεσης περιλαμβάνει γλυπτά από διάφορες περιόδους, με κοινό χαρακτηριστικό την κλασικιστική τεχνοτροπία. Καινούργια θέματα εισήχθησαν κατά την Ύστερη Κλασική και την Ελληνιστική περίοδο, αλλά ο ιδεαλισμός που είχε εδραιωθεί τον 5ο αιώνα π.Χ. εξακολούθησε να αναπαράγεται. Ακριβώς επειδή τα υστερότερα γλυπτά φέρουν τόσο συχνά χαρακτηριστικά της Κλασικής εποχής, είναι απαραίτητη η πολύ καλή κατανόηση των τεχνοτροπικών και τεχνικών αλλαγών που έχουν λάβει χώρα, ώστε να χρονολογηθεί σωστά ένα έργο. Οι νεότερες έρευνες συχνά αμφισβητούν τις παλαιότερες ιδέες.

ΑΓΑΛΜΑ ΝΕΑΡΗΣ ΓΥΝΑΙΚΑΣ, ΙΣΩΣ ΤΗΣ ΑΡΤΕΜΗΣ

Το πρώτο άγαλμα που θα συναντήσετε (S 440: πιθανόν 4ος–3ος αι. π.Χ.) είναι μια γυναικεία μορφή από πεντελικό μάρμαρο, περίπου στα 2/3 του φυσικού μεγέθους. Φορά χιτώνα, πέπλο και ιμάτιο και απεικονίζεται σε διασκελισμό προς τα εμπρός. Δεν σώζεται το κεφάλι, τα χέρια και το μπροστινό τμήμα του αριστερού πέλματος, που είχε λαξευτεί ξεχωριστά. Η χαρακτηριστική κίνηση, σε συνδυασμό με την κακή κατάσταση διατήρησης του αγάλματος εξαιτίας της έκθεσης του στις καιρικές συνθήκες, καταδεικνύει ότι πρόκειται για ακρωτήριο. Βρέθηκε ακριβώς στα νότια του Μητρώου 14· αν και έχει χρονολογηθεί στην Ελληνιστική περίοδο, ενδεχομένως να αποτελεί έργο της εποχής του Οκταβιανού Αυγούστου.

ΚΟΡΜΟΣ ΤΗΣ ΑΡΤΕΜΗΣ ΒΟΥΛΑΙΑΣ

Παρόλο που δεν σώζεται το κεφάλι, τα χέρια και τα πόδια από τα γόνατα και κάτω, αυτή η γυναικεία μορφή (S 912: 3ος–2ος αι. π.Χ.) μπορεί να ταυτιστεί με τη θεά Άρτεμη, λόγω της δοράς ζώου που είναι δεμένη στη μέση της, πάνω από τον *χειριδωτό* (με μανίκια) χιτώνα. Ανακαλύφθηκε κοντά στη Θόλο 5, επομένως, ίσως να πρόκειται για την Άρτεμη *Βουλαία*, προστάτιδα της Βουλής των Πεντακοσίων, στην οποία θυσίαζαν οι Πρυτάνεις πριν από τις συνελεύσεις τους.

Hesperia Suppl. 4 (1940), σελ. 139–141.

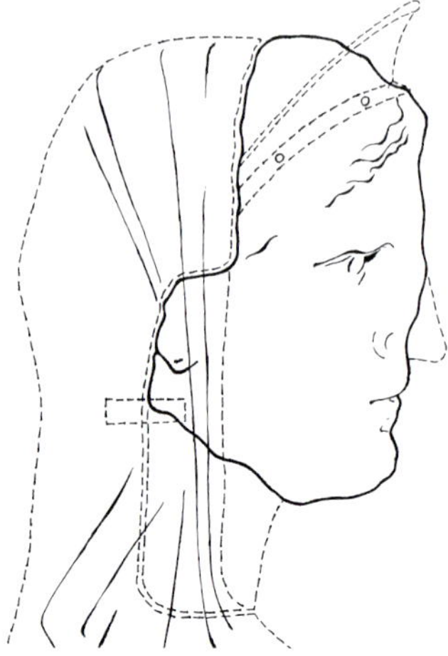

Εικ. 47. Μαρμάρινη κεφαλή Δήμητρας, περ. 150 π.Χ., φωτογραφία και σχεδιαστική αναπαράσταση

ΚΕΦΑΛΗ ΥΠΕΡΦΥΣΙΚΟΥ ΑΓΑΛΜΑΤΟΣ ΤΗΣ ΔΗΜΗΤΡΑΣ

Η γυναικεία κεφαλή από παριανό μάρμαρο, με μέγεθος λίγο μεγαλύτερο από το φυσικό, η οποία βρίσκεται μπροστά από τον 6ο κίονα της εσωτερικής κιονοστοιχίας, θεωρείται σήμερα ότι αποτελεί έργο του 150 π.Χ. περίπου, με κλασικιστικά χαρακτηριστικά (εικ. 47, S 551). Στην κυματιστή κόμη, πάνω από το μέτωπο, διακρίνεται εγκοπή, καθώς και οπές για την τοποθέτηση μεταλλικού διαδήματος. Άλλες βαθιές εγκοπές πιο πίσω καταδεικνύουν ότι ένα είδος ιματίου κάλυπτε το πίσω μέρος της κεφαλής. Τα αυτιά φέρουν οπές για σκουλαρίκια. Η εξιδανικευμένη μορφή της, καθώς και το διάδημα και το ιμάτιο ταιριάζουν σε θεά, εν προκειμένω στη Δήμητρα. Πιθανόν, η αρχική της θέση να ήταν στο Ελευσίνιο 56 (στον λόφο πάνω από το σημείο όπου βρέθηκε), όπου πιθανότατα στεκόταν πλάι στην Κόρη της, Περσεφόνη (S 1874, δεν εκτίθεται). Ενδεχομένως να λαξεύτηκε στο ίδιο εργαστήριο με την Αφροδίτη Ηγεμόνη που εκτίθεται στις κιονοστοιχίες του ισογείου (S 378, σελ. 38).

A. Stewart στο *Regional Schools in Hellenistic Sculpture* (Οξφόρδη, 1998), σελ. 83–92· A. Stewart, *Hesperia* 81 (2012), σελ. 655–689.

ΚΕΦΑΛΕΣ ΓΥΝΑΙΚΩΝ

Η κόμη της δεξιάς κεφαλής (S 1308: 4ος αι. π.Χ.) είναι σφιχτά δεμένη με *σάκκο* (μαντήλι). Η κεφαλή ίσως να είχε αποσπαστεί από επιτύμβια στήλη, λαξευμένη σε υψηλό ανάγλυφο. Η ιδεαλιστική κεφαλή γυναίκας στα αριστερά (S 955: τέλη 5ου ή αρχές 4ου αι. π.Χ.), με τα πλούσια κυματιστά μαλλιά πιασμένα πίσω και τα τρυπημένα αυτιά για την τοποθέτηση σκουλαρικιών, ίσως απεικονίζει θεά. Παρουσιάζει τεχνοτροπικές ομοιότητες με τα γλυπτά από τον Ναό του Άρεως 38 (ορισμένα από τα οποία εκτίθενται στο ισόγειο, σελ. 38, 41) και πιθανόν χρονολογείται γύρω στο 420 π.Χ.

S 955: T. L. Shear, *Hesperia* 7 (1938), σελ. 350–351· A. Delivorrias, *Attische Giebelskulpturen und Akrotere des fünften Jahrhunderts* (Tübingen, 1974), σελ. 109–110, 152–154.

ΚΕΦΑΛΗ ΓΥΝΑΙΚΕΙΑΣ ΜΟΡΦΗΣ, ΠΙΘΑΝΟΝ ΤΗΣ ΑΦΡΟΔΙΤΗΣ

Στην κεφαλή S 476 (περ. 150–86 π.Χ.) διακρίνεται αυλάκωση ανάμεσα στους βοστρύχους, όπου κάποτε στηριζόταν μικρό μεταλλικό διάδημα που δεν σώζεται. Το πρόσωπο είναι στιλβωμένο, αλλά το δεξί αυτί ακατέργαστο. Επαναχρησιμοποιήθηκε ως γέμισμα σε ρωμαϊκό τοίχο, ενώ η σπασμένη μύτη ίσως οφείλεται στις καταστροφές που προκάλεσε η πολιορκία του Σύλλα το 86 π.Χ. Ανακαλύφθηκε μαζί με άλλα γλυπτά που αντιγράφουν διάφορους τύπους αγαλμάτων της Αφροδίτης και ίσως και αυτό να απεικονίζει την ίδια θεά. Σήμερα, πιστεύεται ότι αποτελεί έργο της Ελληνιστικής εποχής με κλασικιστικά χαρακτηριστικά.

H. A. Thompson, *Hesperia* 6 (1937), σελ. 168, σημ. 1· A. Stewart, *Hesperia* 81 (2012), σελ. 298–306, 322–323.

ΚΕΦΑΛΕΣ ΝΕΩΝ

Οι δύο κεφαλές φυσικού μεγέθους έχουν κοινό χαρακτηριστικό τον ήπιο ιδεαλισμό της ύστερης κλασικής τέχνης. Το άνω αριστερό τμήμα της ανδρικής κεφαλής που βρίσκεται στο κέντρο (S 591: 4ος–3ος αι. π.Χ.) δεν σώζεται. Είναι λαξευμένο σε εκλεκτό παριανό μάρμαρο και αδιαμφισβήτητα ανήκε σε περίοπτο γλυπτό που ίσως απεικόνιζε νεαρό θεό. Ανακαλύφθηκε στον ίδιο ρωμαϊκό τοίχο με τη γυναικεία κεφαλή (S 476) που βρίσκεται στα δεξιά του. Η κεφαλή νέου στα αριστερά (S 212: 4ος–3ος αι. π.Χ.) αποπνέει τη γλυκιά μελαγχολία των αττικών επιτύμβιων μνημείων του 4ου αι. π.Χ. Ωστόσο, κατά τη Ρωμαϊκή εποχή, λαξεύτηκε εκ νέου: στη δεξιά πλευρά είναι ορατή η επεξεργασία για την τοποθέτηση προσθήκης, ενώ ενδιαφέρον παρουσιάζει η λάξευση των ματιών, η διαμόρφωση των χειλιών και η εγχάρακτη απόδοση της κόμης πάνω από το αριστερό μάτι.

S 591: H. A. Thompson, *Hesperia* 6 (1937), σελ. 168, σημ. 1. **S 212**: T. L. Shear, *Hesperia* 2 (1933), σελ. 528–531.

ΡΩΜΑΪΚΑ ΑΝΤΙΓΡΑΦΑ ΓΛΥΠΤΩΝ ΤΗΣ ΚΛΑΣΙΚΗΣ ΕΠΟΧΗΣ (1ος–2ος Αl. μ.Χ.): ΤΑ ΑΘΗΝΑΪΚΑ ΕΡΓΑΣΤΗΡΙΑ ΑΝΑΠΑΡΑΓΟΥΝ ΚΛΑΣΙΚΑ ΕΡΓΑ ΤΕΧΝΗΣ

Πολλά από τα γλυπτά της Ρωμαϊκής περιόδου που εκτίθενται στο Μουσείο αποτελούν αντίγραφα πρωιμότερων ελληνικών πρωτοτύπων (βλ. σελ. 30–32 σχετικά με μαρμάρινα αντίγραφα και εργαστήρια). Δεδομένου ότι οι Αθηναίοι γλύπτες είχαν στη διάθεσή τους πολλά έργα τέχνης από το παρελθόν (αρχαϊκά, κλασικά, υστεροκλασικά και ελληνιστικά), τα αντικείμενα που παρήγαγαν παρουσίαζαν αξιοσημείωτη ποικιλία τεχνοτροπικών χαρακτηριστικών. Ημιτελή γλυπτά και πολυάριθμα αντίγραφα που παραπέμπουν στο ίδιο πρωτότυπο ρίχνουν φως σε αυτή τη δημιουργική διαδικασία.

ΑΓΑΛΜΑ ΕΡΩΤΑ

Παρόλο που το όρθιο αγόρι δεν έχει φτερά (S 902: 2ος αι. μ.Χ.), το δεξί χέρι που αγκαλιάζει τον αριστερό του ώμο, τα κλειστά μάτια και τα σγουρά μαλλιά το ταυτίζουν με κοιμώμενο Έρωτα, γιο της θεάς Αφροδίτης. Στην Ελληνιστική εποχή απεικονιζόταν συνήθως ως παιδί και το συγκεκριμένο άγαλμα αποτελεί μία από τις πολλές ύστερες παραλλαγές ενός γλυπτού του 4ου αιώνα π.Χ. Στον αριστερό γοφό διακρίνονται ίχνη στύλου που έχει αποσπαστεί, γεγονός που υποδηλώνει είτε ότι το άγαλμα ανήκε σε σύμπλεγμα είτε ότι ακουμπούσε σε υποστήριγμα.

T. L. Shear, *Hesperia* 7 (1938), σελ. 351–352.

ΚΕΦΑΛΗ ΘΕΑΣ, ΠΙΘΑΝΟΤΑΤΑ ΤΗΣ ΠΕΡΣΕΦΟΝΗΣ

Η κεφαλή θεάς από πεντελικό μάρμαρο έχει μέγεθος λίγο μεγαλύτερο από το φυσικό και είναι τοποθετημένη με κατεύθυνση προς τη Δύση (S 547: 2ος αι. μ.Χ.). Η πλούσια κόμη της χωρίζεται στη μέση και τα μαλλιά πέφτουν βαριά και κυματιστά, δεξιά κι αριστερά. Πίσω, η κόμη είναι μαζεμένη σε συμπαγή μάζα που προεξέχει στο ύψος των αυτιών και περιτρέχεται από φαρδιά ταινία. Στην κορυφή του κεφαλιού προβάλλει τμήμα κάποιου στηρίγματος. Πρόκειται για αντίγραφο του 2ου αιώνα μ.Χ., βασισμένο σε έργο της πρώιμης Κλασικής περιόδου, του οποίου η φήμη αποδεικνύεται από την ύπαρξη αρκετών αντιγράφων. Η ταύτιση του γλυπτού παραμένει αβέβαιη. Τα κατάλοιπα στηρίγματος στην κορυφή του κεφαλιού, που υπάρχουν και σε ένα ή δύο από τα άλλα αντίγραφα, υποδηλώνουν ότι κατά τη Ρωμαϊκή περίοδο το άγαλμα στο οποίο ανήκε η κεφαλή χρησίμευε ως Καρυάτιδα ή έφερε καλάθι ή κάτι παρόμοιο.

ΚΕΦΑΛΕΣ ΜΕΛΕΑΓΡΟΥ

Οι επόμενες δύο κεφαλές αποτελούν δείγματα αντιγράφων που έχουν βασιστεί στο ίδιο διάσημο πρωτότυπο, δηλαδή σε άγαλμα που παρίστανε τον μυθικό ήρωα Μελέαγρο, τον μεγάλο κυνηγό. Ο τύπος του γλυπτού παρουσιάζει τεχνοτροπικά χαρακτηριστικά που έχουν αποδοθεί στον Σκόπα, διάσημο γλύπτη του 4ου αιώνα π.Χ.: τετράγωνο πρόσωπο, μάτια τοποθετημένα βαθιά στις κόγχες τους και ανακατεμένα μαλλιά. Τα δύο αντίγραφα διαφέρουν αρκετά στην επεξεργασία της κόμης πίσω και στο πλάι, παρόλο που το σχήμα των βοστρύχων που πλαισιώνουν το πρόσωπο είναι το ίδιο. Η κεφαλή S 2035 (δεξιά) χρονολογείται, πιθανόν, στο β′ μισό του 1ου αιώνα μ.Χ., ενώ η S 1227 (αριστερή) αποτελεί έργο της εποχής του Οκταβιανού Αυγούστου. Και οι δύο είναι από πεντελικό μάρμαρο.

E. B. Harrison, *Hesperia* 29 (1960), σελ. 381–382.

ΚΕΦΑΛΗ ΜΕΓΑΛΟΥ ΑΛΕΞΑΝΔΡΟΥ

Η προτομή από υπόλευκο, λαμπερό, χονδρόκοκκο μάρμαρο Θάσου (εικ. 48, S 2089: 2ος αι. μ.Χ.) έχει μέγεθος ελαφρώς μεγαλύτερο του φυσικού και είναι τοποθετημένη με κατεύθυνση προς τον Βορρά. Προέρχεται από το Υστερορωμαϊκό Τείχος (49), στην περιοχή της Νοτιοανατολικής Στοάς, και πιθανότατα λαξεύτηκε σε ένα από τα εργαστήρια γλυπτικής που βρίσκονταν εκεί κοντά. Το κάτω τμήμα της διακόπτεται απότομα και στηρίζεται σε ορθογώνια βάση· η ένωση με τη βάση καλύπτεται με μία σειρά φύλλων ακάνθου. Αν και ακέραιη, η προτομή είναι ημιτελής: στην επιφάνεια διακρίνονται ίχνη από τη χρήση σμίλης, ενώ δεν έχει λειανθεί. Τα σημάδια για τις μετρήσεις που διατηρούνται στο πηγούνι και στα μαλλιά, πάνω από τα μάτια, καταδεικνύουν ότι ο γλύπτης αντέγραφε άλλη κεφαλή. Τουλάχιστον άλλα δέκα αντίγραφα αυτού του τύπου είναι γνωστά, τα περισσότερα από τα οποία –όπως και το συγκεκριμένο– χρονολογούνται στον 2ο αιώνα μ.Χ. Άλλη μία παρόμοια κεφαλή, προσαρμοσμένη ώστε να απεικονίζει τον θεό Ήλιο, εκτίθεται στο βόρειο άκρο της κιονοστοιχίας (εικ. 49, S 2355, σελ. 96).

Το πρόσωπο απεικονίζει άνδρα νεαρής ηλικίας: νεανικό και σφριγηλό, αποπνέει ταυτόχρονα ρομαντισμό με ένα δραματικό τόνο, ο οποίος εκφράζεται με ελαφριά στροφή του λαιμού, βλέμμα στραμμένο προς τα πάνω, μάτια χωμένα βαθιά στις κόγχες και πλούσια κόμη που συγκρατείται από στενή ταινία. Στην προτομή διαγράφεται η παρυφή ενδύματος. Σύμφωνα με παλαιότερη ταύτιση, που δεν είχε όμως επαρκή τεκμηρίωση, τέτοιου τύπου προτομές θεωρούνταν απεικονίσεις του Ευβουλέα, θεότητας που συνδέεται με τα Ελευσίνια Μυστήρια. Στην πραγματικότητα, ωστόσο, οι προτομές παρουσιάζουν τα βασικά χαρακτηριστικά του

Εικ. 48 (αριστερά). Προτομή του Μεγάλου Αλεξάνδρου, 2ος αι. μ.Χ.
Εικ. 49 (δεξιά). Προτομή του θεού Ήλιου, 2ος αι. μ.Χ.

Μεγάλου Αλεξάνδρου σε νεαρή ηλικία, όπως είναι γνωστά από ακέραια αγάλματα και από φιλολογικές πηγές. Πιθανότατα λοιπόν, αποτελούν ιδεαλιστικές αποδόσεις του νεαρού Αλεξάνδρου, για την προσωπικότητα και απεικόνιση του οποίου υπήρξε ενδιαφέρον καθ'όλη την αρχαιότητα. Μία από τις περιόδους κατά τις οποίες το ενδιαφέρον αυτό κορυφώθηκε στην Ελλάδα είναι ο 2ος αιώνας μ.Χ.

E. B. Harrison, *Hesperia* 29 (1960), σελ. 382–389· S. Adam, *The Technique of Greek Sculpture in the Archaic and Classical Periods* (Οξφόρδη, 1966), σελ. 36, 67· *AgPicBk* 27 (2006), σελ. 34.

Σε αυτό το σημείο μπορείτε να δείτε το πρόπλασμα της Αρχαίας Αγοράς όπως ήταν τον 2ο αιώνα μ.Χ., την περίοδο της πλήρους εξέλιξής της (βλ. *Οδηγός της Αρχαίας Αγοράς της Αθήνας*, σελ. 24–26).

ΡΩΜΑΪΚΑ ΠΟΡΤΡΑΙΤΑ (1ος–2ος ΑΙ. μ.Χ.): ΑΠΕΙΚΟΝΙΣΕΙΣ ΕΥΠΟΡΩΝ ΑΘΗΝΑΙΩΝ ΚΑΤΑ ΤΑ ΑΥΤΟΚΡΑΤΟΡΙΚΑ ΠΡΟΤΥΠΑ

Η αύξηση της δύναμης και της έκτασης της Ρωμαϊκής αυτοκρατορίας συνέτεινε στη μεγάλη διασπορά των πορτραίτων των αυτοκρατόρων και των οικογενειών τους. Παρόλο που έως ένα βαθμό αυτές οι απεικονίσεις απέδιδαν ατομικά χαρακτηριστικά, κατά βάση λειτουργούσαν προπαγανδιστικά προβάλλοντας την εξουσία και την αρετή των εικονιζομένων. Τα γλυπτά που παρίσταναν ιδιώτες συχνά ακολουθούσαν τις τάσεις που καθόριζε η Ρώμη, ιδιαίτερα στο χτένισμα της κόμης· οι απεικονίσεις των μελών της υψηλής κοινωνίας αντανακλούσαν την ισχύ και την οικονομική τους κατάσταση, μέσω ενός συνδυασμού αρχαίων ελληνικών και ρωμαϊκών χαρακτηριστικών.

ΕΙΚΟΝΙΣΤΙΚΗ ΚΕΦΑΛΗ, ΠΙΘΑΝΟΝ ΤΟΥ ΤΡΑΪΑΝΟΥ

Το πρώτο έκθεμα αυτής της ενότητας, μία μεγάλη δαφνοστεφανωμένη κεφαλή από πεντελικό μάρμαρο (S 347), αποδεικνύει ότι η υψηλή κοινωνική θέση του εικονιζόμενου δεν συνεπάγεται απαραίτητα έργο εξαιρετικής ποιότητας. Η έλλειψη αναγνωρίσιμων χαρακτηριστικών στο γλυπτό καθιστά την ταύτισή του δύσκολη, αν και πιθανόν να πρόκειται για τον αυτοκράτορα Τραϊανό (98–117 μ.Χ). Ενδεχομένως, συνδέεται με βάση αγάλματος του Τραϊανού (I 7353) που αποκαλύφθηκε στη νότια κιονοστοιχία του δρόμου που οδηγούσε στη Ρωμαϊκή Αγορά 47. Ωστόσο, έχει προταθεί η ταύτισή του και με άλλα πρόσωπα: έναν ιερέα της περιόδου των Φλαβίων και τους αυτοκράτορες Κλαύδιο και Δομιτιανό. Όπως και η κεφαλή του Λούκιου Αίλιου Καίσαρα στα αριστερά, αποκαλύφθηκε στα κατάλοιπα του νερόμυλου 50 που βρισκόταν στα νότια της Στοάς του Αττάλου.

T. L. Shear, *AJA* 37 (1933), σελ. 308–309· T. L. Shear, *Hesperia* 4 (1935), σελ. 411–413· *Agora* I (1953), σελ. 27–28, αρ. 17· G. Hafner, *Späthellenistische Bildnisplastik* (Βερολίνο, 1954), σελ. 85–86, αρ. A 44· *AgPicBk* 5 (1960), εικ. 11· C. C. Vermeule, *Roman Imperial Art in Greece and Asia Minor* (Cambridge, Mass., 1968), σελ. 387–388· L. A. Riccardi, *Hesperia* 69 (2000), σελ. 124–125.

ΕΙΚΟΝΙΣΤΙΚΗ ΚΕΦΑΛΗ, ΠΙΘΑΝΟΝ ΤΟΥ ΛΟΥΚΙΟΥ ΑΙΛΙΟΥ ΚΑΙΣΑΡΑ

Η υπερφυσική γενειοφόρος κεφαλή από πεντελικό μάρμαρο αποτελεί εξαιρετικό έργο της πρώιμης περιόδου των Αντωνίνων (S 335: 2ος αι. μ.Χ.). Εικάζεται ότι παριστάνει τον Λούκιο Αίλιο Καίσαρα, ο οποίος υιοθετήθηκε από τον αυτοκράτορα Αδριανό με την προοπτική να τον διαδεχθεί, αλλά πέθανε πολύ νωρίς (1η Ιανουαρίου 138 μ.Χ.). Ωστόσο, ο γιος του, Λούκιος Βέρος, συμβασίλευσε αργότερα με τον Μάρκο Αυρήλιο. Η κεφαλή ανακαλύφθηκε στον νερόμυλο 50 που βρισκόταν στα νότια της Στοάς του Αττάλου.

T. L. Shear, *AJA* 37 (1933), σελ. 309· T. L. Shear, *Hesperia* 4 (1935), σελ. 416–418· *Agora* I (1953), σελ. 38–41, αρ. 28· *AgPicBk* 5 (1960), εξώφυλλο, εικ. 13· *Hesperia* Suppl. 22 (1988), σελ. 81, σημ. 89.

ΕΙΚΟΝΙΣΤΙΚΗ ΠΡΟΤΟΜΗ ΝΕΑΡΟΥ ΑΝΔΡΑ

Το πρώτο έκθεμα του επόμενου συνόλου είναι μία προτομή νεαρού άνδρα από την πρώιμη περίοδο της δυναστείας των Φλαβίων, ακέραιη, αλλά σε κακή κατάσταση διατήρησης (S 1319: β′ μισό 1ου αι. μ.Χ.). Η προεξοχή για τη στερέωση της προτομής σε βάση σώζεται στο κάτω τμήμα της. Τα κοντά, σγουρά μαλλιά και το περιορισμένο, κοντό γένι είναι αποδοσμένα χωρίς πολλές λεπτομέρειες. Ο γλύπτης φαίνεται να έχει βασιστεί σε παραστάσεις εφήβων (νέων κατά τη στρατιωτική τους εκπαίδευση) από την Αθήνα της Κλασικής εποχής.

H. A. Thompson, *Hesperia* 18 (1949), σελ. 220· *Agora* I (1953), σελ. 25–26, αρ. 14· *Hesperia* Suppl. 22 (1988), σελ. 94, σημ. 23· L. A. Riccardi, *Hesperia* 76 (2007), σελ. 379–380.

ΕΙΚΟΝΙΣΤΙΚΗ ΚΕΦΑΛΗ, ΠΙΘΑΝΟΤΑΤΑ ΙΕΡΕΑ

Η μεσαία κεφαλή, που χρονολογείται στην εποχή των Αντωνίνων (S 526: μέσα 2ου αι. μ.Χ.), απεικονίζει ηλικιωμένο άνδρα και είναι αποδοσμένη με ιδιαίτερη ευαισθησία. Το *στρόφιον* (ταινία) που περιτρέχει την κεφαλή υποδηλώνει ότι πιθανότατα πρόκειται για ιερέα.

Agora I (1953), σελ. 41, αρ. 29.

ΕΙΚΟΝΙΣΤΙΚΗ ΚΕΦΑΛΗ ΓΥΝΑΙΚΑΣ, ΠΙΘΑΝΟΤΑΤΑ ΤΗΣ ΦΑΥΣΤΙΝΑΣ ΤΗΣ ΝΕΟΤΕΡΗΣ

Οι εγκοπές στο πίσω μέρος του γλυπτού (S 336: 2ος αι. μ.Χ.) καταδεικνύουν ότι είχε λαξευτεί ξεχωριστά κι έπειτα ενώθηκε με το υπόλοιπο άγαλμα, το οποίο περιλάμβανε ιμάτιο που κάλυπτε και το κεφάλι. Το γεγονός ότι η δεξιά πλευρά της κόμης είναι σχεδόν ακατέργαστη σημαίνει ότι το ιμάτιο κάλυπτε πλήρως αυτή την πλευρά. Το χτένισμα της κυματιστής κόμης

–ιδιαίτερα η χωρίστρα στη μέση και οι σπειροειδείς βόστρυχοι μπροστά από τα αυτιά– παραπέμπει σε απεικονίσεις της συζύγου του αυτοκράτορα Μάρκου Αυρήλιου, Φαυστίνας της Νεότερης (145–175 μ.Χ.). Το λευκό μάρμαρο μοιάζει με πεντελικό, αλλά ενδέχεται να είχε εισαχθεί από τη Θάσο.

Agora I (1953), σελ. 44–45, αρ. 33.

ΕΙΚΟΝΙΣΤΙΚΗ ΚΕΦΑΛΗ ΓΥΝΑΙΚΑΣ

Στο μπροστινό τμήμα της ενιαίας βάσης όπου βρίσκονται τοποθετημένα τα γλυπτά, εκτίθεται αταύτιστη κεφαλή γυναίκας σε πολύ καλή κατάσταση διατήρησης (S 3423). Η χρονολόγησή της τοποθετείται στο τελευταίο τέταρτο του 2ου αιώνα μ.Χ., λόγω της χρήσης τρυπανιού στις κόρες των ματιών και λόγω του χτενίσματος, κυρίως του μεγάλου κότσου και των βοστρύχων στον αυχένα, που συχνά υποδήλωναν τη χρήση περούκας. Ανακαλύφθηκε σε βυζαντινό τοίχο, στα βόρεια της πλατείας της Αγοράς. Είχε τοποθετηθεί εκεί αναποδογυρισμένη, με γδαρμένα μάτια, πιθανόν από χριστιανούς που ήθελαν να εξουδετερώσουν τις δυνάμεις που πίστευαν ότι ενείχε το γλυπτό.

L. A. Riccardi στο *The Athenian Agora: New Perspectives on an Ancient Site* (Mainz, 2009), σελ. 55–57.

ΗΜΙΤΕΛΕΙΣ ΕΙΚΟΝΙΣΤΙΚΕΣ ΚΕΦΑΛΕΣ

Δίπλα βρίσκονται τρεις κεφαλές, μία ανδρική (S 938) και δύο γυναικείες (S 362, S 1237), που χρονολογούνται μεταξύ 160 και 180 μ.Χ. Όλες είναι από πεντελικό μάρμαρο και –σε διαφορετικό βαθμό– ημιτελείς. Στην επιδερμίδα της ανδρικής κεφαλής είναι ορατά ίχνη από τη χρήση σμίλης, τα οποία επρόκειτο να λειανθούν στη συνέχεια, ενώ η ίριδα δεν έχει λαξευτεί και η κόρη των ματιών δεν είναι τρυπημένη. Ομοίως, στη γυναικεία κεφαλή S 362 διακρίνονται ίχνη από σμίλη στο δέρμα, αν και το μέτωπο έχει ήδη τριφτεί με ράσπα. Η ίριδα δεν είναι λαξευμένη και η κόρη των ματιών δεν έχει τρυπηθεί. Πιο προσεκτική εξέταση αποκαλύπτει σημάδια για μετρήσεις στο πηγούνι και στις δύο πλευρές της κόμης. Στη δεύτερη γυναικεία κεφαλή (S 1237, στο μπροστινό τμήμα της βάσης), το πρόσωπο και ο λαιμός έχουν δουλευτεί με τη ράσπα, αλλά η επεξεργασία του θώρακα με τη σμίλη δεν είναι ολοκληρωμένη. Σημάδια για μετρήσεις είναι ορατά στο μπροστινό τμήμα της κόμης, ενώ δεν έχουν αφαιρεθεί τα κομμάτια μαρμάρου στα πλάγια που εμποδίζουν την ένθεση της κεφαλής στο άνω τμήμα κορμού.

Αυτές οι κεφαλές, καθώς και πολλά άλλα ημιτελή μαρμάρινα γλυπτά, προέρχονται από εργαστήρια γλυπτών, κατάλοιπα των οποίων έχουν βρεθεί έξω από τη νοτιοδυτική γωνία της Αγοράς (Κλασική περίοδος) και κοντά στη νοτιοανατολική γωνία της (Ρωμαϊκή περίοδος) (βλ. σελ. 31). Η ημιτελής προτομή γυναίκας S 362 αποκαλύφθηκε σε εξωτερικό δωμάτιο της Βιβλιοθήκης του Πανταίνου 48, που σίγουρα αποτελούσε εργαστήριο γλύπτη. Η μελέτη τέτοιων ημιτελών έργων προσφέρει πολλές πληροφορίες τεχνικής φύσεως· μία από αυτές είναι ότι, σύμφωνα με τα σημάδια για τις μετρήσεις, κατά τον 2ο αιώνα μ.Χ. οι προτομές κατασκευάζονταν ορισμένες φορές με τη βοήθεια προτύπων.

S 938: *Agora* I (1953), σελ. 42, αρ. 30. **S 362**: T. L. Shear, *Hesperia* 4 (1935), σελ. 414–416· *Agora* I (1953), σελ. 48–49, αρ. 36· *AgPicBk* 5 (1960), εικ. 25· *AgPicBk* 27 (2006), σελ. 23. **S 1237**: H. A. Thompson, *Hesperia* 17 (1948), σελ. 179· *Agora* I (1953), σελ. 46–47, αρ. 35· *AgPicBk* 5 (1960), εικ. 24.

ΕΙΚΟΝΙΣΤΙΚΗ ΚΕΦΑΛΗ ΑΝΔΡΑ

Τελευταίο γλυπτό αυτού του συνόλου είναι μία ανδρική προτομή (S 1091: 2ος αι. μ.Χ.), στραμμένη προς τα βόρεια. Τα κοντά, σγουρά μαλλιά και το κοντό γένι και μουστάκι συνάδουν με τα χαρακτηριστικά των γλυπτών της εποχής του Αδριανού. Ανάμεσα στους βόστρυχους της κόμης διακρίνονται οπές για την τοποθέτηση μεταλλικού στεφανιού, γεγονός που υποδηλώνει ότι ίσως πρόκειται για ιερέα.

Agora I (1953), σελ. 34–35, αρ. 24.

ΕΡΜΑΪΚΕΣ ΣΤΗΛΕΣ ΜΕ ΠΟΡΤΡΑΙΤΑ ΔΗΜΟΣΙΩΝ ΛΕΙΤΟΥΡΓΩΝ ΠΟΥ ΤΙΜΗΘΗΚΑΝ ΑΠΟ ΤΗΝ ΠΟΛΗ (2ος–3ος ΑΙ. μ.Χ.)

Απεικονίσεις του θεού Ερμή στον τύπο της ερμαϊκής στήλης έχουν ήδη περιγραφεί στις κιονοστοιχίες του ισογείου (βλ. σελ. 40), ενώ λίγες ακόμη περιλαμβάνονται στην κύρια αίθουσα του Μουσείου (σελ. 154). Στη συνέχεια της περιήγησης στον πάνω όροφο θα συναντήσετε τρεις ερμαϊκές στήλες, οι κεφαλές των οποίων δεν ανήκουν σε κάποια θεότητα, αλλά σε θνητούς. Κατά τους ελληνιστικούς και ρωμαϊκούς χρόνους, οι ερμαϊκές στήλες άρχισαν να χρησιμοποιούνται ως τιμητικά πορτραίτα που απεικόνιζαν κυρίως δημόσιους λειτουργούς, οι οποίοι εκπροσώπησαν την αθηναϊκή φυλή στην οποία ανήκαν ή εκπαίδευσαν νεαρούς στρατιώτες (εφήβους).

ΤΡΕΙΣ ΕΙΚΟΝΙΣΤΙΚΕΣ ΕΡΜΑΪΚΕΣ ΣΤΗΛΕΣ

Στις δύο από τις τρεις ερμαϊκές στήλες του συνόλου, σώζεται τόσο το κεφάλι όσο και η στήλη, γεγονός ιδιαίτερα σπάνιο. Η μορφή τους είναι η τυπική. Ένας από τους λόγους για τη συνεχή δημοτικότητά τους είναι τα πρακτικά πλεονεκτήματα που πρόσφερε ο τύπος στην παρουσίαση ενός πορτραίτου: το κεφάλι στηριζόταν στο κατάλληλο ύψος και η στήλη διέθετε χώρο για τη χάραξη αναθηματικής επιγραφής.

Η ερμαϊκή στήλη στα δεξιά (S 2056: αρχές 3ου αι. μ.Χ.) είναι ημιτελής. Διακρίνονται σημάδια για τις μετρήσεις στο πηγούνι και στο μέτωπο, ίχνη από τη χρήση εργαλείων στις παρειές, ενώ απουσιάζουν οι πλάγιες προεξοχές στο ύψος των ώμων και η επιγραφή. Το πρόσωπο που απεικονίζεται ήταν πιθανότατα *κοσμητής* (επιφορτισμένος με τη στρατιωτική εκπαίδευση-εποπτεία των εφήβων) στις αρχές του 3ου αιώνα μ.Χ., περίοδο κατά την οποία οι εν λόγω δημόσιοι λειτουργοί τιμούνταν συχνά με αυτόν τον τρόπο. Η στήλη βρέθηκε κοντά στην προτομή του «νεαρού Σύριου» (S 2062, βλ. σελ. 92).

Εικ. 50. Ερμαϊκή στήλη με πορτραίτο του Μοιραγένη, μέσα 2ου αι. μ.Χ.

Σύμφωνα με την επιγραφή της, η μεσαία ερμαϊκή στήλη (εικ. 50, S 586) απεικονίζει τον Μοιραγένη, γιο του Δρομοκλή από τον δήμο της Κοίλης, επώνυμο άρχοντα της Ιπποθοωντίδας φυλής. Ο όρος «επώνυμος» χρησιμοποιείται εδώ για τον ευεργέτη που ενίσχυε οικονομικά τη φυλή του, όταν ήταν η σειρά της να αναλάβει την *Πρυτανεία*. Το πλάσιμο του προσώπου και ο τρόπος απόδοσης των ματιών τοποθετούν το έργο στα μέσα του 2ου αιώνα μ.Χ., όταν αυτοκράτορας ήταν ο Αδριανός. Η κορυφή της κεφαλής είχε λαξευτεί ξεχωριστά κι έπειτα συγκολλήθηκε με τσιμέντο. Το γλυπτό αυτό αποτελεί χαρακτηριστική απεικόνιση εύπορου Αθηναίου της εποχής.

Η αποσπασματικά σωζόμενη ερμαϊκή στήλη στα αριστερά (S 387) με το κοντό γένι και την ατίθαση κόμη χρονολογείται στον 3ο αιώνα μ.Χ. Απεικονίζει, και αυτή, σημαντικό Αθηναίο πολίτη, ενδεχομένως έναν ακόμη κοσμητή.

S 2056: E. B. Harrison, *Hesperia* 29 (1960), σελ. 389–390· *AgPicBk* 5 (1960), εικ. 30· *Agora* XI (1965), σελ. 140. **S 586**: T. L. Shear, *Hesperia* 5 (1936), σελ. 16–17· *Hesperia* Suppl. 6 (1941), σελ. 3· *Agora* I (1953), σελ. 35–37, αρ. 25· M. T. Mitsos and E. Vanderpool, *Hesperia* 22 (1953), σελ. 180· *AgPicBk* 5 (1960), εικ. 27· *Agora* XVIII (2011), αρ. H372. **S 387**: T. L. Shear, *Hesperia* 4 (1935), σελ. 419–420· *Agora* I (1953), σελ. 52–53, αρ. 39· *AgPicBk* 5 (1960), εικ. 28.

ΡΩΜΑΪΚΑ ΠΟΡΤΡΑΙΤΑ (3ος ΑΙ. μ.Χ.): ΙΔΙΩΤΕΣ ΚΑΙ ΕΠΙΦΑΝΕΙΣ ΠΟΛΙΤΕΣ ΣΤΗ ΡΩΜΑΪΚΗ ΑΘΗΝΑ

Στην αρχή του 3ου αιώνα μ.Χ. συνεχίζεται η μακροχρόνια ευημερία, η οποία οφείλεται στο ενδιαφέρον που επέδειξε ο αυτοκράτορας Αδριανός για την Ελλάδα. Ο υπόλοιπος αιώνας, ωστόσο, σηματοδοτείται από τη λεηλασία των Ερούλων το 267 μ.Χ. και τις διαμάχες για την ηγεσία της Ρωμαϊκής αυτοκρατορίας. Οι ιδιώτες που απεικονίζονται στα παρακάτω γλυπτά μάς είναι άγνωστοι, αλλά καθένας τους θεωρήθηκε άξιος τιμής, λόγω της ενασχόλησής του με την πολιτική, θρησκευτική ή οικονομική ζωή της πόλης.

ΕΙΚΟΝΙΣΤΙΚΗ ΚΕΦΑΛΗ ΜΕ ΤΡΙΜΕΡΕΣ ΔΙΑΔΗΜΑ

Η κεφαλή από λευκό μάρμαρο με μέγεθος μεγαλύτερο του φυσικού πιθανότατα ανήκε σε ολόσωμο ενδεδυμένο άγαλμα (εικ. 51, S 3500). Ιδιαίτερο ενδιαφέρον παρουσιάζει το τριμερές διάδημα που στέφει την κεφαλή: το στρόφιον είναι δεμένο με πλατιές ταινίες που κρέμονται πίσω· πάνω του βρίσκεται στεφάνι μυρτιάς και από πάνω ταινία με σειρά οκτώ μικροσκοπικών προτομών που απεικονίζουν αυτοκράτορες με στρατιωτική ενδυμασία. Πορτραίτα με διάδημα αυτού του τύπου έχουν βρεθεί ελάχιστες φορές στην ηπειρωτική Ελλάδα, ενώ το συγκεκριμένο είναι το μόνο έως τώρα γνωστό που προέρχεται από την Αθήνα.

Χρονολογείται στον ύστερο 2ο–πρώιμο 3ο αιώνα μ.Χ. με βάση την τεχνοτροπία της κόμης και του διαδήματος. Το κοντοκουρεμένο γένι της κεντρικής προτομής του διαδήματος (εικ. 52, αριστερά) ταιριάζει με τις απεικονίσεις του αυτοκράτορα Καρακάλλα (211–217 μ.Χ.). Εάν η ταύτιση αυτή είναι σωστή, η μορφή στα αριστερά που φέρει *γοργόνειο* είναι ο πατέρας του, ο αυτοκράτορας Σεπτίμιος Σεβήρος (εικ. 52, δεξιά).

Εικ. 51. *Πορτραίτο άνδρα με τριμερές διάδημα, τέλη 2ου–αρχές 3ου αι. μ.Χ.*

Η αντίθεση ανάμεσα στην ογκώδη, σγουρή κόμη της κεφαλής, που έχει διαμορφωθεί με τρυπάνι, και στο σχηματικό, εγχάρακτο γένι, καθώς και τα ίχνη της ράσπας στις παρειές, υποδηλώνουν ότι το γλυπτό δέχτηκε πάλι κάποια επεξεργασία στα μέσα–τέλη του 3ου αιώνα μ.Χ. Πιθανόν, οι αλλαγές αυτές έλαβαν χώρα προκειμένου να απεικονιστεί διαφορετικό πρόσωπο, ωστόσο, είναι πιθανό να έγιναν για την «επικαιροποίηση» του εικονιζόμενου σε πιο πρόσφατη μορφή.

Τέτοιου τύπου διαδήματα αποτελούσαν τμήμα της ενδυμασίας των *αγωνοθετών* (υπεύθυνων για τη διεξαγωγή αγώνων), αλλά συνδέονται και με συνέδρους του *Πανελληνίου*, θεσμού που ίδρυσε ο Αδριανός. Το ακριβές σημείο όπου συγκαλούνταν τα μέλη του παραμένει άγνωστο, ωστόσο τοποθετείται ή στην Ελευσίνα ή στην Αθήνα. Τα καθήκοντα των συνέδρων περιλάμβαναν την αυτοκρατορική λατρεία και τη διεξαγωγή των Πανελληνίων, αθλητικών αγώνων που πραγματοποιούνταν κάθε τέσσερα χρόνια. Το γεγονός ότι η κεφαλή αυτή αποκαλύφθηκε το 2002 στην περιοχή του Ελευσινίου  (σε βυζαντινό στρώμα) και φορά στεφάνι μυρτιάς (όπως οι μύστες και οι ιερείς των Ελευσίνιων Μυστηρίων) εκφράζει τη στενή σύνδεση μεταξύ Ελευσίνας και Πανελληνίου.

L. A. Riccardi, *Hesperia* 76 (2007) σελ. 365–390· J. McK. Camp II, *Hesperia* 76 (2007), σελ. 654–655· L. A. Riccardi στο *The Athenian Agora: New Perspectives on an Ancient Site* (Mainz, 2009), σελ. 58–61.

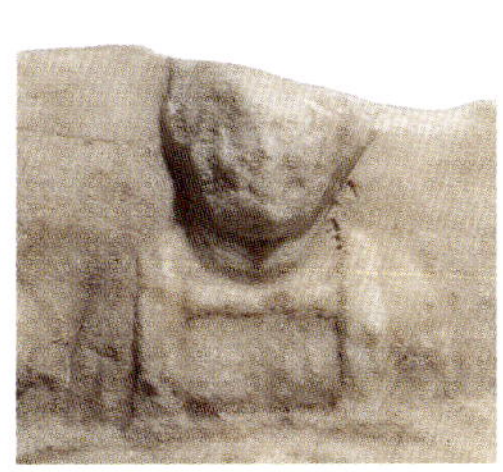

Εικ. 52. Μορφές στο τριμερές διάδημα που πιθανόν να ταυτίζονται με τον Καρακάλλα (αριστερά) και τον Σεπτίμιο Σεβήρο (δεξιά)

ΕΙΚΟΝΙΣΤΙΚΗ ΚΕΦΑΛΗ ΙΕΡΕΑ

Η κεφαλή S 564, τοποθετημένη στη βάση με κατεύθυνση προς τα δυτικά, παριστάνει επίσης δημόσιο λειτουργό που σχετιζόταν με τη θρησκευτική ζωή της πόλης. Το δάφνινο στεφάνι και η ξυρισμένη κόμη υποδηλώνουν ότι πιθανότατα πρόκειται για ιερέα του 2ου ή 3ου αιώνα μ.Χ.

T. L. Shear, *AJA* 39 (1935), σελ. 446–447· *Agora* I (1953), σελ. 56–57, αρ. 43· G. Hafner, *Späthellenistische Bildnisplastik* (Βερολίνο, 1954), σελ. 107· *AgPicBk* 5 (1960), εικ. 32.

ΕΙΚΟΝΙΣΤΙΚΕΣ ΚΕΦΑΛΕΣ ΑΓΟΡΙΩΝ-ΜΥΣΤΩΝ ΤΩΝ ΕΛΕΥΣΙΝΙΩΝ ΜΥΣΤΗΡΙΩΝ

Στο πίσω τμήμα της βάσης βρίσκονται κεφαλές δύο αγοριών που χρονολογούνται στον 3ο αιώνα μ.Χ. (S 1312: μέσα 3ου αι. μ.Χ., S 1307: α' μισό του 3ου αι. μ.Χ.). Και οι δύο φέρουν στεφάνι, που καταδεικνύει ότι είχαν μυηθεί στα Ελευσίνια Μυστήρια, και έχουν κοντοκουρεμένα μαλλιά. Όμως, η κεφαλή S 1307 (δεξιά) φέρει ένα μοναδικό πλόκαμο, που πέφτει από την κορυφή στο πίσω τμήμα του κεφαλιού· ενδεχομένως να έφερε και η άλλη κεφαλή (S 1312) παρόμοιο πλόκαμο, ο οποίος έχει αποκοπεί. Σύμφωνα με αρχαίες πρακτικές, τέτοιοι πλόκαμοι διατηρούνταν προκειμένου να αφιερωθούν σε κάποια θεότητα μετά την ενηλικίωση. Τα δύο γλυπτά ταιριάζουν σε απεικονίσεις παιδιών που εμφανίζονται να κατέχουν μία τιμητική θέση στα Μυστήρια, όπου το παιδί ονομαζόταν «*παις αφ'εστίας*».

S 1312: H. A. Thompson, *Hesperia* 18 (1949), σελ. 220· *Agora* I (1953), σελ. 60–61, αρ. 46· *AgPicBk* 5 (1960), εικ. 41. **S 1307**: H. A. Thompson, *Hesperia* 17 (1948), σελ. 179· *Agora* I (1953), σελ. 54–55, αρ. 41· *AgPicBk* 5 (1960), εικ. 40. **Και για τις δύο κεφαλές**: K. Clinton, *The Sacred Officials of the Eleusinian Mysteries* (1974), σελ. 104–108.

ΕΙΚΟΝΙΣΤΙΚΕΣ ΚΕΦΑΛΕΣ ΝΕΑΡΩΝ ΑΝΔΡΩΝ

Στις επόμενες δύο κεφαλές νεαρών ανδρών διακρίνονται ορισμένες από τις τεχνοτροπικές διαφορές μεταξύ του πρώιμου και του ύστερου 3ου αιώνα μ.Χ. Η δεξιά κεφαλή (S 954: 215–225 μ.Χ.) φέρει λεπτό μουστάκι και γένι και παραπέμπει στον νεαρό αυτοκράτορα Ελαγάβαλο (στην εξουσία μεταξύ 218 και 222 μ.Χ.). Η κόμη είναι πλούσια και σγουρή. Αριστερά, η κεφαλή S 1406 αποτελεί ένα από τα υστερότερα πορτραίτα από την Αρχαία Αγορά (250–300 μ.Χ.). Από το στρώμα στο οποίο ανευρέθηκε συνάγεται ότι είχε υποστεί φθορές κατά την επιδρομή των Ερούλων, ωστόσο, ορισμένα χαρακτηριστικά του το τοποθετούν πιο κοντά στον 4ο αιώνα. Το σχήμα και τα χαρακτηριστικά της κεφαλής είναι περισσότερο γραμμικά και το στικτό γένι μοιάζει ιμπρεσιονιστικό, ενώ θυμίζει λίγο εκείνο της κεφαλής με το τριμερές διάδημα (S 3500, σελ. 88–89).

S 954: *Agora* I (1953), σελ. 51, αρ. 38. **S 1406**: H. A. Thompson, *Hesperia* 19 (1950), σελ. 331–332· *Agora* I (1953), σελ. 65–67, αρ. 51· *AgPicBk* 5 (1960), εικ. 42· L. A. Riccardi, *Hesperia* 76 (2007), σελ. 379.

ΤΕΣΣΕΡΙΣ ΕΙΚΟΝΙΣΤΙΚΕΣ ΚΕΦΑΛΕΣ ΑΝΔΡΩΝ

Οι επόμενες ανδρικές κεφαλές παρουσιάζουν άλλους τέσσερις, ανώνυμους σε μας, Αθηναίους πολίτες που πρέπει να ξεχώρισαν για την ενασχόλησή τους με τον δημόσιο βίο. Οι δύο πρώτες (S 517 και S 2434) χρονολογούνται στις αρχές του 3ου αιώνα μ.Χ.: ο αξιοσημείωτος αριθμός μαρμάρινων πορτραίτων υψηλής ποιότητας του ύστερου 2ου–πρώιμου 3ου αιώνα, που αποκαλύφθηκαν στην Αγορά, μαρτυρεί την ευημερία της πόλης, που συνεχιζόταν από την εποχή του Αδριανού. Η κεφαλή S 517 (210–220 μ.Χ.) πιθανότατα απεικονίζει κοσμητή και ανήκει στον ίδιο τύπο με την ερμαϊκή στήλη S 2056 (σελ. 87). Η κεφαλή S 2434 έχει μακρύτερο γένι και φέρει στεφάνι, μάλλον δάφνης, σύμβολο κάποιας τιμητικής διάκρισης που είχε αποδοθεί στον εικονιζόμενο για τις πράξεις του.

Η επόμενη κεφαλή (S 580: περ. 245–255 μ.Χ.) πιθανότατα απεικονίζει άλλον έναν κοσμητή και χρονολογείται στα μέσα του 3ου αιώνα μ.Χ. λόγω της απόδοσης των ματιών –με πλατύ βλέφαρο και βαθύ περίγραμμα– και της αδρά χαραγμένης κόμης, καθώς και των ρυτίδων στο μέτωπο. Αριστερά, η κεφαλή S 950 (253–268 μ.Χ.), θύμα της καταστροφής που προκάλεσαν οι Έρουλοι, είναι η υστερότερη από τις τέσσερις. Ο τρόπος απόδοσης των ματιών και της κόμης, καθώς και η έλλειψη εκφραστικότητας, συνάδουν με την εποχή του αυτοκράτορα Γαλλιηνού.

S 517: T. L. Shear, *AJA* 39 (1935), σελ. 180–181· *Agora* I (1953), σελ. 49–50, αρ. 37· *AgPicBk* 5 (1960), εικ. 29· *Hesperia* 76 (2007), σελ. 376–377. **S 580**: T. L. Shear, *AJA* 39 (1935), σελ. 446–447· *Agora* I (1953), σελ. 57–59, αρ. 44· *AgPicBk* 5 (1960), εικ. 34. **S 950**: *Agora* I (1953), σελ. 62–63, αρ. 48.

ΓΛΥΠΤΑ ΜΕ ΜΗ ΕΛΛΗΝΙΚΑ ΧΑΡΑΚΤΗΡΙΣΤΙΚΑ

Δεδομένου ότι η Ρωμαϊκή αυτοκρατορία ήταν απέραντη και πολυσυλλεκτική, δεν προκαλεί έκπληξη το γεγονός ότι κάποια γλυπτά που βρέθηκαν στην Αγορά και τη γύρω περιοχή παριστάνουν ανθρώπους που δεν ήταν Αθηναίοι πολίτες ή ούτε καν Έλληνες. Η κεφαλή S 435 (3ος αι. μ.Χ.) φέρει κάποια «αφρικανικά» χαρακτηριστικά· από τη νεαρή του ηλικία συνάγεται ότι ο εικονιζόμενος πιθανόν τιμήθηκε ως νικητής σε αθλητικούς αγώνες. Δίπλα, βρίσκεται κεφαλή (S 2445, 250–275 μ.Χ.), η οποία εκπέμπει ζωντάνια

Εικ. 53. Πορτραίτο νεαρού Σύριου(;), 3ος αι. μ.Χ.

χάρη στην απόδοση των λεπτομερειών στο εσωτερικό των ματιών και χάρη στην «μπαρόκ» απόδοση της κόμης. Οι ομοιότητές της με απεικονίσεις «βαρβάρων» της Ελληνιστικής εποχής υποδηλώνουν ότι ο άνδρας αυτός δεν είχε ελληνική καταγωγή. Τα ορατά ίχνη της ράσπας είναι τυπικό γνώρισμα της απόδοσης της επιδερμίδας εκείνη την περίοδο (γ′ τέταρτο του 3ου αι. μ.Χ.) και δεν υποδηλώνουν πλέον ημιτελές γλυπτό.

Αυτή η ενότητα της έκθεσης κλείνει με μία εντυπωσιακά ακέραιη και καλοδιατηρημένη προτομή νεαρού ξένης καταγωγής, πιθανόν από τη Συρία (εικ. 53, S 2062). Φέρει κοντό γένι και μουστάκι, ενώ φορά χιτώνα και ιμάτιο. Παρουσιάζει την αθηναϊκή γλυπτική πορτραίτων του 3ου αιώνα μ.Χ. στην κορύφωσή της: γεμάτη ζωντάνια και ανεπιτήδευτο μεγαλείο, εκφράζει την προσωπικότητα του εικονιζόμενου. Παρόλο που έχει προταθεί η ταύτισή του με τον αυτοκράτορα Γορδιανό Γ′ (στην εξουσία μεταξύ 238–244 μ.Χ.), είναι πιο πιθανό να πρόκειται για προτομή ιδιώτη που λαξεύτηκε την περίοδο ηγεμονίας του αυτοκράτορα Ελαγάβαλου (218–222 μ.Χ.).

S 435: *Agora* I (1953), σελ. 59–60, αρ. 45. **S 2445**: L. A. Riccardi, *Hesperia* 76 (2007), σελ. 380. **S 2062**: E. B. Harrison, *Hesperia* 29 (1960), σελ. 390–392· *AgPicBk* 5 (1960), εικ. 15· J. Meischner, *JdI* 99 (1984), σελ. 320–325, 333, 336, αρ. 2· *Hesperia* Suppl. 22 (1988), σελ. 88, 111.

ΣΥΛΛΟΓΗ ΓΛΥΠΤΩΝ ΠΟΥ ΚΟΣΜΟΥΣΑΝ ΤΑ ΙΔΙΩΤΙΚΑ ΕΚΠΑΙΔΕΥΤΗΡΙΑ ΤΗΣ ΥΣΤΕΡΗΣ ΑΡΧΑΙΟΤΗΤΑΣ

Η τελευταία ενότητα της έκθεσης του ορόφου είναι αφιερωμένη σε γλυπτά που προέρχονται από υστερορωμαϊκές επαύλεις της βόρειας κλιτύος του Άρειου Πάγου, ορισμένες από τις οποίες φαίνεται ότι λειτούργησαν ως ιδιωτικές φιλοσοφικές σχολές (βλ. *Οδηγός της Αρχαίας Αγοράς της Αθήνας*, σελ. 149–155, σχετικά με την περιοχή). Οι επαύλεις αυτές σημειώνονται σε οριζόντιο χάρτη που παρουσιάζει την Αγορά τον 5ο αιώνα μ.Χ. και είναι τοποθετημένος σε ειδική βάση στον χώρο. Τα περισσότερα

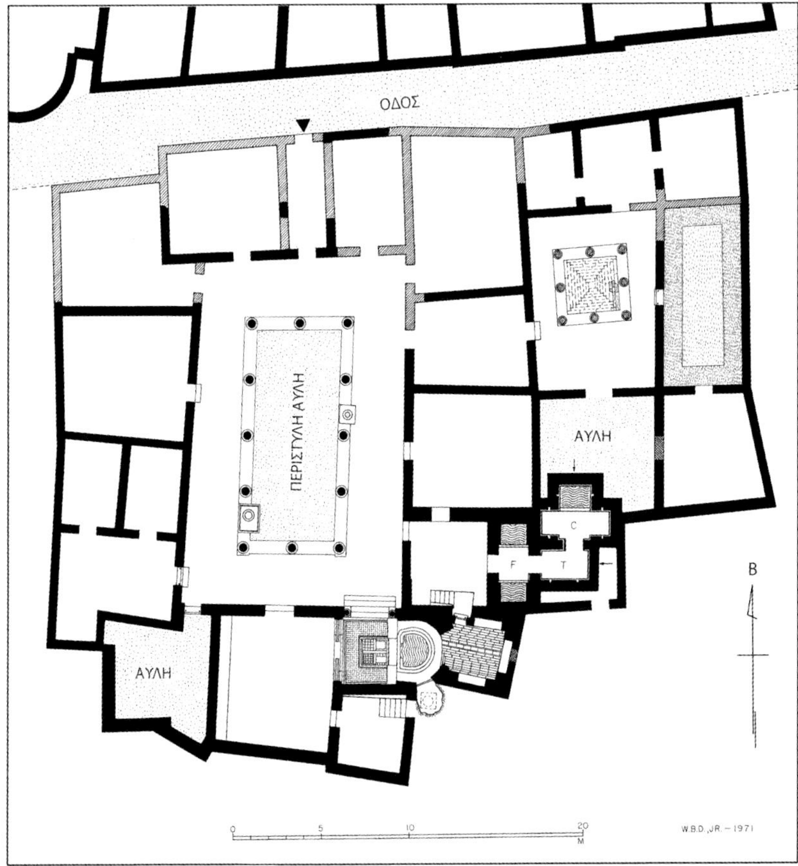

Εικ. 54. Σχεδιαστική αποκατάσταση της Οικίας Ωμέγα, στη βόρεια κλιτύ του Άρειου Πάγου, 4ος αι. μ.Χ.

από τα εκθέματα αυτής της ενότητας προέρχονται από την Οικία Ωμέγα (58), η οποία πήρε το όνομά της από τον ανασκαφικό τομέα στον οποίο ανακαλύφθηκε (εικ. 54). Κατασκευάστηκε τον 4ο αιώνα μ.Χ. και διακοσμήθηκε με γλυπτά, πολλά από τα οποία πιθανόν περισυλλέχθηκαν μετά τις καταστροφές που προκάλεσαν οι Έρουλοι το 267 μ.Χ. Άλλα ευρήματα από την Οικία εκτίθενται στις κιονοστοιχίες του ισογείου: η προτομή του Αντωνίνου του Ευσεβούς (S 2436, σελ. 54), μία κεφαλή Νίκης (S 2354, σελ. 63) και το ανάγλυφο που είναι αφιερωμένο στον Πάνα και τις Νύμφες (I 7154, σελ. 43–45). Το βαθύ πηγάδι, του οποίου το περιεχόμενο εκτίθεται στη βόρεια πλευρά της κύριας αίθουσας του ισογείου, βρισκόταν επίσης κοντά στην Οικία Ωμέγα (εικ. 115, προθήκες 51–54, σελ. 183).

Το 529 μ.Χ. ο αυτοκράτορας Ιουστινιανός διέταξε το κλείσιμο των φιλοσοφικών σχολών. Η Οικία Ωμέγα μετατράπηκε σε κατοικία χριστιανών και το μεγαλύτερο μέρος του παγανιστικού περιεχομένου της, συμπεριλαμβανομένου του γλυπτού διακόσμου, απομακρύνθηκε ή καταστράφηκε.

ΑΓΑΛΜΑ ΝΕΑΡΟΥ ΕΡΜΗ

Το πρώτο γλυπτό της ενότητας είναι ένα άγαλμα που παριστάνει τον θεό Ερμή, σε καλή κατάσταση διατήρησης και μέγεθος 2/3 του φυσικού (S 1054: 2ος αι. μ.Χ.). Ως αγγελιαφόρος των θεών, ο Ερμής κρατά το *κηρύκειο* (έμβλημα του *κήρυκα,* επίσημου αγγελιαφόρου στην αρχαιότητα) και φορά φτερωτά σανδάλια. Στο δεξί χέρι, που δεν σώζεται, πιθανότατα κρατούσε σάκο. Επίσης, φορά χλαμύδα, η οποία δενόταν με μη σωζόμενη πόρπη στον δεξιό ώμο. Το κεφάλι έχει λαξευτεί σε ξεχωριστό κομμάτι μαρμάρου και είναι ένθετο. Ο κορμός φοίνικα που διακρίνεται δίπλα στο δεξί πόδι, ενδεχομένως, συνιστά προσθήκη του αντιγραφέα, δεδομένου ότι το χάλκινο πρωτότυπο δεν χρειαζόταν παρόμοιο υποστήριγμα. Είναι αντίγραφο έργου του 4ου αιώνα π.Χ. και, όπως και ο Ηρακλής στα αριστερά (S 2438), αποτελεί αντιπροσωπευτικό δείγμα της ευκολίας με την οποία οι Αθηναίοι γλύπτες της Ρωμαϊκής περιόδου διασκεύαζαν κλασικά πρωτότυπα.

Το άγαλμα, από πεντελικό μάρμαρο, ανακαλύφθηκε σε στρώμα του 6ου αιώνα μ.Χ., σε πηγάδι στις βόρειες παρυφές του Άρειου Πάγου, και πιθανότατα συνδέεται με μια από τις επαύλεις της περιοχής 57. Όπως και τα γλυπτά από την Οικία Ωμέγα 58, το άγαλμα του Ερμή μάλλον το είχαν αποσύρει από την κοινή θέα φανατικοί Χριστιανοί.

T. L Shear, *Hesperia* 8 (1939), σελ. 214, 236, 238· *Agora* XXIV (1988), σελ. 41, 46.

ΑΓΑΛΜΑ ΝΕΑΡΟΥ ΗΡΑΚΛΗ

Δίπλα στον Ερμή βρίσκεται άγαλμα που παριστάνει τον Ηρακλή σε νεαρή ηλικία, με μέγεθος περίπου 2/3 του φυσικού, από πεντελικό μάρμαρο (S 2438: 2ος αι. μ.Χ.). Στον αριστερό πήχη φέρει δορά λιονταριού. Στο αριστερό άκρο χέρι, που δεν σώζεται, πιθανότατα κρατούσε τα χρυσά μήλα των Εσπερίδων. Το δεξί χέρι, το οποίο από τον αγκώνα και κάτω επίσης δεν σώζεται, φαίνεται ότι ακουμπούσε σε ρόπαλο, το πλατύ άκρο του οποίου διακρίνεται στην πλίνθο. Λεπτή ταινία περιτρέχει το κεφάλι. Η λάξευση της πίσω όψης του αγάλματος και το μπροστινό τμήμα του δεξιού πέλματος φαίνεται να έχουν ολοκληρωθεί βιαστικά.

Πιθανότατα ανάγεται στον 2ο αιώνα μ.Χ. και αποτελεί ελεύθερη παραλλαγή πρωτοτύπου, με ενσωμάτωση στοιχείων από παλαιότερα έργα: ο κορμός παρουσιάζει την ποιότητα του α' μισού του 5ου αιώνα π.Χ., ενώ το κεφάλι παραπέμπει σε έργα του 4ου αιώνα. Παρά την ενοχλητική δυσαναλογία μεταξύ κεφαλιού και σώματος και τα ίχνη βιαστικού τελειώματος, το γλυπτό καταφέρνει να μεταδώσει τη δύναμη του νεαρού ήρωα. Αποκαλύφθηκε το 1971 σε ένα από τα πηγάδια που συνδέονται με την Οικία Ωμέγα 58, όπως και η προτομή του Αντωνίνου του Ευσεβούς που βρίσκεται στο ισόγειο της Στοάς (S 2436, σελ. 54) και οι δύο Ρωμαίες δέσποινες μπροστά στον βόρειο τοίχο του ορόφου (S 2437, S 2435, βλ. σελ. 97–98).

T. L. Shear Jr., *Hesperia* 42 (1973), σελ. 172–173· O. Palagia, *OJA* 3 (1984), σελ. 114–116· J. McK. Camp II, *The Athenian Agora* (Λονδίνο, 1986), σελ. 208, 210· *Agora* XXIV (1988), σελ. 41, 46.

ΑΓΑΛΜΑ ΑΣΚΛΗΠΙΟΥ

Στο βόρειο άκρο της ενιαίας βάσης, βρίσκεται άγαλμα που απεικονίζει θεό (S 1068: πιθανόν 2ος αι. μ.Χ.), ενδεδυμένο με χιτώνα και ιμάτιο, ο οποίος στηρίζεται σε ραβδί στα αριστερά του. Το ραβδί φέρει μέρος του φιδιού-συνοδού του θεού και καταδεικνύει ότι πρόκειται για τον θεραπευτή θεό Ασκληπιό. Έχει μέγεθος στο μισό του φυσικού, ενώ το κεφάλι και το δεξί χέρι δεν σώζονται.

Agora XXIV (1988), σελ. 41.

ΑΓΑΛΜΑ ΑΘΗΝΑΣ

Από το μικρό άγαλμα της θεάς Αθηνάς στα αριστερά του Ασκληπιού δεν σώζεται το κεφάλι, το αριστερό χέρι, καθώς και το δεξί χέρι από τον αγκώνα και κάτω (S 2337: 2ος αι. μ.Χ.). Πρέπει να κρατούσε δόρυ στο ανασηκωμένο αριστερό χέρι και κάποιο ελαφρύ αντικείμενο, όπως φιάλη, στο προτεταμένο δεξί. Το αριστερό γόνατο είναι λυγισμένο. Εκτός από τον χειριδωτό χιτώνα, τον πέπλο και την αιγίδα, η θεά φορά επίσης βαρύ ιμάτιο που συγκρατείται στους ώμους ώστε να πέφτει χωρίς πτυχώσεις, καλύπτοντας μόνο την πλάτη. Η πλούσια κόμη της είναι πιασμένη πίσω, χωρίς λεπτομερή λάξευση. Τα κεφάλια των φιδιών στις παρυφές της αιγίδας ήταν χάλκινα και τοποθετημένα σε οπές ανοιγμένες με τρυπάνι. Ορισμένα χαρακτηριστικά του γλυπτού παραπέμπουν στην Αθηνά Παρθένο. Παρόλο που ο τύπος του ανήκει στον 4ο αιώνα π.Χ., το άγαλμα λαξεύτηκε την εποχή των Αντωνίνων. Αργότερα, αποκεφαλίστηκε και χρησιμοποιήθηκε ως κατώφλι στην Οικία Ωμέγα 58.

T. L. Shear Jr., *Hesperia* 40 (1971), σελ. 274–275· T. L. Shear Jr., *Hesperia* 42 (1973), σελ. 163· J. McK. Camp II, *The Athenian Agora* (Λονδίνο, 1986), σελ. 205, εικ. 177· *Agora* XXIV (1988), σελ. 90· L. J. Roccos, *Hesperia* 60 (1991), σελ. 397–410· L. E. Baumer, *Vorbilder und Vorlagen: Studien zu klassischen Frauenstatuen und ihrer Verwendung für Reliefs und Statuetten des 5. und 4. Jahrhunderts vor Christus* (Βέρνη, 1997), σελ. 71, σημ. 493· *AgPicBk* 27 (2006), σελ. 51.

Έξι γλυπτά είναι τοποθετημένα μπροστά στον βόρειο τοίχο της Στοάς. Περιγράφονται παρακάτω από τα αριστερά προς τα δεξιά.

ΠΡΟΤΟΜΗ ΤΟΥ ΘΕΟΥ ΗΛΙΟΥ

Αριστερά, βρίσκεται προτομή (εικ. 49, S 2355: 2ος αι. μ.Χ.), η οποία θυμίζει λίγο τον νεαρό Αλέξανδρο που ήδη περιγράφηκε (εικ. 48, S 2089, σελ. 81–82). Έχει μέγεθος ελαφρώς μεγαλύτερο του φυσικού και αποκαλύφθηκε σε πηγάδι που βρισκόταν στην αυλή της Οικίας Ωμέγα 58. Και αυτή η προτομή έχει ασυνήθιστο σχήμα: διακρίνεται μικρό τμήμα του θώρακα με τις παρυφές του ενδύματος, ενώ καταλήγει απότομα σε οριζόντια γραμμή. Στην αρχαιότητα είχε παρουσιάσει φθορές και είχε επιδιορθωθεί: η μύτη έχει αντικατασταθεί και τα χείλη έχουν λαξευτεί εκ νέου. Αρχικά, η προτομή δεν ήταν περίοπτο έργο, αλλά προεξείχε, ως υψηλό ανάγλυφο, από κομμάτι μαρμάρου πάχους 5 εκ. περίπου· το μεγαλύτερο μέρος αυτού του «φόντου» αφαιρέθηκε από τους τεχνίτες που επιδιόρθωσαν την προτομή. Το πίσω τμήμα της είναι επίπεδο και φέρει μεγάλη υποδοχή, πιθανόν για γόμφο που τη στήριζε σε τοίχο.

Αυτή η προτομή φαίνεται να αποτελεί ελεύθερη παραλλαγή του πρωτοτύπου στο οποίο βασίστηκε και η παρόμοια προτομή του Μεγάλου Αλεξάνδρου. Η κόμη εδώ είναι λιγότερο πλούσια, το μέτωπο εξέχει περισσότερο και το στόμα είναι πιο μικρό. Αντί για ταινία που περιτρέχει το κεφάλι, φέρει 15 οπές σε ίση απόσταση, περιμετρικά του προσώπου, όπου ήταν τοποθετημένες μεταλλικές αιχμές που προβάλλονταν στο βάθος του αναγλύφου, σχηματίζοντας ακτινωτό στέμμα. Συνεπώς, η κεφαλή ταυτίζεται με τον θεό Ήλιο, του οποίου η απεικόνιση έμοιαζε και αλληλεπιδρούσε για αιώνες με εκείνη του Μεγάλου Αλεξάνδρου. Αυτός ο Ήλιος πιθανότατα λαξεύτηκε τον 2ο αιώνα μ.Χ. και υπέστη φθορές κατά την εισβολή των Ερούλων το 267 μ.Χ., πριν μεταφερθεί στην Οικία Ωμέγα.

T. L. Shear Jr., *Hesperia* 40 (1971), σελ. 273–274· J. McK. Camp II, *The Athenian Agora* (Λονδίνο, 1986), σελ. 204, εικ. 175· *Agora* XXIV (1988), σελ. 37, 41.

ΚΕΦΑΛΗ ΘΕΑΣ, ΠΙΘΑΝΟΤΑΤΑ ΤΗΣ ΝΕΜΕΣΗΣ

Η θεά (S 1055: 1ος αι. μ.Χ.) παριστάνεται με πλούσια κυματιστή κόμη που συγκρατείται από υψηλό διάδημα, το άνω τμήμα του οποίου έχει θραυστεί με τρόπο που υποδεικνύει ότι έφερε κομβιόσχημες προεξοχές. Η κεφαλή προέρχεται από αντίγραφο που λαξεύτηκε κατά την πρώιμη Ρωμαϊκή περίοδο, σε πολύ μικρότερες διαστάσεις από το πρωτότυπο λατρευτικό άγαλμα της Νέμεσης, το οποίο είχε φιλοτεχνηθεί για τον ναό της στον Ραμνούντα από τον Αγοράκριτο, γύρω στο 435–430 π.Χ. Ανακαλύφθηκε στο ίδιο πηγάδι με το άγαλμα του νεαρού Ερμή (S 1054, σελ. 94).

T. L. Shear, *Hesperia* 8 (1939), σελ. 214, 240, 241· Γ. Δεσπίνης, *Συμβολή στη μελέτη του έργου του Αγορακρίτου* (Αθήνα, 1971), σελ. 78, σημ. 153· *Agora* XXIV (1988), σελ. 41.

ΕΙΚΟΝΙΣΤΙΚΕΣ ΠΡΟΤΟΜΕΣ ΠΟΥ ΠΑΡΙΣΤΑΝΟΥΝ ΡΩΜΑΙΕΣ ΔΕΣΠΟΙΝΕΣ

Εικ. 55. Πορτραίτο γυναίκας, 3ος αι. μ.Χ.

Στη συνέχεια, θα συναντήσετε δύο προτομές υψηλής ποιότητας, σε καλή κατάσταση διατήρησης, οι οποίες απεικονίζουν άγνωστες Αθηναίες. Ανακαλύφθηκαν μαζί, σε πηγάδι της Οικίας Ωμέγα 58. Η αριστερή προτομή (εικ. 55, S 2435: 3ος αι. μ.Χ.) διατηρεί ακόμη την τετράγωνη βάση με κυμάτια· η βάση της δεξιάς προτομής (S 2437: 2ος αι. μ.Χ.) έχει αποσπαστεί. Και οι δύο παρουσιάζουν την τυπική μορφή προτομών του 2ου–πρώιμου 3ου αιώνα μ.Χ., σύμφωνα με την οποία ο χιτώνας και το ιμάτιο αποδίδονται λεπτομερώς. Το σημαντικότερο στοιχείο για τη χρονολόγησή τους είναι η σύγκριση της κόμης τους με εκείνη των αυτοκρατορικών πορτραίτων. Έτσι, η δεξιά προτομή (S 2437) ανάγεται στο τελευταίο τέταρτο του 2ου αιώνα μ.Χ., με την κόμη να είναι τραβηγμένη προς τα πίσω, πλεγμένη σε κοτσίδα και τυλιγμένη στο πίσω μέρος του κεφαλιού. Στην αριστερή προτομή (S 2435) τα μαλλιά είναι χτενισμένα προς τα κάτω, καλύπτοντας τα αυτιά, και τυλιγμένα στο πίσω μέρος του κεφαλιού, σύμφωνα με τις επιταγές της μόδας των αρχών του 3ου αιώνα μ.Χ. Επιπλέον, η κεφαλή φέρει κυλινδρική ταινία που δένεται πίσω, και από πάνω της στεφάνι ελιάς, το οποίο ίσως υποδηλώνει ότι πρόκειται για ιέρεια της θεάς Αθηνάς.

Και για τις δύο προτομές: T. L. Shear Jr., *Hesperia* 42 (1973), σελ. 171–172· J. McK. Camp II, *The Athenian Agora* (Λονδίνο, 1986), σελ. 208–209· *Agora* XXIV (1988), σελ. 41. **S 2435**: *AgPicBk* 27 (2006), σελ. 52.

ΕΙΚΟΝΙΣΤΙΚΗ ΚΕΦΑΛΗ ΑΝΔΡΑ

Η κεφαλή αυτή που χρονολογείται στην εποχή των Αντωνίνων (S 2356: 2ος αι. μ.Χ.) ανακαλύφθηκε στο ίδιο πηγάδι με την προτομή του θεού Ήλιου (S 2355, σελ. 96). Πρόκειται για μεσήλικα που απεικονίζεται με έντονες ρυτίδες στο μέτωπο, ενώ κάτω από την πλούσια σγουρή κόμη του είναι ορατά μόνο τμήματα των αυτιών. Για τη διαμόρφωση των μαλλιών και της γενειάδας χρησιμοποιήθηκε τρυπάνι, ενώ το δέρμα είναι ιδιαίτερα στιλβωμένο. Η αντίθεση αυτή προκαλεί παιχνίδισμα μεταξύ φωτός και σκιάς.

T. L. Shear Jr., *Hesperia* 40 (1971), σελ. 274· J. McK. Camp II, *The Athenian Agora* (Λονδίνο, 1986), σελ. 204, εικ. 174· *Agora* XXIV (1988), σελ. 41· *AgPicBk* 27 (2006), σελ. 30.

ΕΡΜΑΪΚΗ ΣΤΗΛΗ ΜΕ ΤΗ ΜΟΡΦΗ ΚΟΙΜΩΜΕΝΟΥ ΣΙΛΗΝΟΥ

Τελευταίο έκθεμα στα δεξιά της ενότητας αυτής είναι μία μορφή σε φυσικό μέγεθος, η οποία φορά χειριδωτό χιτώνα με ζώνη· το ένα άκρο του μανδύα της καταλήγει στον αριστερό της ώμο (εικ. 56, S 2363: 2ος αι. μ.Χ.). Το κεφάλι στέφεται με πολύ παχύ κυλινδρικό στεφάνι τυλιγμένο με ταινία. Φέρει μακριά γενειάδα και η έκφρασή του είναι νυσταλέα, πονηρή και σαρδόνια. Με το αριστερό χέρι κρατά το ένδυμά του, ενώ στο δεξί –που δεν σώζεται– κρατούσε αντικείμενο, του οποίου μόνο κατάλοιπα είναι ορατά. Το κάτω μέρος της μορφής καταλήγει σε στήριγμα που στενεύει προς τα κάτω και είναι τμήμα πλατύτερου στύλου, που, στο πίσω μέρος, συνεχίζει προς τα πάνω, πίσω από την πλάτη και πάνω από το κεφάλι της μορφής· μοιάζει με ερμαϊκή στήλη, η οποία προφανώς χρησιμοποιήθηκε ως τμήμα στηθαίου της Οικίας Ωμέγα 58. Πιθανότατα δίπλα της υπήρχε και άλλο γλυπτό, με το οποίο ταίριαζε. Παρά την ασυνήθιστη ενδυμασία της, η μορφή παριστάνει πιθανόν Σιληνό, αλλά μοιάζει και με απεικονίσεις του Διονύσου ή του Πρίαπου της ίδιας περιόδου.

Agora XXIV (1988), σελ. 41.

Εικ. 56. Ενδεδυμένη ερμαϊκή στήλη με τη μορφή κοιμώμενου Σιληνού, 2ος αι. μ.Χ.

ΤΡΑΠΕΖΙ ΤΥΠΟΥ ΣΙΓΜΑ

Κρεμασμένο στον ανατολικό τοίχο της Στοάς, δεξιά από την πόρτα ενός αρχαίου καταστήματος, βρίσκεται μερικώς αποκατεστημένο τραπέζι από στιλβωμένο μάρμαρο (Α 3869: 6ος αι. μ.Χ.). Αναφέρεται ως «τραπέζι τύπου σίγμα» λόγω της καμπύλης πλευράς του που έχει το σχήμα του μηνοειδούς σίγμα. Φέρει 11 βαθύνσεις για τους συνδαιτημόνες. Παρόμοια τραπέζια χρησιμοποιούνταν σε κοινά, θρησκευτικά δείπνα κατά την παλαιοχριστιανική περίοδο. Το συγκεκριμένο αποτελεί μέρος της οικοσκευής που ανήκε στους χριστιανούς ιδιοκτήτες της Οικίας Ωμέγα 58.

T. L. Shear Jr., *Hesperia* 42 (1973), σελ. 163· J. McK. Camp II, *The Athenian Agora* (Λονδίνο, 1986), σελ. 210–211, εικ. 185· *Agora* XXIV (1988), σελ. 89· J. Vroom στο *Objects in Context, Objects in Use: Material Spatiality in Late Antiquity* (Leiden, 2007), σελ. 320–325.

Στο βόρειο άκρο του ορόφου βρίσκεται κλιμακοστάσιο, που οδηγεί στο ισόγειο.

ΠΩΡΙΝΗ ΚΕΦΑΛΗ ΛΕΟΝΤΑ

Στην κορυφή του βόρειου κλιμακοστασίου της Στοάς βρίσκεται τοποθετημένη πώρινη κεφαλή λέοντα (S 1222), η οποία ήταν στραμμένη κάθετα προς το σώμα της. Το επίπεδο πίσω τμήμα της και η έλλειψη φθοράς όταν ανακαλύφθηκε υποδηλώνουν ότι αποτελούσε τμήμα αετωματικού συνόλου μεγάλου ναού, που χρονολογείται γύρω στο 570–550 π.Χ. Δεδομένου ότι ήρθε στο φως κοντά στον Βωμό των Δώδεκα Θεών 31, σε στρώμα του 5ου αιώνα π.Χ., συμπεραίνεται ότι ο εν λόγω ναός καταστράφηκε από τους Πέρσες το 480/79 π.Χ. Η ανακάλυψη πολυάριθμων θραυσμάτων από κτήρια της πρώιμης Αρχαϊκής περιόδου στη βόρεια πλευρά της Αγοράς –επίσης σε στρώματα του 5ου αιώνα π.Χ.– ενδεχομένως συνεπάγεται ότι ο ναός βρισκόταν σε αυτό το σημείο.

H. A. Thompson, *Hesperia* 16 (1947), σελ. 207· *Agora* XI (1965), σελ. 31–33, αρ. 94.

Η έκθεση στον πάνω όροφο της Στοάς περιγράφεται από τα νότια προς τα βόρεια. Ο επισκέπτης μπορεί να χρησιμοποιήσει τη σκάλα που βρίσκεται στο βόρειο άκρο προκειμένου να κατέβει στο ισόγειο κι έπειτα να επιστρέψει προς τη νότια πλευρά του κτηρίου για να επισκεφθεί την έκθεση στην κύρια αίθουσα από την αρχή της.

ΚΥΡΙΑ ΑΙΘΟΥΣΑ ΤΟΥ ΜΟΥΣΕΙΟΥ

Η έκθεση αναπτύσσεται χρονολογικά. Ξεκινά από τη νότια πλευρά της αίθουσας, με τα ευρήματα της Νεολιθικής εποχής, και καταλήγει στη βόρεια πλευρά, με τα βυζαντινά αντικείμενα. Η βασική δομή των αρχαίων καταστημάτων της Στοάς είναι ακόμη διακριτή στον ενιαίο χώρο της έκθεσης· ορισμένα τμήματα των αυθεντικών τοίχων βρίσκονται στα αριστερά της εισόδου. Εκεί όπου βρίσκονταν οι μεσοτοιχίες των αρχαίων καταστημάτων, οι προθήκες είναι τοποθετημένες κάθετα στους τοίχους, πάνω στους οποίους είναι ζωγραφισμένες κατακόρυφες λωρίδες σκούρου χρώματος. Σε κάθε κατάστημα υπάρχει ένα παράθυρο στα δεξιά και πανό με χρονολογικά ή άλλα στοιχεία στα αριστερά.

Η μετάβαση σε κάθε ενότητα της έκθεσης δηλώνεται με μια κεντρική προθήκη. Ο καλύτερος τρόπος περιήγησης στην έκθεση είναι να ακολουθούνται οι χρονολογικές ενότητες και όχι οι αριθμοί που είναι σημειωμένοι πάνω σε κάθε προθήκη. Ξεκινήστε από το νότιο άκρο της αίθουσας (βλ. την κάτοψη της αίθουσας, εικ. 4β, σελ. 20–21).

ΠΡΟΪΣΤΟΡΙΚΗ ΕΠΟΧΗ

Η πρώτη ενότητα αποτελείται από προθήκες που περιέχουν υλικό από την αρχαιότερη κατοίκηση στην Αγορά (πριν μεταβληθεί σε πολιτικό και εμπορικό κέντρο), από τη Νεολιθική εποχή μέχρι την Εποχή του Χαλκού (γύρω στα 3200–1100 π.Χ.). Το υλικό που σχετίζεται με τους κατοίκους της περιοχής συνίσταται κυρίως από κεραμικά αντικείμενα που ανακαλύφθηκαν σε πηγάδια και τάφους. Οι σχετικές πινακίδες αναφέρουν τον τόπο εύρεσης αυτών των αντικειμένων. Τα παλαιότερα ευρήματα, της Νεολιθικής και της Πρώιμης και Μέσης Ελλαδικής εποχής, εκτίθενται στο κέντρο και στα αριστερά και είναι ολιγάριθμα.

Τα ευρήματα της Υστεροελλαδικής ή Μυκηναϊκής εποχής (περ. 1550–1100 π.Χ.), που είναι περισσότερα, προέρχονται σχεδόν αποκλειστικά από ταφές. Περίπου 50 τάφοι της περιόδου έχουν αποκαλυφθεί από το 1931 έως το 2012 (εικ. 57, 58). Χρονολογούνται από την Υστεροελλαδική ΙΙ (15ος αι. π.Χ.) έως την Πρώιμη Εποχή του Σιδήρου. Η κεραμική της Αθήνας, καθώς και η μεταλλοτεχνία και η κοσμηματοποιία της, χαρακτηρίζονται από την αξιοσημείωτη ομοιομορφία που παρουσιάζει όλη η νότια ηπειρωτική χώρα κατά τη Μυκηναϊκή εποχή. Τα περισσότερα από τα αθηναϊκά αγγεία δύσκολα ξεχωρίζουν από εκείνα της Αργολίδας ως προς τον πηλό, το σχήμα ή τον διάκοσμο. Μάλιστα, ορισμένα από αυτά είναι πιθανόν εισηγμένα από την Αργολίδα.

Agora XIII (1971)· J. Travlos, *Pictorial Dictionary of Ancient Athens* (Λονδίνο, 1971), εικ. 5–10· *Agora* XIV (1972), σελ. 1–10· *AgPicBk* 13 (1973)· P. A. Mountjoy, *Mycenaean Athens* (Jonsered, 1995)· J. McK. Camp II, *Hesperia* 68 (1999), σελ. 263–265· J. McK. Camp II, *Hesperia* 72 (2003), σελ. 254–273· W. Gauss στο *The Art of Antiquity* (2007), σελ. 68–73· J. Langenbucher στο *The Art of Antiquity* (2007), σελ. 76–92. **Υλικό της ίδιας περιόδου από άλλα σημεία της Αθήνας**: Μ. Α. Παντελίδου, *Αι προϊστορικαί Αθήναι* (Αθήνα, 1975)· M. Pantelidou Gofas, *Neolithic Attica* (Αθήνα, 2000).

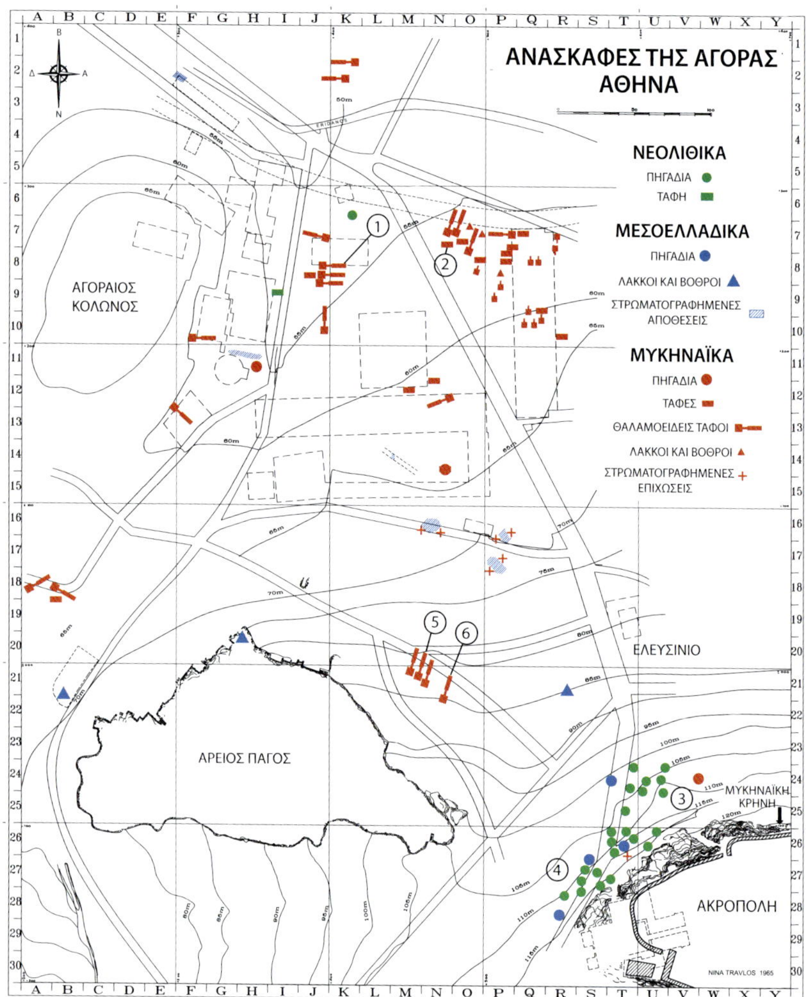

Εικ. 57. Κάτοψη της Αγοράς όπου σημειώνονται τα πηγάδια και οι τάφοι της Νεολιθικής εποχής και της Εποχής του Χαλκού (περ. 3200–1100 π.Χ.)

ΠΡΟΘΗΚΗ 1. ΝΕΟΛΙΘΙΚΟ ΕΙΔΩΛΙΟ

Στην κεντρική προθήκη βρίσκεται μαρμάρινο ειδώλιο γυναικείας μορφής (S 1097, βλ. σελ. 8, εικ. πάνω αριστερά). Είναι ξαπλωμένη στο πλάι, ενώ το πάνω μέρος του σώματός της είναι ανασηκωμένο και στραμμένο προς τα εμπρός. Το κεφάλι της δεν σώζεται. Χρονολογείται στα τέλη της Μέσης Νεολιθικής εποχής και αποτελεί ένα από τα πρωιμότερα λίθινα γλυπτά

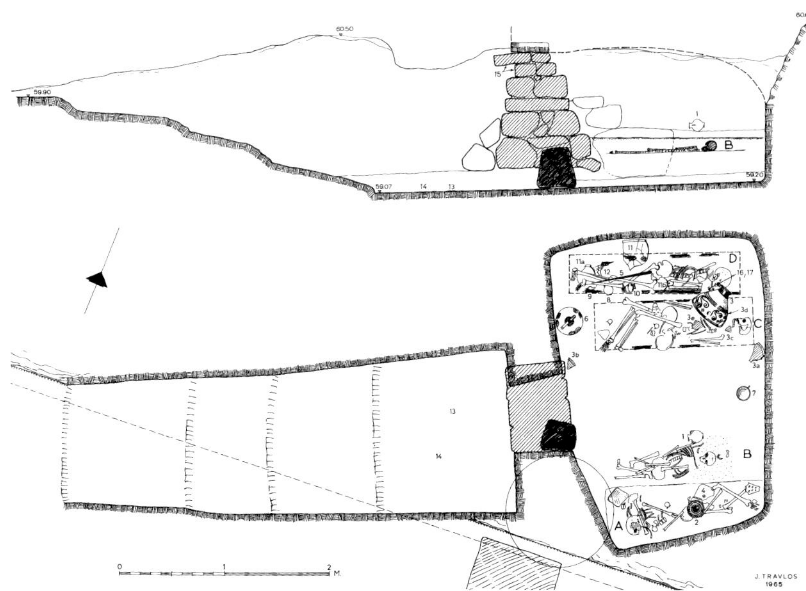

Εικ. 58. Τυπικός μυκηναϊκός θαλαμοειδής τάφος με τέσσερις διαφορετικές ταφές

από την Αθήνα. Παρουσιάζει πολλές ομοιότητες με ακόμη αρχαιότερα αγαλματίδια από την Ανατολία. Ανακαλύφθηκε σε μη στρωματογραφημένο χώρο της περιοχής του Ελευσινίου 56.

ΠΡΟΘΗΚΗ 81. ΚΕΡΑΜΙΚΗ ΑΠΟ ΠΗΓΑΔΙΑ ΥΣΤΕΡΗΣ ΝΕΟΛΙΘΙΚΗΣ–ΜΕΣΗΣ ΕΠΟΧΗΣ ΤΟΥ ΧΑΛΚΟΥ

Τα δύο αμφικωνικά, κοκκινωπά, στιλβωτά αγγεία, που βρίσκονται στο κάτω ράφι της προθήκης (P 14871, P 14872), συγκαταλέγονται στα πρωιμότερα ακέραια αγγεία που έχουν βρεθεί στην Αθήνα. Χρονολογούνται στα τέλη της Ύστερης Νεολιθικής εποχής (περ. 3000 π.Χ.) και προέρχονται από τις ανασκαφές σε 20 πρώιμα πηγάδια της βορειοδυτικής κλιτύος της Ακρόπολης (εικ. 57:3). Αρκετά *όστρακα* (θραύσματα αγγείων) με την ίδια προέλευση (αρ. 1–12) είναι τοποθετημένα στον τοίχο αντιπροσωπεύοντας ορισμένα από τα πλέον λεπτότεχνα προϊόντα της περιόδου: ερυθρά και μαύρα, στιλβωτά και εγχάρακτα, όλα από αγγεία χειροποίητα (δηλαδή όχι τροχήλατα).

Η Πρώιμη Εποχή του Χαλκού, η οποία για την ηπειρωτική Ελλάδα ορίζεται ως Πρωτοελλαδική (περ. 3000–2000 π.Χ.), αντιπροσωπεύεται από ελάχιστα ευρήματα στην Αρχαία Αγορά. Λίγα χαρακτηριστικά όστρακα εκτίθενται στον τοίχο (αρ. 13–17) και αποδεικνύουν ότι διατηρήθηκαν πολλές από τις τεχνικές της κεραμικής της Νεολιθικής εποχής: στίλβωση, εγχάραξη, κηλιδωτή διακόσμηση. Μεταξύ των καινοτομιών της περιόδου είναι και η χρήση μιας πολύ λεπτής, σκούρας βαφής ή αλειφώματος (Urfirnis) πάνω στην οποία ζωγραφίζονταν απλά γεωμετρικά σχέδια (αρ. 16, P 13957). Στα πιο χαρακτηριστικά σχήματα αγγείων της περιόδου ανήκει το ανοικτό αγγείο με χείλος που στρέφεται προς τα μέσα (πάνω αριστερά, αρ. 13, P 27031) και η *κύμβη* (σαλτσιέρα) που φέρει λευκό επίχρισμα (πάνω δεξιά, αρ. 17, P 14844).

Ο αριθμός των ευρημάτων της Μεσοελλαδικής εποχής (περ. 2000–1550 π.Χ.) είναι μεγαλύτερος. Και πάλι, τα περισσότερα προέρχονται από πηγάδια (εικ. 57:4) –πέντε από αυτά στη βορειοδυτική κλιτύ της Ακρόπολης. Όμως, οικιακές αποθέσεις της περιόδου έχουν αποκαλυφθεί και χαμηλά στις κλιτύες του Άρειου Πάγου και κάτω από τη Βασίλειο Στοά (26), ενώ όστρακα της ίδιας εποχής έχουν βρεθεί διάσπαρτα σε ολόκληρη την περιοχή. Τα όστρακα με αρ. 18–20 (στον τοίχο, κάτω σειρά) αποτελούν αντιπροσωπευτικά δείγματα της περιόδου: αμαυρόχρωμα (P 10743), γκρίζα μινύεια (P 9733) και στιλβωτά (P 10533).

ΠΡΟΘΗΚΗ 80. ΚΕΡΑΜΙΚΗ ΚΑΙ ΔΙΑΦΟΡΑ ΑΝΤΙΚΕΙΜΕΝΑ ΑΠΟ ΠΗΓΑΔΙΑ, ΠΡΩΙΜΗ ΚΑΙ ΜΕΣΗ ΕΠΟΧΗ ΤΟΥ ΧΑΛΚΟΥ

Και αυτή η προθήκη περιλαμβάνει υλικό από την Πρώιμη και Μέση Εποχή του Χαλκού (ύστερη 3η χιλιετία–1600 π.Χ.) με ακέραια αγγεία και μη κεραμικά αντικείμενα. Από την κεραμική της Μέσης Εποχής του Χαλκού ξεχωρίζει ο *δίωτος* (με δύο λαβές) μινύειος *κάνθαρος* (αγγείο πόσεως) που βρίσκεται στο πάνω ράφι της προθήκης (αρ. 7, P 13968), ίσως απομίμηση αργυρού αγγείου. Τα αμαυρόχρωμα αγγεία φέρουν σκουρόχρωμη διακόσμηση με απλά γεωμετρικά σχέδια πάνω σε ανοιχτόχρωμο βάθος· ενδιαφέρον παρουσιάζει το δίωτο αγγείο με προχοή που βρίσκεται επίσης στο πάνω ράφι της προθήκης (αρ. 4, P 10521). Στο κάτω ράφι, το *μόνωτο* (με μία λαβή) αγγείο με μακριά προχοή φέρει λευκή διακόσμηση πάνω στο ερυθρό χρώμα του πηλού (αρ. 2, P 10522). Επιρροές από τη μινωική Κρήτη διακρίνονται στο σχήμα των δύο αυτών αγγείων.

Στο κάτω ράφι εκτίθενται αντικείμενα καθημερινής χρήσης, όπως σφονδύλι για τη μετατροπή του μαλλιού σε νήμα (αρ. 6, MC 527), λίθινα εργαλεία, λεπίδες από πέτρα ή από οψιανό και ένα επεξεργασμένο και τρυπημένο τμήμα κέρατος με άγνωστη χρήση (αρ. 9, BI 409).

ΠΡΟΘΗΚΕΣ 79 ΚΑΙ 78. ΚΕΡΑΜΙΚΗ ΑΠΟ ΜΥΚΗΝΑΪΚΟΥΣ ΘΑΛΑΜΟΕΙΔΕΙΣ ΤΑΦΟΥΣ

Εικ. 59. Πάπια και ψάρια «κολυμπούν» στο εσωτερικό μυκηναϊκού αγγείου

Οι προθήκες 79 και 78 παρουσιάζουν αντιπροσωπευτικά δείγματα μυκηναϊκής κεραμικής (15ος–12ος αι. π.Χ.). Στην προθήκη 79, η δίωτη *κύλικα* (αγγείο πόσεως) στο πάνω ράφι αριστερά (αρ. 1, Ρ 21262) αποτελεί απομίμηση χρυσού αγγείου, τόσο λόγω σχήματος όσο και λόγω χρώματος. Οι δύο μεγάλες ραμφόστομες *πρόχοι* (κανάτες) με τις ταινιωτές λαβές (κάτω αριστερά, αρ. 1 και 2, Ρ 23578, Ρ 23587) φανερώνουν επίσης την επιρροή της μεταλλοτεχνίας και εν προκειμένω της χαλκοτεχνίας. Στο κέντρο του πάνω ραφιού, υπάρχει μία τρίτη, παρόμοια, *πρόχους*: ο καλλιτέχνης που απεικόνισε το χταπόδι εκμεταλλεύθηκε στο έπακρο τις διακοσμητικές δυνατότητες του θεματός του (αρ. 3, Ρ 21246). Δίπλα, ο δίωτος *κάλαθος* (ανοιχτό αγγείο), με ψάρια και πάπια να κολυμπούν στο εσωτερικό του (αρ. 4, Ρ 21200, εικ. 59), και το μεγάλο μόνωτο αγγείο πόσεως (αρ. 5, Ρ 19211) φαίνονται –από το παχύ τοίχωμα και την αδρή τεχνοτροπία τους– ότι ανήκουν στα έργα της Ύστερης Μυκηναϊκής εποχής (Υστεροελλαδική ΙΙΙΓ).

Στην προθήκη 78 ο *κρατήρας* (μεγάλο αγγείο για την ανάμειξη οίνου και νερού) που ακουμπά πάνω σε τμήμα του αρχαίου τοίχου της Στοάς (αρ. 1, Ρ 21564: περ. 1375–1350 π.Χ.) φέρει ασυνήθιστο διάκοσμο: στο κέντρο του είναι ζωγραφισμένος βωμός με κέρατα, πάνω στον οποίο βρισκόταν διπλός πέλεκυς. Στο μπροστινό ράφι υπάρχουν αρκετά μικρότερα αγγεία με σχήμα και διακόσμηση συνηθισμένα για την περίοδο, μεταξύ άλλων μία κύλικα με διακόσμηση χταποδιού (αρ. 1, Ρ 21591, βλ. σελ. 8, εικ. κάτω αριστερά).

ΠΡΟΘΗΚΗ 1. ΜΙΚΡΟΓΡΑΦΙΚΑ ΑΓΓΕΙΑ ΚΑΙ ΕΙΔΩΛΙΑ ΑΠΟ ΠΑΙΔΙΚΕΣ ΤΑΦΕΣ ΜΥΚΗΝΑΪΚΗΣ ΕΠΟΧΗΣ

Στο πίσω μέρος της κεντρικής προθήκης περιέχονται χαρακτηριστικά κτερίσματα από παιδικούς τάφους (14ος–13ος αι. π.Χ.). Τα έξι αγγεία είναι μικρογραφικά και περιλαμβάνουν ένα θήλαστρο (αρ. 3, Ρ 23726) και ένα απιόσχημο ρυτό (αρ. 1, Ρ 23696). Τα πήλινα ειδώλια (αρ. 4–6) τύπου Φ και Ψ τοποθετούνταν πολύ συχνά σε τάφους παιδιών, ως παιχνίδια ή ως συμβολικές τροφοί για τον άλλο κόσμο.

ΠΡΟΘΗΚΕΣ 7–9. ΚΤΕΡΙΣΜΑΤΑ ΜΥΚΗΝΑΪΚΟΥ ΘΑΛΑΜΟΕΙΔΟΥΣ ΤΑΦΟΥ ΕΥΠΟΡΗΣ ΑΘΗΝΑΙΑΣ

Επιστρέψτε στην αρχή της έκθεσης και προχωρήστε κατά μήκος του δεξιού τοίχου. Οι τρεις πρώτες προθήκες περιλαμβάνουν ευρήματα ενός άλλου θαλαμοειδούς τάφου που ανακαλύφθηκε στον Άρειο Πάγο (εικ. 57:6, Υστεροελλαδική ΙΙΙΑ, περ. 1400 π.Χ. Βλ. επίσης *Οδηγός της Αρχαίας Αγοράς της Αθήνας*, σελ. 149).

Στην προθήκη 8 εκτίθεται αναπαράσταση του ορθογώνιου ταφικού θαλάμου με θρανία δεξιά και αριστερά για την τοποθέτηση των *κτερισμάτων* (προσφορών). Στη μία γωνία βρίσκεται ο ταφικός λάκκος με τη λίθινη πλάκα που τον κάλυπτε. Η είσοδος είχε χτιστεί μετά τον ενταφιασμό και αποκαλύφθηκε στην κατάσταση που παρουσιάζεται. Ο λάκκος, όμως, είχε ανοιχτεί και η σορός είχε αφαιρεθεί, πιθανότατα μετά την κατάρρευση της οροφής. Τα κτερίσματα συνίσταντο σε οκτώ αγγεία διάφορων σχημάτων, αρκετά ελεφαντοστέινα κοσμήματα για τα μαλλιά, ένα χάλκινο *κάτοπτρο* (καθρέφτης), έναν χάλκινο *λύχνο* με μακριά λαβή και δύο ελεφαντοστέινες κοσμηματοθήκες. Στο δάπεδο του τάφου και στον λάκκο βρέθηκαν, επίσης, λεπτά χρυσά ελάσματα σε διάφορα σχήματα, όλα τρυπημένα ώστε να μπορούν να ραφτούν πάνω στο σάβανο.

Αξιόλογα ευρήματα αποτελούν οι δύο ελεφαντοστέινες *πυξίδες* (αγγεία φύλαξης κοσμημάτων ή καλλυντικών) με πλούσιο ανάγλυφο (προθήκη 9, πάνω ράφι). Στο τοίχωμα και στο πώμα της μεγαλύτερης πυξίδας (αρ. 3, BI 511) γρύπες επιτίθενται σε ελάφια (εικ. 60), ενώ η μικρότερη πυξίδα (αρ. 2, BI 513) είναι διακοσμημένη με ναυτίλους. Οι δύο αυτές πυξίδες συνιστούν εξαιρετικά δείγματα της μυκηναϊκής γλυπτικής σε ελεφαντοστό. Εισαγωγές ελεφαντοστού γίνονταν από την Αίγυπτο ή τη Συρία.

Απόδειξη για τη διενέργεια εμπορικών συναλλαγών με άλλες περιοχές αποτελεί ο μεγάλος οξυπύθμενος αμφορέας από χονδρό κοκκινωπό πηλό που βρέθηκε στον τάφο και εκτίθεται στην προθήκη 7 (αρ. 2, P 15358). Γνωρίζουμε ότι αυτός ο τύπος αμφορέα κατασκευαζόταν στη Χαναάν και εξαγόταν ευρέως στην Ανατολική Μεσόγειο. Πιθανόν να περιείχε προϊόν από τη χώρα προέλευσής του, όπως θυμίαμα, μύρο ή μπαχαρικά.

Ως ο μεγαλύτερος και ο πιο πλούσια κτερισμένος τάφος της Μυκηναϊκής περιόδου που έχει ανακαλυφθεί στην Αθήνα, ο θαλαμοειδής τάφος του Άρειου Πάγου πρέπει να αποδοθεί σε μία από τις σημαντικότερες αθηναϊκές οικογένειες της εποχής.

Γενικά: T. L. Shear, *Hesperia* 9 (1940), σελ. 274–291· *Agora* XIII (1971), σελ. 158–169.
Αμφορέας από τη Χαναάν: V. R. Grace στο *The Aegean and the Near East* (Locust Valley, Νέα Υόρκη, 1956), σελ. 80–109.

Εικ. 60. Ελεφαντοστέινη πυξίδα με γρύπες που επιτίθενται σε ελάφια, τέλος 15ου αι. π.Χ., φωτογραφία και υδατογραφία

ΠΡΟΘΗΚΕΣ 10 ΚΑΙ 11. ΚΤΕΡΙΣΜΑΤΑ ΑΠΟ ΑΛΛΟΥΣ ΜΥΚΗΝΑΪΚΟΥΣ ΤΑΦΟΥΣ

Στο πάνω ράφι της προθήκης 10 βρίσκονται κεραμικά κτερίσματα από λακκοειδή τάφο μικρού κοριτσιού της Υστεροελλαδικής ΙΙΒ περιόδου (περ. 1400 π.Χ.), ο οποίος αποκαλύφθηκε δυτικά της Στοάς του Αττάλου (εικ. 57:2). Τα περισσότερα αγγεία είναι και εδώ μικρών διαστάσεων, ταιριάζοντας με την τρυφερή ηλικία της νεκρής. Ιδιαίτερα όμορφη είναι η διακοσμημένη με κρίνους τρίωτη *λεκάνη*, στη δεξιά πλευρά του ραφιού (αρ. 10, P 21300).

Το κάτω ράφι της προθήκης 10 και ολόκληρη η προθήκη 11 περιλαμβάνουν τα κτερίσματα θαλαμοειδούς τάφου στον Άρειο Πάγο (εικ. 57:5). Τρεις ταφές έλαβαν διαδοχικά χώρα σε αυτόν, σε σύντομο χρονικό διάστημα κατά την Υστεροελλαδική ΙΙΙΑ περίοδο (α′ μισό του 14ου αι. π.Χ.). Η τελευταία ταφή ήταν νεαρού άνδρα. Σε βαμμένο μπλε τραπέζι δίπλα του ήταν τοποθετημένο το ξίφος του (προθήκη 11 κάτω, αρ. 4, B 778), ένα εγχειρίδιο (αρ. 2, B 781) και ένα *ξυράφι* (αρ. 3, B 782), όλα χάλκινα. Το ξίφος αποτελεί αντιπροσωπευτικό δείγμα του εξελιγμένου μυκηναϊκού τύπου. Η μακριά στενή λεπίδα του είναι ενισχυμένη με έντονη νεύρωση στο κέντρο, από το άκρο έως τη λαβή, και οι ώμοι της έχουν κερατοειδείς απολήξεις. Η ίδια η (ξύλινη) λαβή έχει καταστραφεί και σώζονται μόνο οι χρυσές κεφαλές των καρφιών που τη συγκρατούσαν (αρ. 10, B 779). Στο δάπεδο του τάφου βρέθηκαν επίσης χάνδρες από στεατίτη και χρυσοί ρόδακες, τρυπημένοι για να ραφτούν στα ρούχα. Στα ακόσμητα αγγεία του πάνω ραφιού της προθήκης 11 (αρ. 1–3) υπάρχουν ίχνη επικασσιτέρωσης: επειδή προορίζονταν για ταφικά κτερίσματα, είχαν υποστεί την απαραίτητη επεξεργασία ώστε να μοιάζουν με αργυρά.

ΠΡΟΘΗΚΗ 12. ΕΥΡΗΜΑΤΑ ΜΥΚΗΝΑΪΚΗΣ ΕΠΟΧΗΣ

Στο μπροστινό τμήμα της προθήκης είναι τοποθετημένα κοσμήματα της Υστεροελλαδικής ΙΙΙΑ περιόδου (14ος αι. π.Χ.). Βρέθηκαν σε διαταραγμένο θαλαμοειδή τάφο στα νότια του Ναού του Άρεως 38 (εικ. 57:1). Στο χρυσό δαχτυλίδι (αρ. 2, J 5) απεικονίζεται ανδρική μορφή, που κρατά ραβδί και οδηγεί βιαστικά προς τα δεξιά δύο γυναίκες με μακριά ενδύματα (εικ. 61). Στο πεδίο πάνω διακρίνεται μικρή ιπτάμενη μορφή και στην αριστερή πλευρά του δαχτυλιδιού ένα αντικείμενο που μοιάζει με κίονα. Μέχρι σήμερα δεν έχει προταθεί καμία πειστική ερμηνεία για τη γεμάτη ζωντάνια σκηνή.

Εικ. 61. Μυκηναϊκό δαχτυλίδι

Πίσω βρίσκεται το μοναδικό αντικείμενο που δεν προέρχεται από τάφο: ένας υστερομυκηναϊκός αμφορέας (AP 2577: περ. 1200 π.Χ.) από την υπόγεια κρήνη της βόρειας κλιτύος της Ακρόπολης. Το σχέδιο που είναι τοποθετημένο στον τοίχο, απεικονίζει τη θέση της κρήνης στην κλιτύ.

ΤΑΦΕΣ

Τα περισσότερα ευρήματα που αντιπροσωπεύουν την πρώιμη ιστορία της Αρχαίας Αγοράς προέρχονται από τάφους. Ίσως προκαλεί έκπληξη το γεγονός ότι υπήρχαν τάφοι σε αυτό το σημείο της Αθήνας· σε μεταγενέστερες περιόδους οι ταφές λάμβαναν χώρα έξω από τα τείχη της πόλης, και η Αγορά αποτελούσε το διοικητικό και εμπορικό κέντρο της. Η χρονολόγηση των ταφών ταιριάζει με τη δήλωση του Θουκυδίδη ότι η πρώτη κατοίκηση της Αθήνας επικεντρώθηκε στην Ακρόπολη και στα νότια του ιερού λόφου (2.15.3). Όταν η Αρχαία Αγορά ορίστηκε πλέον ως δημόσιος χώρος, όπου κατασκευάζονταν νέα κτήρια, ορισμένοι πρώιμοι τάφοι διαταράχθηκαν. Για παράδειγμα, κατά την Κλασική εποχή, εργάτες που ανακάλυψαν μυκηναϊκό θαλαμοειδή τάφο στο σημείο όπου βρίσκεται ο Ναός του Άρεως 38 τοποθέτησαν εκεί ληκύθους, ζητώντας συγχώρεση για την παραβίασή του. Άλλοι τάφοι ενσωματώθηκαν στο νέο αστικό τοπίο. Ένα μικρό κοιμητήριο νότια της Θόλου 6 μετατράπηκε σε ηρώο (ιερό αφιερωμένο σε ήρωες), όπου, πιθανόν, κάτοικοι της περιοχής τιμούσαν τους προγόνους τους.

Οι τάφοι της Αγοράς αποκαλύπτουν, επίσης, πώς οι αλλαγές στις κοινωνικές συμβάσεις επηρέαζαν τον τρόπο ταφής. Κατά την Ύστερη Εποχή του Χαλκού υπήρχε η τάση για ενταφιασμό σε «κοινόχρηστους» τάφους· αυτό συνέβαινε συχνά με τους θαλαμοειδείς τάφους, που διέθεταν είσοδο (δρόμο) που μπορούσε να

Εικ. 62. Γεωμετρικός αμφορέας με παράσταση πρόθεσης νεκρού και αρματοδρομίας, περ. 725–700 π.Χ. (υδατογραφία)

επαναχρησιμοποιηθεί. Αντίθετα, κατά την Εποχή του Σιδήρου κυριάρχησε η καύση των νεκρών. Η προετοιμασία της νεκρικής πυράς για την καύση του φίλου του Αχιλλέα, Πάτροκλου, η θυσία ζώων που τη συνόδευσε και οι επιτύμβιοι αγώνες προς τιμήν του περιγράφονται εύγλωττα στη ραψωδία Ψ της *Ιλιάδας* (ο αμφορέας P 4990, εικ. 62, απεικονίζει τέτοια κηδεία). Η ηλικία ή το φύλο του νεκρού λαμβανόταν επίσης υπόψη, όπως υποδηλώνει ο εγχυτρισμός (ταφή σε πίθο) βρέφους της προθήκης 72 (σελ. 123).

Εικ. 63. Σχεδιαστική ανασύνθεση του προσώπου εύπορης Αθηναίας να φορά τα χρυσά σκουλαρίκια που βρέθηκαν στον τάφο της.

Ποικίλα κτερίσματα (δώρα) θάβονταν μαζί με τον νεκρό. Πολλά από τα αγγεία περιείχαν προσφορές λαδιού, νερού ή φαγητού, ενώ συνηθίζονταν και τα προσωπικά αντικείμενα. Στις καύσεις, τα εξαρτήματα του νεκρού –όπως τα κοσμήματα της εύπορης Αθηναίας (βλ. προθήκες 16–17, σελ. 114–116)– αφαιρούνταν πριν από την καύση κι έπειτα τοποθετούνταν μαζί με τις στάχτες. Δεδομένου ότι τα ταφικά έθιμα τελούνταν από τους συγγενείς του νεκρού, οι επιλογές των τελευταίων εξέφραζαν και ζητήματα στα οποία οι ίδιοι έδιναν σημασία: για παράδειγμα, τα άλογα στο πάνω μέρος πολλών πυξίδων φανέρωναν σε όσους παρίσταντο στην κηδεία τον πλούτο και την κοινωνική θέση του νεκρού και της οικογένειάς του (π.χ. προθήκη 2, σελ. 117).

Το σκελετικό υλικό είναι επίσης διαφωτιστικό. Οστά ζώων αποκαλύπτουν ότι ορισμένες φορές διοργανώνονταν ομαδικά γεύματα κοντά στον τάφο ή προσφέρονταν θυσίες ζώων. Χάρη στην εξέταση των ανθρώπινων οστών συλλέγονται πληροφορίες τόσο για το ίδιο το άτομο (διατροφή, υγεία, ηλικία, αιτία θανάτου) όσο και για τον πληθυσμό της περιόδου (δημογραφία, μετανάστευση, γενετική). Στην περίπτωση της εύπορης γυναίκας της Γεωμετρικής εποχής πραγματοποιήθηκε και σχεδιαστική ανασύνθεση του προσώπου της (εικ. 63).

E. D. Townsend, *Hesperia* 24 (1955), σελ. 187–219· *AgPicBk* 13 (1973)· *Hesperia* Suppl. 43 (2009).

ΠΡΩΙΜΗ ΕΠΟΧΗ ΤΟΥ ΣΙΔΗΡΟΥ (περ. 1100–700 π.Χ.)

Μετά την κατάρρευση του ανακτορικού συστήματος της Εποχής του Χαλκού, η Αθήνα και η υπόλοιπη Ελλάδα παρήκμασαν. Η νέα εποχή σημαδεύτηκε από τη διαδεδομένη πλέον χρήση ενός νέου υλικού: του σιδήρου. Τα ευρήματα για τη μελέτη αυτής της περιόδου προέρχονται κυρίως από τάφους, αλλά σε αυτά προστίθενται όλο και περισσότερα αντικείμενα καθημερινής χρήσης από πηγάδια (εικ. 64). Τα περισσότερα ευρήματα της Γεωμετρικής εποχής είναι κεραμικά.

Προς τα τέλη της Εποχής του Χαλκού (12ος–αρχές 11ου αι. π.Χ), η τέχνη του αγγειοπλάστη άρχισε να υποβαθμίζεται: ο πηλός έγινε χονδροειδής, τα σχήματα χωρίς ζωντάνια, ο διάκοσμος περιοριζόταν στα απλούστερα γραμμικά μοτίβα. Στο β′ μισό του 11ου αιώνα π.Χ., όμως, ξεκίνησε μία αναγέννηση: οι αγγειοπλάστες κατέβαλαν μεγαλύτερη προσπάθεια για την προετοιμασία του πηλού και των επιχρισμάτων του, έδωσαν νέα πνοή σε παραδοσιακά σχήματα, επινόησαν άλλα, νέα, σχήματα και πέτυχαν πιο ξεκάθαρα περιγράμματα και καλύτερες αναλογίες. Εφευρέθηκε το περιστρεφόμενο γύρω από άξονα πολλαπλό πινέλο για τον σχεδιασμό ομόκεντρων κύκλων και ημικυκλίων, που έως τότε ζωγραφίζονταν με το χέρι. Δημιουργήθηκαν επίσης νέα διακοσμητικά μοτίβα, όπως σκακιέρα, γραμμική σκίαση, γραμμές ζικ-ζακ και δέσμες επάλληλων ταινιών. Η πρώτη φάση αυτής της εποχής (περ. 1050–900 π.Χ.) είναι γνωστή ως Πρωτογεωμετρική περίοδος, λόγω της έναρξης χρήσης γεωμετρικών σχημάτων.

Την αυξανόμενη προτίμηση για τα γεωμετρικά σχέδια σηματοδοτεί, γύρω στο 900 π.Χ., η εισαγωγή του μαιάνδρου και της σβάστικας. Τα γεωμετρικά μοτίβα παρέμειναν δημοφιλή κατά τους επόμενους δύο αιώνες. Με το πέρασμα του χρόνου τα σχέδια έγιναν πιο περίτεχνα και, σταδιακά, διαμορφώθηκε ένα «συντακτικό» διακόσμησης, βασισμένο στη λογική. Είναι εμφανές ότι οι αγγειογράφοι δανείστηκαν τόσο τα μεμονωμένα μοτίβα, όσο και τους συνδυασμούς τους, από τους καλαθοποιούς. Από την καλαθοπλεκτική προέρχονται επίσης ορισμένα από τα συνηθέστερα σχήματα αγγείων της περιόδου, όπως η οξυπύθμενη και η επίπεδη πυξίδα και το ημισφαιρικό κύπελλο. Ζώα και πτηνά με γεωμετρική μορφή εισάγονται, περιστασιακά, στη διακόσμηση. Ταφικές τελετές αρχίζουν να εμφανίζονται πάνω σε επιτύμβια αγγεία. Σποραδικά απεικονίζονται επίσης μάχες και ναυμαχίες. Τέλος, αναπαριστάνονται, με τρόπο αναγνωρίσιμο, συγκεκριμένα μυθολογικά επεισόδια. Έτσι, ξεκινά η ανθρωποκεντρική και η αφηγηματική τάση που θα χαρακτήριζαν την ελληνική τέχνη κατά την Κλασική εποχή. Όλες οι παραπάνω αλλαγές συνέβησαν κατά τη λεγόμενη Γεωμετρική εποχή (9ος και 8ος αι. π.Χ.).

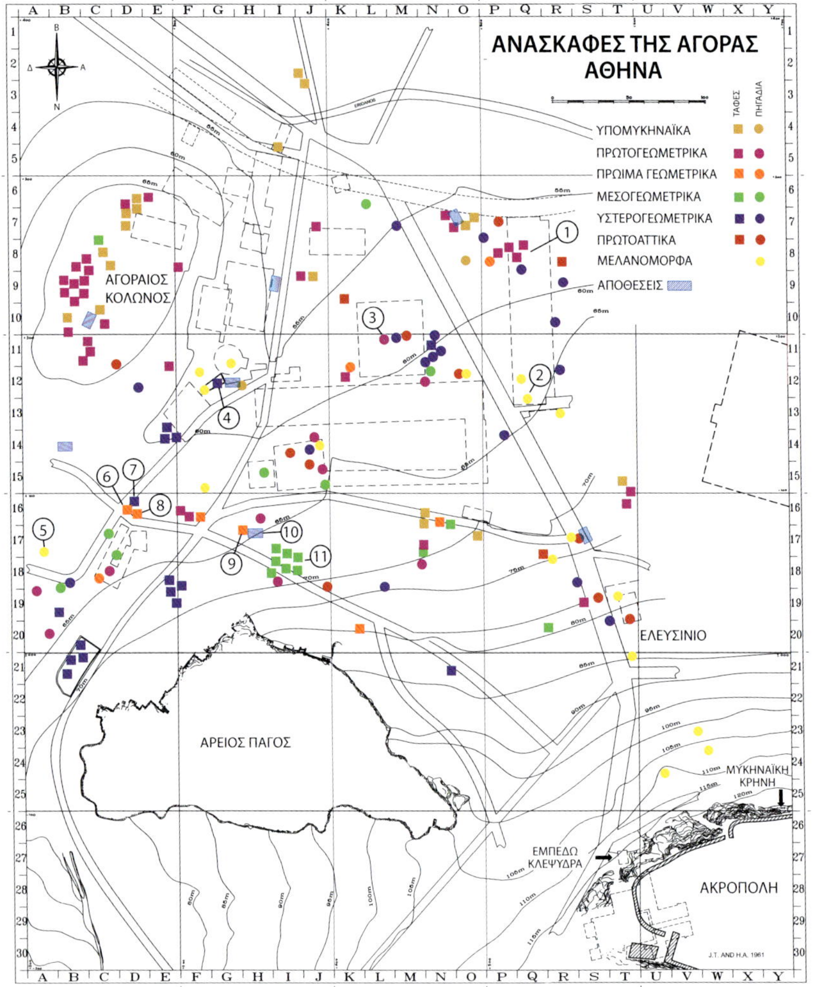

Εικ. 64. Κάτοψη της Αγοράς. Διακρίνονται πηγάδια και τάφοι της Εποχής του Σιδήρου και της Πρώιμης Αρχαϊκής εποχής (περ. 1100–600 π.Χ.).

Hesperia Suppl. 2 (1939)· *Agora* VIII (1962, ανατ. 1971)· *Agora* XIV (1972), σελ. 10–18· *AgPicBk* 13 (1973)· J. K. Papadopoulos στο *The Art of Antiquity* (2007), σελ. 94–128.

Συνεχίστε κατά μήκος του δεξιού τοίχου της αίθουσας, όπου αρκετές προθήκες παρουσιάζουν, με χρονολογική σειρά, καλά διατηρημένα και αντιπροσωπευτικά δείγματα της κεραμικής και των ταφικών πρακτικών της περιόδου.

ΠΡΟΘΗΚΗ 13. ΠΡΩΤΟΓΕΩΜΕΤΡΙΚΗ ΤΑΦΗ ΚΟΡΙΤΣΙΟΥ

Η προθήκη περιλαμβάνει τάφο κοριτσιού (περ. 1000 π.Χ.), ο οποίος αποκαλύφθηκε κάτω από το βόρειο άκρο της Στοάς του Αττάλου 44 (εικ. 64:1). Η σορός τοποθετήθηκε σε ύπτια θέση, σε λάκκο επενδυμένο με λίθινες πλάκες. Μαζί της βρέθηκαν μακριές χάλκινες περόνες για να συγκρατείται το ρούχο στους ώμους, ένα χάλκινο βραχιόλι σε κάθε καρπό και ένα χάλκινο δαχτυλίδι στο αριστερό χέρι. Τα αγγεία, τέσσερα *ληκύθια* και μία *οινοχόη*, φέρουν πρωτογεωμετρικό διάκοσμο και έχουν μικρό μέγεθος, σύμφωνα με την ηλικία του κοριτσιού.

H. A. Thompson, *Hesperia* 23 (1954), σελ. 58· *AgPicBk* 13 (1973), εικ. 35.

ΠΡΟΘΗΚΕΣ 14 ΚΑΙ 15. ΕΥΡΗΜΑΤΑ ΠΡΩΙΜΗΣ ΓΕΩΜΕΤΡΙΚΗΣ ΤΑΦΗΣ ΜΕ ΚΑΥΣΗ ΠΟΛΕΜΙΣΤΗ-ΤΕΧΝΙΤΗ

Τα ευρήματα στις προθήκες 14 και 15 σχετίζονται με την κοινή πρακτική ταφής ενηλίκου κατά την Πρωτογεωμετρική και την Πρώιμη Γεωμετρική περίοδο. Η σορός καιγόταν στη νεκρική πυρά μαζί με αγγεία για στερεές και υγρές προσφορές. Η στάχτη συλλεγόταν σε τεφροδόχο και το αγγείο τοποθετούνταν σε μικρό λάκκο. Άλλα κτερίσματα σωρεύονταν μέσα και γύρω από την τεφροδόχο –στη συγκεκριμένη περίπτωση, σιδερένια εργαλεία και όπλα, καθώς και πήλινα αγγεία. Τέλος, ένας σωρός χώματος (*τύμβος*) κάλυπτε τον χώρο της ταφής για τη σήμανση και την προστασία του.

Η ταφή αυτή (περ. 900 π.Χ.) ανακαλύφθηκε στις βορειοδυτικές παρυφές του Άρειου Πάγου (εικ. 64:8, 65). Ανάμεσα στα κατάλοιπα της νεκρικής πυράς βρέθηκαν και απανθρακωμένα σύκα και σταφύλια. Ένα μακρύ ξίφος, λυγισμένο, τοποθετήθηκε σαν στεφάνι πάνω στην τεφροδόχο· δίπλα της βρίσκονταν δύο αιχμές δόρατος διαφορετικού μεγέθους, δύο μικρά μαχαίρια, μία λεπτή σμίλη, ένας πέλεκυς μαζί με ακονόπετρα και δύο ζεύγη επιστομίων

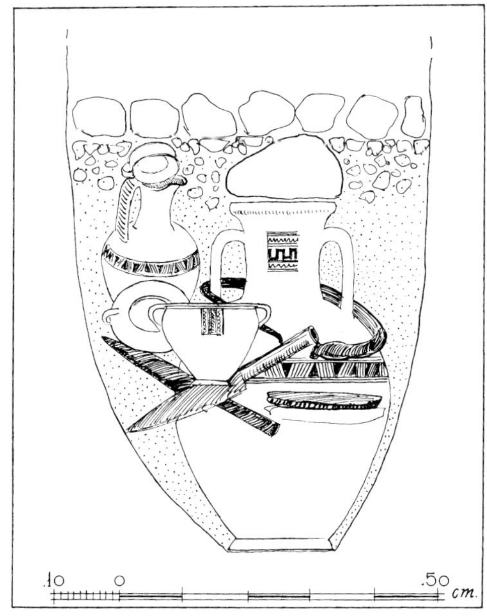

Εικ. 65. Ταφή με καύση πολεμιστή, περ. 900 π.Χ.

ίππου. Τα επιστόμια ίππου, εξαιρετικά σπάνια στον ελλαδικό χώρο, βρίσκουν τα πλησιέστερα παράλληλά τους στην Κεντρική Ευρώπη.

C. W. Blegen, *Hesperia* 21 (1952), σελ. 279–294· *AgPicBk* 13 (1973), εικ. 38, 39· J. McK. Camp II, *The Athenian Agora* (Λονδίνο, 1986), σελ. 31–32· *AgPicBk* 24 (1998), σελ. 10–11.

ΠΡΟΘΗΚΕΣ 16 ΚΑΙ 17. ΕΥΡΗΜΑΤΑ ΠΡΩΙΜΗΣ ΓΕΩΜΕΤΡΙΚΗΣ ΤΑΦΗΣ ΜΕ ΚΑΥΣΗ ΕΥΠΟΡΗΣ ΕΓΚΥΟΥ ΓΥΝΑΙΚΑΣ

Όλο το υλικό σε αυτές τις προθήκες προέρχεται από τον τάφο εύπορης γυναίκας, που πέθανε σε ηλικία 30 ετών, στα μέσα του 9ου αιώνα π.Χ. (εικ. 63). Ο τάφος ανασκάφηκε το 1967 στις βορειοδυτικές υπώρειες του Άρειου Πάγου (εικ. 64:9, 66, βλ. επίσης *Οδηγός της Αρχαίας Αγοράς της Αθήνας*, σελ. 149). Ο πρώιμος γεωμετρικός αμφορέας στην προθήκη 17 περιείχε τις στάχτες της γυναίκας και του αγέννητου παιδιού της, των οποίων η καύση είχε γίνει στο σημείο όπου θάφτηκαν. Τα πολυτιμότερα κοσμήματα της νεκρής ήταν, επίσης, τοποθετημένα μέσα στον αμφορέα και είχαν παραμείνει ανέγγιχτα από τη φωτιά. Ο αμφορέας είχε κλεισμένο το στόμιό του με μικρότερο αγγείο και τοποθετήθηκε σε λάκκο σκαμμένο στον βράχο. Γύρω από τους ώμους του αμφορέα βρίσκονταν άλλα αγγεία, σχεδόν αχρησιμοποίητα. Ο λάκκος ήταν κλεισμένος με μεγάλη πλίνθο. Στις στάχτες γύρω από τον λάκκο βρέθηκαν πολλά σπασμένα αγγεία, καθώς και πήλινες χάνδρες που είχαν ριχτεί στη νεκρική πυρά. Οστά ζώων είχαν επίσης συγκεντρωθεί και τοποθετηθεί μαζί με τις σορούς, υποδεικνύοντας ότι μετά την ταφή παρατέθηκε μεγάλο γεύμα.

Ο αμφορέας μεσαίου μεγέθους στο κάτω ράφι της προθήκης 16, που ανακαλύφθηκε με μικρότερο αγγείο στο στόμιό του (βλ. σχέδιο στον τοίχο της προθήκης), βρέθηκε κοντά στην τεφροδόχο. Αξιοσημείωτη είναι η περίτεχνη γεωμετρική διακόσμηση στα μικρότερα αγγεία, ενώ ενδιαφέρον παρουσιάζει και ο μικρός διάτρητος *κάλαθος* που αποτελεί μικρογραφία καλαθιού για μαλλί. Ωστόσο, το πιο αξιόλογο εύρημα είναι η πήλινη πυξίδα με πέντε ομοιώματα σιταποθηκών στο πάνω μέρος της, το καθένα από τα οποία φέρει άνοιγμα στην κορυφή του και ζεύγος οπών στη βάση, ενδεχομένως για να συγκρατείται μικρή ξύλινη σκάλα (εικ. 67). Το συμβολικό αυτό αντικείμενο εκφράζει την αφθονία τροφής και οικιακών αγαθών σε αυτόν αλλά και στον άλλο κόσμο.

Τα κοσμήματα είναι επίσης σημαντικά για την εποχή τους, τόσο σε ποιότητα όσο και σε ποσότητα. Οι μεγάλες πήλινες χάνδρες, πιθανότατα σχεδιασμένες για ταφική χρήση, έχουν καεί, ενώ τα κοσμήματα που δεν άγγιξε η φωτιά και βρέθηκαν στην τεφροδόχο συνίστανται σε τέσσερις μεγάλες χάλκινες περόνες, δύο χάλκινες πόρπες και ένα χάλκινο

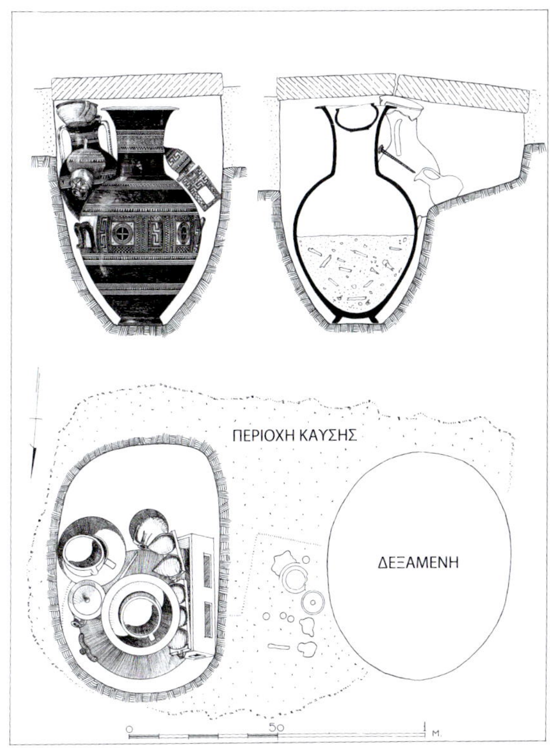

Εικ. 66. Ταφή με καύση εύπορης Αθηναίας, περ. 850 π.Χ.

Εικ. 67. Πυξίδα με ομοιώματα σιταποθηκών στο σκέπασμα, περ. 850 π.Χ.

Εικ. 68. Χρυσό σκουλαρίκι, περ. 850 π.Χ. (μπροστινή και πίσω πλευρά)

δαχτυλίδι (δεν εκτίθενται). Επιπλέον, η τεφροδόχος περιείχε περιδέραιο με χάνδρες από υαλόμαζα και φαγεντιανή, καθώς και χρυσά κοσμήματα: τρία λεπτά δαχτυλίδια, τρία φαρδιά δαχτυλίδια με γεωμετρικό διάκοσμο και ένα ζευγάρι μεγάλα *ενώτια* (σκουλαρίκια), διακοσμημένα με συρματερή και κοκκιδωτή τεχνική, που αποτελούνται από τραπεζιόσχημη πλάκα και από τρία μικροσκοπικά περίαπτα σε σχήμα ροδιού (εικ. 63, 68).

Ιδιαίτερο ενδιαφέρον παρουσιάζει και η μικρή ελεφαντοστέινη πυραμιδοειδής σφραγίδα (αρ. 21), χαρακτηριστικό της γυναίκας που ήταν υπεύθυνη για τη διαχείριση του οίκου.

E. L. Smithson, *Hesperia* 37 (1968), σελ. 77–116· *AgPicBk* 13 (1973), εικ. 40–49· J. McK. Camp II, *The Athenian Agora* (Λονδίνο, 1986), σελ. 30–31· A. Cherici, *RendLinc* 44 (1989), σελ. 215–230· J. N. Coldstream, *Hesperia* 64 (1995), σελ. 391–403· *Hesperia* Suppl. 33 (2004), σελ. 225–242· M. A. Liston and J. K. Papadopoulos, *Hesperia* 73 (2004), σελ. 7–38.

ΠΡΟΘΗΚΕΣ 18 ΚΑΙ 19. ΚΕΡΑΜΙΚΗ ΑΠΟ ΠΡΩΤΟΓΕΩΜΕΤΡΙΚΕΣ ΤΑΦΕΣ

Οι προθήκες 18 και 19 περιλαμβάνουν χαρακτηριστικά αντικείμενα από ταφές του 10ου αιώνα π.Χ.: μεγάλα αγγεία (αμφορείς και *υδρίες*), όπου φυλάσσονταν οι στάχτες της σορού, και κτερίσματα, όπως οινοχόες, *σκύφοι* (αγγεία πόσεως) και λήκυθοι, τα οποία χρησιμοποιούσε ο νεκρός όταν ζούσε και που θα τα χρειαζόταν στο ταξίδι του για τον άλλο κόσμο. Σημαντικό εύρημα αποτελεί και το θήλαστρο με προχοή (προθήκη 19, πάνω ράφι, αρ. 4, P 6836).

ΠΡΟΘΗΚΗ 20. ΚΤΕΡΙΣΜΑΤΑ ΠΡΩΙΜΗΣ ΓΕΩΜΕΤΡΙΚΗΣ ΤΑΦΗΣ ΜΕ ΚΑΥΣΗ ΓΥΝΑΙΚΑΣ

Σε αυτή την προθήκη παρουσιάζονται τα κτερίσματα από ταφή γυναίκας που χρονολογείται περίπου στο 900 π.Χ. και αποκαλύφθηκε στις βορειοδυτικές υπώρειες του Άρειου Πάγου (εικ. 64:6). Οι προμήθειες που της εξασφάλισε η οικογένειά της για το ταξίδι στον άλλο κόσμο ήταν γενναιόδωρες: οκτώ αγγεία διάφορων σχημάτων, ένα πήλινο σφονδύλι, σκουλαρίκια πιθανότατα από *ήλεκτρο* (κράμα χρυσού και αργύρου) και δύο ζευγάρια μικρογραφικές μπότες από πηλό.

R. S. Young, *Hesperia* 19 (1949), σελ. 275–297.

ΠΡΟΘΗΚΕΣ 21 ΚΑΙ 22. ΚΤΕΡΙΣΜΑΤΑ ΑΠΟ ΥΣΤΕΡΟΓΕΩΜΕΤΡΙΚΗ ΤΑΦΗ ΓΥΝΑΙΚΑΣ

Αυτές οι προθήκες περιλαμβάνουν τα ευρήματα πλούσια κτερισμένου τάφου ενός ενηλίκου της Ύστερης Γεωμετρικής εποχής. Ο ενταφιασμός έλαβε χώρα στα μέσα του 8ου αιώνα π.Χ. σε οικογενειακό νεκροταφείο νότια της Θόλου ⑥ (εικ. 64:4). Την περίοδο που μεσολάβησε ανάμεσα στην καύση της προθήκης 20 και στον ενταφιασμό της προθήκης 21, η πρακτική της καύσης εγκαταλείφθηκε. Σε ταφές ενηλίκων, οι σοροί τοποθετούνται πλέον σε λάκκο λαξευμένο στο βράχο. Τα κτερίσματα σωρεύονταν πάνω ή δίπλα στη σορό κι έπειτα ο τάφος καλυπτόταν με ακατέργαστες πλάκες (στην πίσω πλευρά της προθήκης 22 υπάρχει σχέδιο με τα κτερίσματα του τάφου).

Ανάμεσα στα κτερίσματα ξεχωρίζουν επίπεδες πήλινες πυξίδες, πιθανόν επηρεασμένες από την καλαθοπλεκτική: οι λαβές τους είναι κομβιόσχημες ή, σπανιότερα, έχουν τη μορφή αλόγων, τα οποία εδώ λειτουργούν, πιθανόν, ως σύμβολα αριστοκρατικής καταγωγής στη ζωή και αφηρωισμού μετά θάνατον. Οι πυξίδες χρησιμοποιούνταν μόνο στους τάφους. Πιθανότατα περιείχαν προσφορές τροφής, συμπληρώνοντας τις προσφορές υγρών που αποδεικνύουν οι οινοχόες και τα αγγεία πόσεως, τα οποία, επίσης, ανακαλύπτονται σε τάφους της περιόδου.

Hesperia Suppl. 2 (1939), σελ. 76–87· *AgPicBk* 24 (1998), σελ. 10, εικ. 16 (πυξίδα με άλογα, P 5060).

ΠΡΟΘΗΚΗ 2. ΥΣΤΕΡΟΓΕΩΜΕΤΡΙΚΗ ΠΥΞΙΔΑ ΚΑΙ ΟΙΝΟΧΟΗ

Στην αρχή της ενότητας της Γεωμετρικής περιόδου, στο πίσω μέρος της κεντρικής προθήκης (2) βρίσκεται άλλη μία πυξίδα (περ. 725–700 π.Χ.), η οποία φέρει λαβή με τη μορφή αλόγων (P 4784), γύρω στα 20–50 χρόνια μεταγενέστερη των πυξίδων της προηγούμενης προθήκης.

Στο μπροστινό τμήμα της προθήκης βρίσκεται οινοχόη που απεικονίζει σκηνή μάχης (εικ. 69, P 4885: περ. 750–725 π.Χ.) και παρουσιάζει ιδιαίτερο ενδιαφέρον τόσο για τη διακόσμηση, όσο και για την κατασκευή της. Δύο σωλήνες είναι τοποθετημένοι εγκάρσια στο εσωτερικό της· η πιο πιθανή εξήγηση για αυτήν την παράξενη και κατά τα άλλα άγνωστη κατασκευή είναι ότι πρόκειται για δοχείο-ψυκτήρα: όταν η γεμάτη με κρασί οινοχόη τοποθετούνταν σε λεκάνη με κρύο νερό ή μέσα σε πηγάδι, το νερό κυκλοφορούσε μέσα στους σωλήνες, παγώνοντας έτσι πιο γρήγορα το κρασί. Θα μπορούσε, ωστόσο, να πρόκειται για περίπτωση αγγείου που εξαπατά τον θεατή: το κρασί σερβιριζόταν από ένα γεμάτο αγγείο, το οποίο φαινόταν να είναι τρύπιο.

Εικ. 69. Οινοχόη με σκηνές μάχης, περ. 750–725 π.Χ., φωτογραφία και υδατογραφία

Το αγγείο φέρει διάκοσμο με σκηνές μάχης: σε ταινία γύρω από το σώμα της οινοχόης διακρίνονται άνδρες που πολεμούν πεζοί και πάνω σε άρματα, ενώ τον λαιμό της περιτρέχει σειρά βαριά οπλισμένων ανδρών. Ενδιαφέρον παρουσιάζουν οι περικεφαλαίες με λοφίο και οι οκτώσχημες ασπίδες, τα μακριά, βαριά ξίφη και τα ζεύγη δοράτων. Τα όπλα και η μέθοδος μάχης είναι αυτά που περιγράφονται από τον Όμηρο. Μάλιστα εικάζεται ότι αυτή η σκηνή αναπαριστά ένα γεγονός που περιγράφεται στην *Ιλιάδα* (Λ 670–761): τη μάχη ανάμεσα στους κατοίκους της Πύλου και τους Επειούς. Μεταξύ άλλων, στη μάχη αυτή συμμετέχουν οι δίδυμοι γιοι της Μολιόνης, που μοιράζονται τη μεγάλη τετράγωνη ασπίδα, κάτω από τη λαβή του αγγείου. Η ταύτιση των δίδυμων αδερφών δεν είναι απόλυτα σίγουρη, αλλά εάν ισχύει, η σκηνή που απεικονίζεται στην οινοχόη συγκαταλέγεται στις πρωιμότερες αναπαραστάσεις συγκεκριμένου περιστατικού στην ελληνική τέχνη.

Πυξίδα: *Hesperia* Suppl. 2 (1939), σελ. 87–93· J. McK. Camp II, *The Athenian Agora* (Λονδίνο, 1986), σελ. 31–32· J. K. Papadopoulos στο *The Art of Antiquity* (2007), σελ. 125–128, εικ. 120 F, G. **Οινοχόη**: R. Hampe, *Frühe griechische Sagenbilder* (Αθήνα, 1936), εικ. 87, 88· *Hesperia* Suppl. 2 (1939), σελ. 68–71· *Agora* XIV (1972), σελ. 15· J. McK. Camp II, *The Athenian Agora* (Λονδίνο, 1986), σελ. 32–33· *AgPicBk* 24 (1998), σελ. 9–10, 14· J. K. Papadopoulos στο *The Art of Antiquity* (2007), σελ. 122–123· M. K. Dahm, *Hesperia* 76 (2007), σελ. 717–730.

ΠΡΟΘΗΚΗ 77. ΑΠΟΡΡΙΜΜΑΤΑ ΚΕΡΑΜΙΚΟΥ ΕΡΓΑΣΤΗΡΙΟΥ – ΤΕΜΑΧΙΑ ΔΟΚΙΜΗΣ

Συνεχίστε στην αριστερή πλευρά της αίθουσας. Η προθήκη 77 είναι η μοναδική που περιέχει αντικείμενα της περιόδου που δεν σχετίζονται με ταφές. Περιλαμβάνει απορρίμματα από κεραμικό εργαστήριο της πρώιμης Πρωτογεωμετρικής περιόδου (περ. 1000 π.Χ.), τα οποία βρέθηκαν σε πηγάδι στο μέσο της Αρχαίας Αγοράς (εικ. 64:3). Πρόκειται για την παλαιότερη ένδειξη κατασκευής κεραμικών στη συνοικία που έχει πάρει το όνομά της από αυτά: ο «Κεραμεικός». Τα θραύσματα που παρουσιάζονται είναι τεμάχια δοκιμής: βαμμένα κομμάτια κεραμικών, τα οποία τοποθετούνταν στον κλίβανο μαζί με τα αγγεία και τα οποία έβγαζε ο αγγειοπλάστης κατά διαστήματα, ώστε να ελέγχει την πρόοδο του ψησίματος.

M. C. Monaco, *Ergasteria: impianti artigianali ceramici* (Ρώμη, 2000), σελ. 17–24· *Hesperia* Suppl. 31 (2003), σελ. 23–189.

ΠΑΡΑΓΩΓΗ ΚΕΡΑΜΙΚΗΣ

Η παρουσία των τεμαχίων δοκιμής στην προθήκη 77 προσφέρει την ευκαιρία περιγραφής της διαδικασίας κατασκευής κεραμικών αγγείων. Η παραγωγή της κεραμικής στην Αθήνα ήταν περίπλοκη και περιλάμβανε αρκετά στάδια.

Το χαρακτηριστικό πορτοκαλέρυθρο χρώμα του αττικού πηλού οφείλεται στην επικράτηση του σιδήρου ανάμεσα στα άλλα μέταλλα που εμπεριέχει, στοιχείο που συνέβαλλε και στις χημικές αντιδράσεις που πραγματοποιούνταν κατά το ψήσιμο. Πριν χρησιμοποιηθεί, ο πηλός πλενόταν σε δεξαμενές καθιζήσεως, προκειμένου να καθαρίσει από τις προσμείξεις. Ο βαθμός καθαρισμού του καθοριζόταν από τη χρήση του αγγείου, π.χ. κύπελλο, μυροδοχείο (λεπτή κεραμική) ή αμφορέας και χύτρα (χονδροειδής κεραμική). Όταν ο πηλός ήταν έτοιμος, ο αγγειοπλάστης έπλαθε στον κεραμικό τροχό τα περισσότερα μέρη του αγγείου. Οι λαβές και τα πόδια συχνά πλάθονταν με τα χέρια και συγκολλούνταν στη συνέχεια. Ορισμένα σκεύη ήταν τόσο μεγάλα που πλάθονταν σταδιακά, σε περισσότερα κομμάτια. Υπογραφές αγγειοπλαστών, όπως «ο Γόργος με έφτιαξε» στο P 24113 (εικ. 96, σελ. 158), υποδηλώνουν ότι η αγγειοπλαστική ήταν αναγνωρισμένη *τέχνη*. Μετά το πλάσιμο, η επιφάνεια του αγγείου στιλβωνόταν ή βαφόταν με ώχρα (γνωστή ως *μίλτος* = ερυθρό οξείδιο του σιδήρου), που καθιστούσε εντονότερη την ερυθρότητα του πηλού.

Ο χρωματισμός του αγγείου, είτε επρόκειτο να γίνει εξολοκλήρου μελανό είτε θα είχε διάκοσμο, απαιτούσε την εφαρμογή επιχρίσματος, που δημιουργείτο με την προσθήκη νερού σε πολύ καθαρό πηλό ώστε να σχηματιστεί πηχτό υγρό. Στο επίχρισμα οφειλόταν το στιλπνό μελανό χρώμα του αγγείου. Μία περίπλοκη διαδικασία ψησίματος, με τρία στάδια, μαύριζε την εξωτερική επιφάνεια του αγγείου, χωρίς να επηρεάζει το εσωτερικό πορτοκαλέρυθρο χρώμα του πηλού. Όταν η θερμοκρασία μέσα στον κλίβανο έφτανε τους 850–1100 βαθμούς Κελσίου, επέτρεπαν στο οξυγόνο να εισχωρήσει στον κλίβανο και το αγγείο γινόταν όλο πορτοκαλέρυθρο. Κατά το δεύτερο στάδιο, προστίθετο υγρασία με χλωρά κλαδιά ή υγρό πριονίδι, που απορροφούσε το οξυγόνο· αυτό προκαλούσε μία αντίδραση με τον σίδηρο μέσα στον πηλό και το αγγείο γινόταν όλο μαύρο. Στο τελευταίο στάδιο του ψησίματος, εισαγόταν πάλι οξυγόνο στον κλίβανο, το οποίο έδινε στις άβαφες περιοχές του αγγείου ένα κοκκινωπό χρώμα· τα συστατικά του επιχρίσματος, όμως, είχαν πλέον συσσωματωθεί, απομονώνοντας τις «βαμμένες» επιφάνειες, οι οποίες, αφού δεν έρχονταν πλέον σε επαφή με το οξυγόνο, δεν οξειδώνονταν και παρέμεναν μαύρες. Το λαμπερό αυτό μαύρο επίχρισμα δεν μπορεί να θεωρηθεί ως εφυάλωμα, επειδή στο τέλος δεν μετατρεπόταν σε γυαλί. Η εφυάλωση εμφανίζεται στην Ελλάδα κατά την Ύστερη Ελληνιστική περίοδο, αλλά τα καλύτερα δείγματα που κατέχει το Μουσείο της Αγοράς βρίσκονται στην προθήκη 55 με τα βυζαντινά αντικείμενα (σελ. 187).

Οι Αθηναίοι πήραν τη μελανόμορφη διακόσμηση από τους Κορινθίους στα τέλη του 7ου αιώνα π.Χ. Για να δημιουργηθεί ο μελανόμορφος ρυθμός, ολόκληρες οι μορφές βάφονταν με επίχρισμα αραιού πηλού· οι λεπτομέρειες ήταν εγχάρακτες. Ο ερυθρόμορφος ρυθμός εμφανίστηκε στην Αρχαία Αγορά γύρω στο 515 π.Χ. Σε αυτόν τον ρυθμό, μόνο το περίγραμμα των μορφών βαφόταν με επίχρισμα, καθώς και το βάθος και οι λεπτομέρειες της κάθε μορφής. Έτσι το αποτέλεσμα ήταν πιο φυσικό. Σύντομα, ο ερυθρόμορφος ρυθμός κυριάρχησε, αν και ο μελανόμορφος συνέχισε να χρησιμοποιείται, σχεδόν αποκλειστικά, στους αμφορείς που δίνονταν ως έπαθλο στα Παναθήναια, για να τους προσδώσει παραδοσιακό ύφος.

Η παραγωγή κεραμικών αντικειμένων ήταν χρονοβόρα, επίπονη και δαπανηρή διαδικασία. Τεμάχια δοκιμής χρησιμοποιούνταν για να ελέγχεται η πρόοδος του ψησίματος των αγγείων που βρίσκονταν στον κλίβανο αρκετές ώρες, ενώ σύγχρονα πειράματα έχουν αποδείξει ότι τουλάχιστον 45 κιλά ξύλου ήταν απαραίτητα για ένα ψήσιμο σε μικρό κλίβανο. Η ανασφάλεια για το τι θα μπορούσε να συμβεί κατά τη διάρκεια αυτής της διεργασίας εκφράζεται σε ένα ποίημα του 2ου ή 3ου αιώνα μ.Χ., το οποίο σώζεται στον *Βίο Ομήρου.* Ο ποιητής απειλεί τους αγγειοπλάστες αν δεν τον ανταμείψουν για την ωδή του:

> *Καλώ τους καταστροφείς των καμίνων, τον Σύντριβα και τον Σμάραγο, τον Άσβετο και τον Σαβάκτη, καθώς και τον Ωμόδαμο, που μπορεί να προξενήσει πολλά κακά σ' αυτήν την τέχνη· ελάτε όλοι εσείς και καταστρέψτε τον φούρνο και τα κτήρια· ας χαθεί και η κάμινος ολόκληρη και ας κραυγάζουν θρηνητικά οι κεραμείς. Όπως καταβροχθίζουν τα σαγόνια του αλόγου το φαΐ, έτσι ας καταβροχθίσει η κάμινος όλα τα πήλινα αγγεία που βρίσκονται μέσα της και ας τα κάνει σκόνη. . . . Και αν κάποιος σκύψει από πάνω, ας του καεί ολόκληρο το πρόσωπο, ώστε όλοι να μάθουν να πράττουν το δίκαιο.*

J. Noble, *The Techniques of Attic Painted Pottery* (New York, 1966)· T. Schreiber, *Athenian Vase Construction: A Potter's Analysis* (Malibu, 1999)· B. Cohen (επιμ.), *The Colors of Clay* (Λος Άντζελες, 2006)· K. Lapatin (επιμ.), *Papers on Special Techniques in Athenian Vases* (Λος Άντζελες, 2008).

ΠΡΟΘΗΚΗ 76. ΕΥΡΗΜΑΤΑ ΝΕΚΡΙΚΗΣ ΠΥΡΑΣ

Στην προθήκη παρουσιάζονται μικρά αγγεία και πήλινα ειδώλια, τα οποία ανακαλύφθηκαν στον αρχαίο δρόμο ακριβώς έξω από το οικογενειακό νεκροταφείο που βρίσκεται στα νότια της Θόλου 6. Όλα τα ευρήματα ήταν σπασμένα και αποχρωματισμένα από τη φωτιά. Πρόκειται για προσφορές που συνδέονται με τις ταφές του διπλανού νεκροταφείου και χρονολογούνται στον ύστερο 8ο αιώνα π.Χ.

Εικ. 70. Γεωμετρικός αμφορέας, περ. 725–700 π.Χ.

Υπάρχει σαφής συσχετισμός του μεγαλύτερου αγγείου, του αμφορέα P 4990 (σε μακροχρόνιο δανεισμό), με ταφικές πρακτικές. Στον λαιμό του απεικονίζεται η σορός πάνω σε νεκρική κλίνη, περιτριγυρισμένη από θρηνωδούς που τραβούν τα μαλλιά τους σε ένδειξη θλίψης (εικ. 62, 70). Γύρω από το σώμα του αγγείου αναπτύσσεται αρματοδρομία, που αποτελεί και το βασικό αγώνισμα στους επιτύμβιους αγώνες των Ομηρικών ηρώων. Τα φίδια στον ώμο, στο χείλος και στις λαβές του αμφορέα συνδέονται επίσης με την ταφή.

Μεταξύ των αγγείων στο κάτω ράφι υπάρχουν και δύο μικρογραφικοί *λέβητες* με υψηλές βάσεις, πήλινα αντίγραφα των μεγάλων χάλκινων αγγείων που προσφέρονταν ως έπαθλο σε επιτύμβιους αγώνες. Τα θυμιατήρια (αρ. 3–4) και το δίωτο *πινάκιο* (αρ. 7) επίσης χρησίμευαν σε νεκρικές τελετές.

Πιο συνήθη κτερίσματα είναι τοποθετημένα στο πάνω ράφι: μία οινοχόη (αρ. 8), ένας σκύφος (αρ. 6) και δύο ληκύθια (αρ. 1, 7). Αξιοσημείωτα για αυτήν την πρώιμη περίοδο είναι και τα πήλινα ειδώλια που βρίσκονται στο ίδιο ράφι: ένα ομοίωμα πτηνού, δύο ομοιώματα τετράποδων, ένθρονη θεότητα(;) που ίσως κρατά ρόδι στο δεξί χέρι (T 762) και τμήμα ομοιώματος άρματος (κάτω ράφι, αρ. 5, T 751).

Hesperia Suppl. 2 (1939), σελ. 55–57.

ΠΡΟΘΗΚΕΣ 75 ΚΑΙ 74. ΑΓΓΕΙΑ ΩΡΙΜΟΥ ΚΑΙ ΥΣΤΕΡΟΥ ΓΕΩΜΕΤΡΙΚΟΥ ΡΥΘΜΟΥ

Ο γεωμετρικός ρυθμός έφτασε στην κορύφωσή του, στον λεγόμενο ώριμο γεωμετρικό ρυθμό, το α′ μισό του 8ου αιώνα π.Χ. Οι προθήκες 75 και 74 περιέχουν αντιπροσωπευτική κεραμική της ακμής της Γεωμετρικής εποχής, μεταξύ 800–700 π.Χ. Στην προθήκη 75 βρίσκεται θραύσμα αμφορέα μεγάλων διαστάσεων που χρησίμευε ως ταφικό σήμα (αρ. 4). Στα υπόλοιπα αγγεία διακρίνονται όλο και περισσότερα ζώα ανάμεσα στα γεωμετρικά μοτίβα: πουλιά, φίδια, άλογα, ελάφια, αίγες. Στο πάνω ράφι της προθήκης 74 εκτίθεται μικρό κύπελλο της Ύστερης Γεωμετρικής περιόδου, το οποίο δημιουργήθηκε πιέζοντας τον πηλό μέσα σε ένα πλεκτό καλάθι (αρ. 5, P 17189). Δίπλα στο εύρημα βρίσκεται παρόμοιο, σύγχρονο, πλεκτό καλάθι.

P 17189: *Agora* VIII (1962, ανατ. 1971), σελ. 62, αρ. 271.

ΠΡΟΘΗΚΗ 73. ΚΤΕΡΙΣΜΑΤΑ ΑΠΟ ΤΑΦΗ ΜΕΣΗΣ ΓΕΩΜΕΤΡΙΚΗΣ ΠΕΡΙΟΔΟΥ

Η προθήκη περιέχει αγγεία μιας πλούσια κτερισμένης ταφής ενηλίκου που χρονολογείται στα τέλη του 9ου αιώνα π.Χ. και ανακαλύφθηκε στη βόρεια κλιτύ του Άρειου Πάγου (εικ. 64:11). Όπως και στον λίγο μεταγενέστερο τάφο των προθηκών 21–22 απέναντι, πρόκειται για ενταφιασμό, με πυξίδες ως κτερίσματα. Πάνω δεξιά στην προθήκη κρέμεται μία οξυπύθμενη πυξίδα με πώμα (αρ. 6, P 17475), τύπος πρώιμος και σπάνιος σε σχέση με την πιο συνήθη επίπεδη παραλλαγή.

H. A. Thompson, *Hesperia* 17 (1948), σελ. 158–159.

ΠΡΟΘΗΚΗ 72. ΥΣΤΕΡΟΓΕΩΜΕΤΡΙΚΗ ΤΑΦΗ ΒΡΕΦΟΥΣ-ΕΓΧΥΤΡΙΣΜΟΣ

Το έκθεμα αντιπροσωπεύει την πιο διαδεδομένη μέθοδο ταφής βρεφών κατά την αρχαιότητα: τον *εγχυτρισμό*. Η σορός βρισκόταν, μαζί με μικρά αγγεία, μέσα σε έναν μεγάλο *πίθο* (αποθηκευτικό αγγείο), ο οποίος ήταν τοποθετημένος σε λάκκο σκαμμένο στον μαλακό βράχο. Το στόμιο του πίθου ήταν σφραγισμένο με λίθινη πλάκα, ενώ δίπλα του βρισκόταν μεγάλη μαγειρική πρόχους, μαυρισμένη από τη χρήση. Η εν λόγω ταφή έλαβε χώρα στις βορειοδυτικές παρυφές του Άρειου Πάγου (εικ. 64:7). Ο ύστερος γεωμετρικός ρυθμός των αγγείων τα τοποθετεί χρονικά στο γ′ τέταρτο του 8ου αιώνα π.Χ.

H. A. Thompson, *Hesperia* 19 (1950), σελ. 330–331· *AgPicBk* 13 (1973), εικ. 52, 53.

ΑΡΧΑΪΚΗ ΕΠΟΧΗ (περ. 700–480 π.Χ.)

Αρκετές από τις προθήκες σε αυτή τη χρονολογική ενότητα περιέχουν αντικείμενα που ανήκουν στον πρώτο αιώνα της Αρχαϊκής εποχής (τέλη 8ου–7ος αι. π.Χ.). Πρόκειται για ένα μεταβατικό στάδιο, που ονομάζεται Ανατολίζουσα περίοδος και κατά το οποίο οι καλλιτεχνικές επιρροές από την Ανατολή είναι ιδιαίτερα εμφανείς. Το υλικό που παρουσιάζεται αντικατοπτρίζει ορισμένες από τις αλλαγές που έλαβαν χώρα στην Αθήνα κατά τη διάρκεια της περιόδου που οδήγησε στη διαμόρφωση της ελληνικής κλασικής τέχνης. Ποικιλομορφία χαρακτηρίζει τα σχήματα των αγγείων, τα οποία πλέον εξειδικεύονται, ώστε να ανταποκρίνονται σε διαφορετικές ανάγκες του σπιτιού: τροφή, πόση, μαγειρική, καθαρισμός, αποθήκευση. Η επιρροή της μεταλλοτεχνίας υποδηλώνεται με τη λεπτότητα των τοιχωμάτων, τα γωνιώδη σχήματα και τη χρήση ταινιωτών λαβών. Η πιο ελεύθερη χρήση των χρωμάτων (λευκό και ερυθρό, πέρα από το παραδοσιακό μελανό) είναι εμπνευσμένη από τα υφάσματα της Εγγύς Ανατολής. Αυτά τα υφάσματα ήταν και το βασικό μέσο εξοικείωσης των Αθηναίων αγγειογράφων με καινούργια μοτίβα: εξωτικά ζώα όπως το λιοντάρι, υβριδικές μορφές όπως η σφίγγα και η σειρήνα, συγκεκομμένες μορφές, όπου παρουσιάζεται μόνο το μπροστινό ή το πίσω μέρος ενός ζώου, και σχηματοποιημένα φυτικά μοτίβα, βασισμένα κυρίως στα ανθέμια και στα άνθη λωτού. Η ίδια επιρροή προκάλεσε και τη δημιουργία ενός πιο ελεύθερου και πιο φυσιοκρατικού ρυθμού.

Το σπουδαιότερο απόκτημα των Ελλήνων από την επαφή τους με την Εγγύς Ανατολή ήταν το φοινικικό αλφάβητο, το οποίο κατά το β′ μισό του 8ου αιώνα π.Χ. χρησιμοποιήθηκε σε αθηναϊκά αγγεία για να κατονομάσει τις απεικονιζόμενες μορφές ή τον ιδιοκτήτη. Στις περισσότερες αποθέσεις της περιόδου βρέθηκε σημαντικός αριθμός αγγείων που είχαν εισαχθεί από άλλα σημεία της Ελλάδας ή ακόμη και από την Ιταλία, γεγονός που καταδεικνύει την αναβίωση του εμπορίου εντός του ελληνικού κόσμου, αλλά και με γειτονικές περιοχές της Μεσογείου.

Οι υπόλοιπες προθήκες περιέχουν υλικό από την ύστερη Αρχαϊκή περίοδο. Από τα τέλη του 7ου αιώνα και μέχρι τις αρχές του 5ου αιώνα π.Χ. οι τέχνες στην Αθήνα αναπτύσσονται συνεχώς. Τόσο οι καλλιτέχνες όσο και οι τεχνίτες εμπνέονται από τη γενικότερη ευημερία και ενθαρρύνονται –κατά το μεγαλύτερο τμήμα της περιόδου– από την πεφωτισμένη δεσποτεία της οικογένειας των Πεισιστρατιδών. Δεδομένου ότι εκείνη την περίοδο η Αγορά περιλάμβανε λίγα σημαντικά δημόσια κτήρια και κανένα σημαντικό ιερό, η ανασκαφή της έχει φέρει στο φως λίγα δείγματα γλυπτικής μεγάλης κλίμακας ή κεραμικής άριστης ποιότητας. Ωστόσο, τα ευρήματα έχουν συμβάλει σε μεγάλο βαθμό στην κατανόηση της εποχής.

Ανατολίζουσα περίοδος: *Agora* VIII (1962, ανατ. 1971)· *Agora* XIV (1972), σελ. 15· J. McK. Camp II, *The Athenian Agora* (Λονδίνο, 1986), σελ. 32–34· J. K. Papadopoulos στο *The Art of Antiquity* (2007), σελ. 130–153. **Αρχαϊκή εποχή**: J. McK. Camp II, *The Athenian Agora* (Λονδίνο, 1986), σελ. 35–60.

ΠΡΟΘΗΚΗ 23. ΠΡΩΤΟΑΤΤΙΚΗ ΚΕΡΑΜΙΚΗ

Τα αγγεία της πρώτης προθήκης στα δεξιά παρουσιάζουν την εξέλιξη του μελανόμορφου ρυθμού στην Αττική. Η οινοχόη στο κέντρο (αρ. 2, P 12612) απεικονίζει το πίσω τμήμα ενός λέοντα, ενώ η *όλπη* (αγγείο σερβιρίσματος), με έναν αμφορέα ζωγραφισμένο στο σώμα της (αρ. 3, P 8996), ενδέχεται να αποτέλεσε έπαθλο αγώνων, γεμάτο με λάδι ή οίνο, ως πρόγονος των παναθηναϊκών αμφορέων.

Ο αμφορέας αριστερά (αρ. 1, P 1247) αντιπροσωπεύει τον πρώιμο μελανόμορφο ρυθμό. Διακοσμημένος στις δύο πλευρές με μία ζοφερή μορφή καθισμένης σφίγγας, αποτελεί έργο του Ζωγράφου του Νέσσου και χρονολογείται στα 620–610 π.Χ. Ενδεχομένως, ο αμφορέας προοριζόταν για ταφικό σήμα, ενώ και η μεγάλη φθορά του υποδηλώνει ότι βρισκόταν πολύ καιρό εκτεθειμένος στις καιρικές συνθήκες. Μία υδατογραφία στον τοίχο απεικονίζει το σχέδιο πιο καθαρά. Αυτή την περίοδο οι Αθηναίοι άρχισαν να επιστέφουν τις επιτύμβιες στήλες με λίθινες ολόγλυφες σφίγγες, ως φύλακες των τάφων.

Όλπη με απεικόνιση αμφορέα: R. S. Young, *Hesperia* 7 (1938), σελ. 417–418, 425· *Agora* VIII (1962, ανατ. 1971), σελ. 40–41, αρ. 85· J. D. Beazley, *The Development of Attic Black Figure* (αναθ. 1986), σελ. 106, σημ. 4· J. K. Papadopoulos στο *The Art of Antiquity* (2007), σελ. 130–131. **Αμφορέας του Ζωγράφου του Νέσσου**: E. Vanderpool, *Hesperia* 7 (1938), σελ. 367–371· J. D. Beazley, *Attic Black-Figure Vase-Painters* (Οξφόρδη, 1956), σελ. 5, αρ. 2· J. D. Beazley, *Paralipomena* (Οξφόρδη, 1971), σελ. 2, αρ. 4· *Agora* XXIII (1986), σελ. 115, αρ. 117· K. M. Lynch στο *The Art of Antiquity* (2007), σελ. 176–177.

ΠΡΟΘΗΚΕΣ 24 ΚΑΙ 25. ΚΕΡΑΜΙΚΗ ΟΙΚΙΑΚΗΣ ΧΡΗΣΗΣ ΚΑΙ ΔΙΑΦΟΡΑ ΑΛΛΑ ΑΝΤΙΚΕΙΜΕΝΑ ΑΠΟ ΠΗΓΑΔΙ

Αυτές οι προθήκες περιλαμβάνουν ορισμένα δείγματα από τον μεγάλο αριθμό οικιακών απορριμμάτων που ανευρέθηκαν σε πηγάδι, κοντά στο νότιο άκρο της Στοάς του Αττάλου (εικ. 64:2). Τα ευρήματα παρέχουν μια ιδέα για τα αντικείμενα που χρησιμοποιούνταν στα αθηναϊκά σπίτια το β′ τέταρτο του 6ου αιώνα π.Χ., δηλαδή τα πρώτα χρόνια της εξουσίας του Πεισίστρατου. Αξιοσημείωτη είναι η ποικιλία των σχημάτων των οικιακών σκευών, αλλά και της διακόσμησης: αβαφή, μελαμβαφή και μελανόμορφα. Όπως συνήθως, σε τέτοιες οικιακές αποθέσεις τα αγγεία που φέρουν εικονιστικές παραστάσεις είναι λίγα. Μεταξύ των μελανόμορφων αγγείων στο πάνω ράφι της προθήκης 24 βρίσκεται κρατήρας του ζωγράφου Λυδού (αρ. 1, P 24943): στη μία πλευρά είναι ζωγραφισμένοι κύκνοι και στην άλλη αίγαγρος. Επίσης, ενδιαφέρον παρουσιάζουν τα πρόσωπα που μοιάζουν με κωμικά προσωπεία στον αποσπασματικά σωζόμενο αμφορέα (αρ. 2, P 24944) και στη μικρή οινοχόη (αρ. 4, P 24945)· ως προς το ύφος και τη χρονολόγησή τους μοιάζουν με τα πώρινα γλυπτά της Ακρόπολης. Άλλα αντικείμενα οικιακής χρήσης είναι το ξύλινο *κτένι* (αρ. 6, W 39) και η οστέινη *γραφίδα*, με την οποία έγραφαν πάνω σε κερωμένες πινακίδες (αρ. 5, BI 746). Η προθήκη 25 περιέχει στο κάτω ράφι δύο *αγνύθες* (υφαντικά βάρη)(αρ. 12–13, MC 1002, MC 1003) και έναν πρώιμο πήλινο λύχνο, μαυρισμένο από τη χρήση (αρ. 9, L 5218).

E. Vanderpool στο H. A. Thompson, *Hesperia* 25 (1956), σελ. 57–61.

ΠΡΟΘΗΚΗ 26. ΚΕΡΑΜΙΚΗ ΑΠΟ ΠΗΓΑΔΙΑ

Τα αντικείμενα που βρίσκονται σε αυτή την προθήκη προέρχονται από διαφορετικά πηγάδια και διευρύνουν την εικόνα μας για τα κεραμικά οικιακά σκεύη της εποχής (7ος αι. π.Χ.). Ενδιαφέρον παρουσιάζουν τα εισηγμένα αντικείμενα του πάνω ραφιού (αρ. 1–3): οι δύο *κάλυκες* από τη Χίο (P 23458, P 23459) και η πρωτοκορινθιακή *κοτύλη* (P 22698).

Στο κάτω ράφι, δίπλα στον κρατήρα με τα πτηνά (P 4948) βρίσκεται αντικείμενο για καθαρά οικιακή χρήση: ένα παιδικό κάθισμα των αρχών του 6ου αιώνα π.Χ., που φέρει μάλλον αταίριαστο διάκοσμο, με πουλιά και τέρατα (εικ. 71, P 18010). Η χρήση του επιβεβαιώνεται από σχετική απεικόνιση πάνω σε κύλικα στις Βρυξέλλες, καθώς και από τη δοκιμή του από παιδιά, στην εποχή μας (εικ. 100, βλ. εικόνες στον τοίχο πίσω). Ανακαλύφθηκε σε πηγάδι στο δυτικό άκρο του χώρου ανασκαφής της Αγοράς (εικ. 64:5).

Εικ. 71. Λέων και σειρήνα διακοσμούν παιδικό κάθισμα, αρχές 6ου αι. π.Χ. (υδατογραφία)

Παιδικό κάθισμα: H. A. Thompson, *Hesperia* 17 (1948), σελ. 184–185· *AgPicBk* 12 (αναθ. 1993), εικ. 39, 40· K. M. Lynch and J. K. Papadopoulos, *Hesperia* 75 (2006), σελ. 1–32· J. K. Papadopoulos κ.ά. στο *The Art of Antiquity* (2007), σελ. 156–157.

ΠΡΟΘΗΚΗ 71. ΑΝΑΘΗΜΑΤΑ ΙΕΡΟΥ

Επιστρέφοντας στην πρώτη προθήκη της ενότητας, στα αριστερά, μεταφερόμαστε από το εσωτερικό των σπιτιών στο αρχαιότερο γνωστό ιερό στην Αγορά (μέσα 7ου αι. π.Χ.). Το υλικό που εκτίθεται έχει επιλεγεί από μεγάλη απόθεση που αποκαλύφθηκε στις βορειοδυτικές παρυφές του Άρειου Πάγου (εικ. 64:10). Τα πήλινα ομοιώματα ασπίδων (κάτω ράφι, αρ. 9–12), τα θραύσματα πήλινων και χάλκινων ομοιωμάτων τριπόδων (κάτω, αρ. 4–5), τα πήλινα ομοιώματα πολεμιστών και ηνιόχων ή ίππων (πάνω ράφι) και οι κάνθαροι (κάτω) αποτελούν κτερίσματα κατάλληλα για τους αφηρωισμένους νεκρούς. Το πιο εντυπωσιακό από όλα είναι μια πήλινη πλάκα που απεικονίζει γυναικεία μορφή, πλούσια ενδεδυμένη, με υψωμένα χέρια. Προφανώς πρόκειται για την *επιφάνεια* (την εμφάνιση) μιας θεότητας (T 175, στον τοίχο). Τα φίδια εκατέρωθεν της μορφής υποδηλώνουν πιθανή σύνδεση με ορισμένους από τους πρώιμους τάφους των κλιτύων του Άρειου Πάγου.

D. Burr, *Hesperia* 2 (1933), σελ. 542–640· *AgPicBk* 3 (1959), εικ. 10–18· J. K. Papadopoulos στο *The Art of Antiquity* (2007), σελ. 148–151.

ΠΡΟΘΗΚΗ 3. ΜΥΡΟΔΟΧΕΙΟ ΜΕ ΜΟΡΦΗ ΓΟΝΑΤΙΣΤΟΥ ΑΘΛΗΤΗ ΚΑΙ ΠΡΩΤΟΑΤΤΙΚΗ ΚΕΡΑΜΙΚΗ

Η πήλινη μορφή γονατιστού αγοριού (P 1231) στο μπροστινό τμήμα της κεντρικής προθήκης (3) απεικονίζει αθλητή τη στιγμή που δένει στο κεφάλι του ταινία, σύμβολο νίκης σε αγώνα (εικ. 72). Η ταινία δεν σώζεται, αλλά η ύπαρξή της μαρτυρείται από τη στάση των χεριών και των δακτύλων και από ανάλογες αγγειογραφίες της περιόδου. Το αντικείμενο είναι κούφιο και στην κορυφή του φέρει έναν τύπο στομίου που ταιριάζει σε δοχείο φύλαξης λαδιού, με το οποίο αλείβονταν οι αθλητές. Η ποιότητα του πλασίματος καθιστά τη μορφή ένα μικρό αριστούργημα της ώριμης Αρχαϊκής τέχνης στην Αττική (περ. 540–530 π.Χ.).

Τρία δείγματα εκλεκτής πρωτοαττικής κεραμικής εκτίθενται στο πίσω μέρος της προθήκης. Η κεφαλή λέοντα στην όλπη αποτελεί αντιπροσωπευτικό δείγμα της επιρροής από την Ανατολή (αρ. 1, P 22550).

Εικ. 72. Μυροδοχείο σε σχήμα γονατιστού αγοριού, περ. 540–530 π.Χ.

Γονατιστός αθλητής: E. Vanderpool, *Hesperia* 6 (1937), σελ. 426–441· *AgPicBk* 3 (1959), εικ. 23· G. M. A. Richter, *Kouroi* (3η έκδοση, Λονδίνο, 1970), σελ. 77–78· *Agora* XIV (1972), σελ. 186· *AgPicBk* 25 (2003), σελ. 30–31· J. K. Papadopoulos κ.ά. στο *The Art of Antiquity* (2007), σελ. 160–161.

ΠΡΟΘΗΚΗ 70. ΚΕΡΑΜΙΚΗ ΑΠΟ ΠΗΓΑΔΙΑ

Συνεχίζοντας στα αριστερά, η προθήκη 70, όπως και η προθήκη 26 απέναντι, περιέχει αντιπροσωπευτικά αντικείμενα από επιχώσεις διάφορων πηγαδιών του 7ου αιώνα. Τα εισηγμένα αντικείμενα περιλαμβάνουν ένα κορινθιακό *αλάβαστρο* (μυροδοχείο) (πάνω ράφι, αρ. 5, P 23425) και έναν λύχνο από τη Μικρά Ασία (κάτω, αρ. 7, L 5101), ενώ τα δύο άλογα του αμφορέα (κάτω, αρ. 6, P 22551) είναι πιθανότατα εμπνευσμένα από αντικείμενα εισηγμένα από τη νησιωτική Ελλάδα. Επίσης στο κάτω ράφι, ο αποσπασματικά σωζόμενος αμφορέας (αρ. 3, P 17393) φέρει γυναικεία κεφαλή. Η παράσταση είναι ζωγραφισμένη με την τεχνική του περιγράμματος και εμπεριέχει το μεγαλείο της σύλληψης και τη δυναμική απόδοση που χαρακτηρίζουν την αττική γλυπτική της περιόδου, δηλαδή τα πρώτα μαρμάρινα μνημειακά αγάλματα. Το θραύσμα μεγάλου αγγείου με ζωγραφισμένα δύο ζεύγη ανδρικών ποδιών (κάτω, αρ. 1, P 576) προέρχεται από το Άργος και ανευρέθηκε στα κατάλοιπα ιερού. Ο κάνθαρος (πάνω ράφι, αρ. 6, P 7014) έχει ζωγραφισμένο στο χείλος του το όνομα του ιδιοκτήτη: «Ανήκω στον [- - -]υλο».

ΠΡΟΘΗΚΗ 69. ΑΡΧΑΪΚΗ ΓΛΥΠΤΙΚΗ

Οι τελευταίες προθήκες της αρχαϊκής ενότητας είναι τοποθετημένες κάθετα στους τοίχους της αίθουσας και αφορούν τη γλυπτική. Στην προθήκη 69 εκτίθεται μικρή κεφαλή του Ηρακλή που φορά τη δορά του λιονταριού της Νεμέας (αρ. 1, S 1295). Ανακαλύφθηκε σε στρώματα της ύστερης αρχαιότητας στα νοτιοδυτικά της Αγοράς και, πιθανόν, κοσμούσε ναό που βρισκόταν στη συγκεκριμένη συνοικία (της Μελίτης), όπου υπήρχε και διάσημο ιερό του Ηρακλή. Πρόκειται για ένα ενδιαφέρον γλυπτό. Τα περισσότερα τεχνοτροπικά χαρακτηριστικά του ανάγονται στις αρχές του 5ου αιώνα π.Χ., αλλά η απόδοση των ματιών και του στόματος, σε συνδυασμό με τη χρήση πεντελικού μαρμάρου αντί για νησιωτικό, παραπέμπει στο β′ μισό του 5ου αιώνα π.Χ.

Η (γυναικεία;) κεφαλή από νησιωτικό μάρμαρο σε φυσικό μέγεθος (αρ. 2, S 1071) βρέθηκε σε στρώμα της ύστερης αρχαιότητας πάνω από το Ελευσίνιο 56. Πιθανότατα προέρχεται από άγαλμα κόρης αφιερωμένο στην Ακρόπολη. Η κόμη της συγκρατείται από διάδημα· το μπροστινό τμήμα της καταλήγει σε διπλή σειρά κοχλιοειδών βοστρύχων, ενώ στην πλάτη πέφτουν κυματιστοί πλόκαμοι. Φορά μεγάλα σκουλαρίκια σε σχήμα δίσκου. Σύμφωνα με την υστεροαρχαϊκή τεχνοτροπία της χρονολογείται στις αρχές του 5ου αιώνα π.Χ.

Η (γυναικεία;) κεφαλή από παριανό μάρμαρο, με μέγεθος λίγο μικρότερο από το φυσικό (αρ. 3, S 2476), βρέθηκε στον Περίβολο στο Σταυροδρόμι 27, με συνευρήματα του ύστερου 5ου αιώνα π.Χ. (βλ. σελ. 8, εικ. πάνω, στο κέντρο). Οι όγκοι του προσώπου έχουν αποδοθεί με τόλμη, τα μάτια προεξέχουν και η σγουρή κόμη συγκρατείται με διάδημα, που επιτρέπει στο μεγαλύτερο μέρος της να πέφτει στην πλάτη, ενώ, μπροστά, τρεις πλόκαμοι ακουμπούν σε κάθε ώμο. Φορά σκουλαρίκια σε σχήμα δίσκου. Η τεχνοτροπία του γλυπτού, που βρίσκει συγγενή παράλληλα στον Θησαυρό των Αθηναίων στους Δελφούς, το τοποθετεί χρονικά στις αρχές του 5ου αιώνα π.Χ.

Το μικρό ενεπίγραφο θραύσμα (I 3872 = *IG* I³ 502) προέρχεται από τη βάση των αγαλμάτων του Αρμόδιου και του Αριστογείτονα, οι οποίοι το 514 π.Χ. δολοφόνησαν τον Ίππαρχο, γιο του τυράννου Πεισίστρατου (βλ. *Οδηγός της Αρχαίας Αγοράς της Αθήνας*, σελ. 106–107). Η αρχή του επιγράμματος, το οποίο σώζεται στο έργο μεταγενέστερου Έλληνα γραμματικού, αναφέρει:

> *Ένα δυνατό φως έλαμψε για τους Αθηναίους, όταν ο Αρμόδιος και ο Αριστογείτων σκότωσαν τον Ίππαρχο.*

Στην επιγραφή διακρίνεται τμήμα του ονόματος του Αρμόδιου. Το θραύσμα ανακαλύφθηκε στο βόρειο άκρο της Αγοράς, όπου ο Παυσανίας είδε τα αγάλματα τον 2ο αιώνα μ.Χ., κοντά στο σημείο όπου διαπράχθηκε η δολοφονία.

Ηρακλής: *Agora* XI (1965), σελ. 37–40, αρ. 97 Α. **Κόρη**: T. L. Shear, *Hesperia* 8 (1939), σελ. 235–237· *Agora* XI (1965), σελ. 20–21, αρ. 73. **Κεφαλή γυναικείας μορφής**: T. L. Shear Jr., *Hesperia* 42 (1973), σελ. 400–401. **Βάση τυραννοκτόνων**: B. D. Meritt, *Hesperia* 5 (1936) σελ. 355–358· S. Brunnsåker, *The Tyrant-Slayers of Kritios and Nesiotes* (Lund, 1955)· *AgPicBk* 10 (1966), εικ. 4· *Agora* III (1957, ανατ. 1973), αρ. 280· *Agora* XIV (1972), σελ. 156–157· M. W. Taylor, *The Tyrant Slayers* (2η έκδοση, Salem, N.H., 1991), σελ. 16–18, 32–33.

ΠΡΟΘΗΚΗ 27. ΠΗΛΙΝΗ ΜΗΤΡΑ ΧΥΤΕΥΣΗΣ ΧΑΛΚΙΝΟΥ ΑΓΑΛΜΑΤΟΣ

Η μήτρα (καλούπι) για την κατασκευή χάλκινου αγάλματος του Απόλλωνα (S 741) συγκολλήθηκε από θραύσματα που βρέθηκαν σε λάκκο στο δυτικό άκρο της Αγοράς, νότια του Ναού του Απόλλωνα ㉓. Η διαδικασία χύτευσης του χαλκού γινόταν με τη μέθοδο του χαμένου κεριού: ένας πήλινος πυρήνας καλυπτόταν με στρώμα κεριού κι έπειτα κλεινόταν σε ένα εξωτερικό καλούπι, κατασκευασμένο από τρία διαδοχικά στρώματα πηλού. Μακριά μεταλλικά καρφιά τοποθετούνταν έτσι ώστε να συγκρατούνται ο πυρήνας και η μήτρα στη σωστή τους θέση, και στη συνέχεια οι τεχνίτες έλιωναν το κερί και το απομάκρυναν από τη μήτρα. Τοποθετούσαν τη μήτρα όρθια σε λάκκο λαξευμένο στο βράχο και την σκέπαζαν με χώμα (εικ. 73). Έλιωναν τον χαλκό σε κάποιο κοντινό κλίβανο και τον έχυναν μέσα στο καλούπι μέσω ενός ανοίγματος στο πάνω μέρος. Όταν είχε πια στερεοποιηθεί το μέταλλο, αφαιρούσαν το καλούπι.

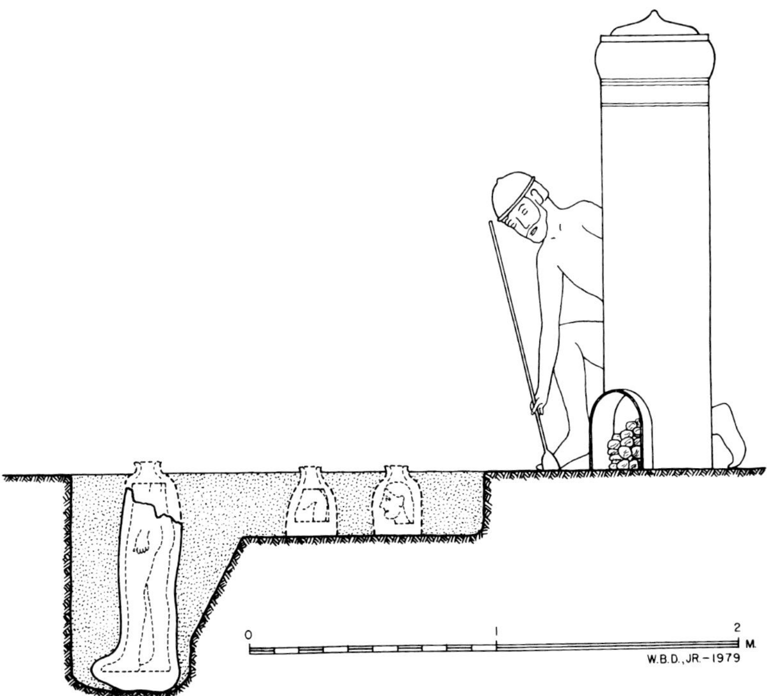

Εικ. 73. Λάκκος χύτευσης χάλκινου αγάλματος και κλίβανος

Στη συνέχεια, τα τμήματα του αγάλματος που είχαν κατασκευαστεί χωριστά ενώνονταν, η επιφάνεια του χαλκού λειαινόταν και το άγαλμα τοποθετούνταν σε κάποιον κοντινό ναό. Η συγκεκριμένη μήτρα χρονολογείται στα μέσα του 6ου αιώνα π.Χ. και μαρτυρά την αποτελεσματικότητα μίας απλής τεχνικής, την περίοδο που οι Έλληνες καλλιτέχνες άρχιζαν να φιλοτεχνούν χάλκινα αγάλματα, κούφια στο εσωτερικό τους.

Αποσπασματικά σωζόμενες μήτρες και λάκκοι χύτευσης για την κατασκευή αγαλμάτων, που χρονολογούνται στον 5ο, 4ο και 2ο αιώνα π.Χ., καθώς και στον 5ο αιώνα μ.Χ., έχουν ανακαλυφθεί και σε άλλα σημεία της ανασκαφής της Αγοράς (βλ. *Οδηγός της Αρχαίας Αγοράς της Αθήνας*, σελ. 183).

H. A. Thompson, *Hesperia* 6 (1937), σελ. 82–83· *Agora* XIV (1972), σελ. 188–190· C. C. Mattusch, *Hesperia* 46 (1977), σελ. 340–347· *AgPicBk* 20 (1982), σελ. 11–16· C. W. Hedrick, Jr., *AJA* 92 (1988), σελ. 190–191· C. C. Mattusch, *Greek Bronze Statuary* (Ithaca, 1988), σελ. 54–59.

ΚΛΑΣΙΚΗ ΕΠΟΧΗ (480–323 π.Χ.)

Το ιστορικό γεγονός που διαχωρίζει την Αρχαϊκή από την Κλασική εποχή είναι η καταστροφή της Αθήνας από τους Πέρσες το 480 π.Χ. Αυτή η καταστροφή, κι έπειτα η νίκη των Αθηναίων επί των εισβολέων, δημιούργησαν την ανάγκη, αλλά και τις προϋποθέσεις, για την έναρξη νέων οικοδομικών προγραμμάτων στην πόλη. Αυτή η ανάπτυξη είναι εμφανής στην Αρχαία Αγορά, στις υποδομές, καθώς και στις πολιτικές και εμπορικές δραστηριότητες που λάμβαναν χώρα εκεί.

Το συγκεκριμένο τμήμα της αίθουσας αναπτύσσεται περισσότερο θεματικά παρά χρονολογικά. Η αρχαιολογική σκαπάνη έχει φέρει στο φως πολυάριθμα αντικείμενα που σχετίζονται με τους διάφορους τομείς της πολιτικής ζωής που επικεντρώνονταν στην Αγορά: διοίκηση, νομοθεσία, δικαστική εξουσία, οικονομία, μνημεία πολέμου κλπ. Το μεγαλύτερο μέρος του υλικού χρονολογείται στη μεγάλη ακμή της Αθήνας (τέλη 6ου–τέλη 4ου αι. π.Χ.) και αποτελεί πολύτιμη συμπληρωματική πηγή στα κείμενα των αρχαίων συγγραφέων. Καθώς πολλά από αυτά τα αντικείμενα βρέθηκαν μόνο στην Αρχαία Αγορά και αναφέρονται στη λειτουργία του αθηναϊκού κράτους, συνιστούν και το πιο σημαντικό τμήμα της συλλογής του Μουσείου.

Εκτός από το υλικό που σχετίζεται με την πολιτική ζωή των Αθηναίων, αρκετές προθήκες περιλαμβάνουν κεραμικά αντικείμενα της περιόδου· η τελευταία προθήκη περιέχει νομίσματα.

Agora XIV (1972)· J. McK. Camp II, *The Athenian Agora* (Λονδίνο, 1986), σελ. 61–152· J. Ober and C. W. Hedrick, *The Birth of Democracy* (Αθήνα, 1993)· *AgPicBk* 4 (αναθ. 2004).

ΠΡΟΘΗΚΗ 28. ΜΑΡΜΑΡΙΝΕΣ ΕΠΙΓΡΑΦΕΣ

Στην Αρχαία Αγορά, το πιο πολυσύχναστο σημείο της πόλης, τοποθετούνταν επιγραφές που επρόκειτο να διαβαστούν από πολύ κόσμο. Έως σήμερα έχουν ανακαλυφθεί περισσότερες από 7.000 μαρμάρινες επιγραφές. Μερικές από τις πιο ενδιαφέρουσες περιέχονται στην πρώτη προθήκη στα δεξιά.

Στο κάτω ράφι (αρ. 1) βρίσκεται θραύσμα στήλης με τμήμα της επικεφαλίδας φορολογικού καταλόγου της Αθηναϊκής Συμμαχίας για το έτος 418/17 π.Χ. (I 4809 = *IG* I^3 287). Οι περισσότεροι από αυτούς τους καταλόγους βρίσκονται στο Επιγραφικό Μουσείο της Αθήνας. Κάτω δεξιά στη στήλη αναγράφονται τα ποσά που είχαν καταβληθεί στο ταμείο της θεάς Αθηνάς από τις εισφορές που είχαν συλλεγεί από την περιοχή του Ελλησπόντου.

Εικ. 74. Κανονισμός της Βιβλιοθήκης, περ. 100 μ.Χ.

Δίπλα (αρ. 2), είναι τοποθετημένο θραύσμα στήλης (Ι 4120 = *IG* I^3 1031a) με κατάλογο Επώνυμων Αρχόντων (αξιωματούχων που έδιναν το όνομά τους στο έτος της θητείας τους). Τα ονόματα που σώζονται εδώ για τα έτη 527/6 έως 522/1 π.Χ. είναι τα εξής: [. .]ετο[- - -], Ιππίας, Κλεισθένης, Μιλτιάδης, Καλλιάδης και Πεισίστρατος. Η στήλη αυτή στήθηκε γύρω στο 425 π.Χ. προς διευκόλυνση των διοικητικών υπηρεσιών της πόλης.

Η επιγραφή που βρίσκεται στα δεξιά της προθήκης (αρ. 3, Ι 2729) προέρχεται από τη Βιβλιοθήκη του Πανταίνου 48 (εικ. 74) και περιλαμβάνει κανονισμό της βιβλιοθήκης που χρονολογείται στο 100 μ.Χ.: «Κανένα βιβλίο δεν θα βγει από τη βιβλιοθήκη, γιατί το ορκιστήκαμε. [Η βιβλιοθήκη] είναι ανοικτή από την πρώτη μέχρι την έκτη ώρα».

Στο πάνω ράφι βρίσκονται δύο τμήματα μνημείου, το οποίο ανεγέρθηκε εις μνήμην των Αθηναίων που σκοτώθηκαν πολεμώντας τους Πέρσες (Ι 303 = *IG* I^3 503–504b). Η επιγραφή αποτελείται από δύο επιγράμματα, εκ των οποίων το πρώτο είναι χαραγμένο στο λείο άνω περιθώριο και το δεύτερο στο κυρίως πλαίσιο, από κάτω. Σύμφωνα με το πρώτο, οι πεσόντες στη γη και τη θάλασσα έσωσαν την Ελλάδα από τη σκλαβιά. Το δεύτερο καταγράφει πώς σώθηκε η Αθήνα από την καταστροφή στα χέρια των Περσών και πιθανότατα σχετίζεται με τη Μάχη του Μαραθώνα (490 π.Χ.), αλλά η σύνδεση μεταξύ των δύο επιγραμμάτων είναι αβέβαιη.

Φορολογικός κατάλογος: B. D. Meritt, *Hesperia* 8 (1939), σελ. 54–59, αρ. 20· B. D. Meritt, H. T. Wade-Gery, and M. F. McGregor, *The Athenian Tribute Lists* 2 (1949), αρ. 33· *AgPicBk* 10 (1966), εικ. 10· R. Meiggs and D. Lewis, *A Selection of Greek Historical Inscriptions* (1969), αρ. 75· L. Kallet, *Hesperia* 73 (2004), σελ. 475–480. **Κατάλογος επώνυμων αρχόντων**: B. D. Meritt, *Hesperia* 8 (1939), σελ. 59–65, αρ. 21· D. Bradeen, *Hesperia* 32 (1963), σελ. 187–205· *AgPicBk* 10 (1966), εικ. 5· C. Pébarthe, *RÉA* 107 (2005), σελ. 11–28. **Κανονισμός βιβλιοθήκης**: T. L. Shear, *Hesperia* 5 (1936), σελ. 41–42, εικ. 40· *Agora* III (1957, ανατ. 1973), αρ. 464· *AgPicBk* 10 (1966), εικ. 32· *Agora* XIV (1972), σελ. 115. **Επιγράμματα για τους Περσικούς πολέμους**: J. H. Oliver, *Hesperia* 2 (1933), σελ. 480–494, αρ. 11· J. H. Oliver, *Hesperia* 5 (1936), σελ. 225–234· B. D. Meritt, *AJP* 83 (1962), σελ. 294–298· *AgPicBk* 10 (1966), εικ. 2· R. Meiggs and D. Lewis, *A Selection of Greek Historical Inscriptions* (1969), αρ. 26· A. P. Matthaiou, *Horos* 14–16 (2000–2003), σελ. 143–152.

ΠΡΟΘΗΚΕΣ 29 ΚΑΙ 30. ΟΣΤΡΑΚΑ ΟΣΤΡΑΚΟΦΟΡΙΑΣ

Οι προθήκες 29 και 30 περιλαμβάνουν αντιπροσωπευτικά δείγματα των περίπου 1.500 *οστράκων* (θραύσματα αγγείων) που έχουν αποκαλυφθεί στην Αρχαία Αγορά (εικ. 75). Ονομάζονταν *όστρακα*, από την αρχαιότητα έως και σήμερα, και χρησιμοποιούνταν τον 5ο αιώνα π.Χ. ως ψήφοι στη διαδικασία του *οστρακισμού*, στην οποία και έδωσαν το όνομά τους.

Όταν υπήρχε φόβος εγκαθίδρυσης τυραννίας, πραγματοποιείτο ψηφοφορία στην Αρχαία Αγορά. Κατά τη διάρκειά της, κάθε πολίτης

Εικ. 75. Όστρακα (θραύσματα αγγείων) που χρησιμοποιήθηκαν για την αποπομπή επιφανών πολιτικών τον 5ο αι. π.Χ. Διακρίνονται τα ονόματα: Αριστείδης, Κίμων, Περικλής και Θεμιστοκλής

χάραζε σε όστρακο το όνομα του άνδρα, για τον οποίο πίστευε ότι μπορεί να γινόταν τύραννος. Χρειάζονταν 6.000 όστρακα ώστε να είναι έγκυρη η διαδικασία κάθε οστρακισμού και τότε ο άνδρας που πλειοψηφούσε εξοριζόταν από την πόλη για 10 χρόνια. Θραύσματα κάθε είδους χρησιμοποιούνταν ως ψήφοι: από αγγεία διακοσμημένα με μορφές, μελαμβαφή ή χωρίς διάκοσμο, από κεραμίδια, από στόμια πηγαδιών κ.ά. Τα χαραγμένα γράμματα παρουσιάζουν επίσης μεγάλη ποικιλομορφία, ακόμη και σε όστρακα της ίδιας ψηφοφορίας, και παρέχουν πληροφορίες για την ορθογραφία και την προφορά του μέσου Αθηναίου. Για παράδειγμα, το όνομα του Θεμιστοκλή είναι πάντα γραμμένο με «θήτα» αντί για «ταυ» στην αρχή της τρίτης συλλαβής (*Θεμισθοκλες*). Κάθε χαραγμένο όνομα συνήθως συνοδευόταν από το πατρώνυμο ή το δημοτικό όνομα ή και από τα δύο. Πολύ σπάνια, ο ψηφοφόρος εξέφραζε και τα συναισθήματά του για το πρόσωπο που φοβόταν, όπως στην περίπτωση οστράκου με χαραγμένο το όνομα του Ξάνθιππου, πατέρα του Περικλή (προθήκη 30, αρ. 9, P 16873). Φαίνεται να λέει στον αναγνώστη:

> *Αυτό το όστρακο λέει ότι, από τους ένοχους αρχηγούς, ο Ξάνθιππος, ο γιος του Αρρίφρονος, προξενεί το μεγαλύτερο κακό*

Η προθήκη 30 περιλαμβάνει όστρακα από την Αρχαία Αγορά, πάνω στα οποία είναι χαραγμένα τα ονόματα όλων των διάσημων ανδρών εναντίον των οποίων είναι γνωστό ότι διενεργήθηκε ψηφοφορία, από την αρχαιότερη περίπτωση οστρακοφορίας (487 π.Χ.) έως τη νεώτερη (417 π.Χ.). Η προθήκη 29 περιέχει ορισμένα από τα 190 όστρακα που ανευρέθηκαν σε πηγάδι της βόρειας κλιτύος της Ακρόπολης. Όλα φέρουν το όνομα του Θεμιστοκλή και πιθανότατα χρονολογούνται στο 482 π.Χ. Πρέπει να είχαν χαραχθεί εκ των προτέρων, πιθανόν από αντίπαλη πολιτική ομάδα, προκειμένου να διευκολύνουν τυχόν αναλφάβητους ψηφοφόρους. Φαίνεται όμως ότι τελικά δεν χρησιμοποιήθηκαν. Η χάραξη έχει γίνει πολύ προσεκτικά και σε πολλά όστρακα από το ίδιο χέρι. Παρόλο που το περιεχόμενο του συγκεκριμένου ευρήματος μπορεί να θεωρηθεί ως ένδειξη για την ύπαρξη αναλφάβητων πολιτών, η ποικιλομορφία στην απόδοση των γραμμάτων πάνω στα όστρακα συνολικά καταδεικνύει ότι οι περισσότεροι Αθηναίοι ήξεραν γραφή.

Agora III (1957, ανατ. 1973), σελ. 163–165· *Agora* XIV (1972), σελ. 50–51· E. Vanderpool στο *Lectures in Memory of Louise Taft Semple* (Norman, Οκλαχόμα, 1973), σελ. 215–270· *Agora* XXV (1990)· *AgPicBk* 4 (αναθ. 2004), σελ. 20–21· J. P. Sickinger στο *The Athenian Agora: New Perspectives on an Ancient Site* (Mainz, 2009), σελ. 77–83.

ΟΣΤΡΑΚΙΣΜΟΣ

Πολλές από τις τακτικές δημοκρατικές δραστηριότητες της αρχαίας Αθήνας λάμβαναν χώρα σε κτήρια της Αγοράς, όπως η Θόλος και το Βουλευτήριο. Αντίθετα, ο οστρακισμός γινόταν περιστασιακά, επομένως, στήνονταν προσωρινές κατασκευές για την πραγματοποίησή του:

> *Όταν φαινόταν καλό (να διενεργηθεί οστρακισμός), η αγορά απομονωνόταν με σανιδένιο φράχτη, που είχε δέκα εισόδους, μέσα από τις οποίες εισέρχονταν οι πολίτες κατά φυλές προκειμένου να αφήσουν τα όστρακα. . . . στη διαδικασία επιστατούσαν οι εννέα άρχοντες και η Βουλή.*
>
> —Φιλόχορος, απόσπ. 30

Λόγω της προσωρινότητας των κατασκευών, τα κύρια κατάλοιπα της διαδικασίας είναι τα ίδια τα όστρακα, που πετιόνταν ως απορρίμματα μετά την καταμέτρηση. Παρέχουν πληροφορίες για τους υποψηφίους, την ορθογραφία, τον αναλφαβητισμό και τη διαδικασία της ψηφοφορίας. Πολλά από αυτά αναφέρονται σε ιστορικές μορφές όπως ο Περικλής και ο Κίμων. Εκτός από τα περίπου 1.500 όστρακα της συλλογής της Αρχαίας Αγοράς, περίπου άλλα 10.000 αποκαλύφθηκαν στον Κεραμεικό (από τα οποία τα 8.000 βρέθηκαν όλα μαζί σε ένα μέρος).

Αρχικός στόχος της διαδικασίας του οστρακισμού ήταν να εμποδίσει οποιονδήποτε να αποκτήσει υπερβολική εξουσία και να μετατραπεί σε τύραννο. Η τιμωρία δεν ήταν πολύ σκληρή, γιατί, σε αντίθεση με την πραγματική εξορία, εκείνος που ψηφιζόταν από τους πολίτες απομακρυνόταν από την πόλη μόνο για 10 χρόνια, ενώ διατηρούσε την περιουσία του και είχε την ευκαιρία να επανακληθεί από τους Αθηναίους εάν το επιθυμούσαν. Λέγεται ότι ο Ξάνθιππος, πατέρας του Περικλή, ήταν το πρώτο άτομο που επιλέχθηκε να εξοριστεί χωρίς να σχετίζεται με την τυραννία. Παρά τον αρχικό στόχο του οστρακισμού, οι πολίτες επέλεγαν να εξορίσουν κάποιον για διάφορους λόγους. Ο Πλούταρχος αναφέρει ανέκδοτο για έναν πολίτη που ψήφισε κάποιον, του οποίου η ενάρετη συμπεριφορά τού είχε προσδώσει το προσωνύμιο «ο Δίκαιος»:

> *Ενώ γράφονταν τα όστρακα, ένας αγράμματος και εντελώς αγροίκος έδωσε το όστρακο*

στον Αριστείδη, ως τον πρώτο τυχόντα, και τον παρακάλεσε να γράψει πάνω του το όνομα «Αριστείδης». Εκείνος απόρησε και ρώτησε τον άνδρα αν ο Αριστείδης του είχε κάνει κάτι κακό. «Τίποτε», απάντησε αυτός, «ούτε τον γνωρίζω τον άνθρωπο, αλλά ενοχλούμαι ν' ακούω παντού να τον αποκαλούν "Δίκαιο"». Όταν άκουσε αυτά ο Αριστείδης, δεν αποκρίθηκε τίποτε, αλλά έγραψε το όνομά του στο όστρακο και το έδωσε πίσω.

—Πλούταρχος, *Αριστείδης* 7.5–6

Αυτή η ριζοσπαστική λύση για την προάσπιση της δημοκρατίας ήταν βραχύβια. Ο τελευταίος καταγεγραμμένος οστρακισμός πραγματοποιήθηκε το 417 π.Χ. Σύμφωνα με τον Πλούταρχο, στη συνέχεια εγκαταλείφθηκε γιατί εκφυλίστηκε· είχε φτάσει στο σημείο να χρησιμοποιείται περισσότερο για να διευκολύνει την άνοδο των ισχυρών στην εξουσία παρά για να την εμποδίσει:

Διότι ο εξοστρακισμός δεν ήταν ποινή μοχθηρίας, αλλά ονομαζόταν για λόγους ευπρέπειας ταπείνωση και τιμωρία της έπαρσης και της καταπιεστικής δύναμης· ήταν όμως ήπια παρηγοριά του φθόνου, ο οποίος τη διάθεσή του να προξενήσει κακό την προσήλωνε όχι σε κάποια ανεπανόρθωτη βλάβη αλλά σε έναν εκτοπισμό για δέκα χρόνια. Και όταν άρχισαν κάποιοι να επιβάλλουν αυτό το μέτρο σε ανθρώπους πληβείους και πονηρούς, το μέτρο έπαψε να εφαρμόζεται· ο Υπέρβολος ήταν ο τελευταίος που εξοστρακίστηκε. Λέγεται ότι ο Υπέρβολος εξοστρακίστηκε για τον παρακάτω λόγο: ο Αλκιβιάδης και ο Νικίας είχαν τη μεγαλύτερη δύναμη στην πόλη και βρίσκονταν σε διαμάχη ο ένας με τον άλλο. Επειδή λοιπόν ο δήμος επρόκειτο να εφαρμόσει οστρακισμό, και ήταν φανερό ότι θα ψήφιζε τον έναν από τους δύο αντιπάλους, οι δύο άντρες ήρθαν σε συνεννόηση, ένωσαν τις φατρίες τους και κατόρθωσαν να εξοστρακιστεί ο Υπέρβολος. Ο δήμος δυσαρεστήθηκε από αυτό, καθώς θεώρησε ότι ο θεσμός είχε καθυβρισθεί και κακοποιηθεί, και εγκατέλειψε και τερμάτισε τον οστρακισμό.

—Πλούταρχος, *Αριστείδης* 7.2–4

ΠΡΟΘΗΚΕΣ 31 ΚΑΙ 32. ΑΝΤΙΚΕΙΜΕΝΑ ΣΧΕΤΙΚΑ ΜΕ ΤΗ ΛΕΙΤΟΥΡΓΙΑ ΤΩΝ ΔΙΚΑΣΤΗΡΙΩΝ

Μεγάλος αριθμός Αθηναίων επιλεγόταν κάθε χρόνο για να υπηρετήσουν ως δικαστές. Η κατανομή τους στα δικαστήρια γινόταν την ημέρα της δίκης με κλήρωση. Οι δικαστές ήταν τουλάχιστον 201 άνδρες, ενώ σε μεγαλύτερα δικαστήρια έφταναν μέχρι και τους 1000 ή και παραπάνω. Η προθήκη 31 περιέχει ένα *κληρωτήριο*, το οποίο εξασφάλιζε την απόλυτα τυχαία επιλογή των δικαστών (I 3967). Πρόκειται για έναν ευφυή μηχανισμό, στο μπροστινό τμήμα του οποίου υπήρχε μία ή περισσότερες στήλες από σχισμές που χωρούσαν μία χάλκινη ταυτότητα (*πινάκιο*) με τα στοιχεία του κάθε υποψήφιου δικαστή (εικ. 76). Ο αριθμός των στηλών κυμαινόταν ανάλογα με τη λειτουργία του κάθε κληρωτηρίου· στην περίπτωση αυτή οι στήλες είναι έντεκα. Στο αριστερό άκρο του κληρωτηρίου υπήρχαν εγκοπές για την τοποθέτηση κάθετου χάλκινου σωλήνα με χοάνη στο πάνω τμήμα του. Τα κληρωτήρια βρίσκονταν στις εισόδους των δικαστηρίων. Οι σχισμές γέμιζαν με τις ταυτότητες των υποψήφιων ενόρκων, ενώ μαύρα και λευκά σφαιρίδια ρίχνονταν στον σωλήνα και κατέληγαν στο κάτω μέρος του ένα-ένα. Ανάλογα με το αν εμφανιζόταν λευκό ή μαύρο σφαιρίδιο, όλα τα ονόματα της ίδιας οριζόντιας σειράς επιλέγονταν ή απορρίπτονταν, αντίστοιχα, τη συγκεκριμένη μέρα. Το κληρωτήριο της προθήκης, όπως και όλα όσα σώζονται, ανάγεται στην Ελληνιστική περίοδο. Τον 4ο αιώνα π.Χ. τα κληρωτήρια ήταν κινητά και πιθανόν ξύλινα. Στον τοίχο υπάρχει σχεδιαστική αναπαράσταση ενός τυπικού κληρωτηρίου.

Μπροστά από το κληρωτήριο εκτίθενται διάφορα αντικείμενα που χρησιμοποιούνταν μαζί με αυτό. Τα χάλκινα δικαστικά πινάκια (αρ. 3–6) ανήκαν σε πολίτες που διατηρούσαν το δικαίωμα να υπηρετήσουν ως δικαστές (εικ. 77). Κάθε πινάκιο ήταν χαραγμένο με το όνομα του υποψηφίου, το πατρώνυμο και τον δήμο στον οποίο ανήκε· έφερε, ακόμη, επίσημη σφραγίδα με γλαύκα ή γοργόνειο. Το εμπίεστο γράμμα πάνω στο πινάκιο δήλωνε το δικαστικό τμήμα στο οποίο υπαγόταν ο δικαστής. Σε ορισμένα πινάκια διακρίνονται ίχνη γραμμάτων από προηγούμενη χρήση στην εν λόγω διαδικασία. Τα πινάκια εμφανίζονται συχνά στις αναφορές του Αριστοτέλη για το δικαστικό σύστημα· εκεί γίνεται λόγος και για τη χρήση τους στα κληρωτήρια. Το μικρό χάλκινο σφαιρίδιο (αρ. 2) δίπλα στα πινάκια χρησιμοποιείτο, επίσης, στο κληρωτήριο.

Επιπλέον, στην ίδια προθήκη βρίσκονται αρκετά στρογγυλά χάλκινα αντικείμενα, ορισμένα από τα οποία φέρουν εγχάρακτη τη φράση «*δημόσια ψήφος*» (αρ. 8–14). Αντιστοιχούν στις αναφορές του Αριστοτέλη για τις ψήφους που χρησιμοποιούσαν οι Αθηναίοι δικαστές για να δηλώσουν την απόφασή τους (*Αθηναίων Πολιτεία* 68). Οι ψήφοι με συμπαγή τον προεξέχοντα άξονα σήμαιναν αθώωση, ενώ εκείνες με κοίλο άξονα

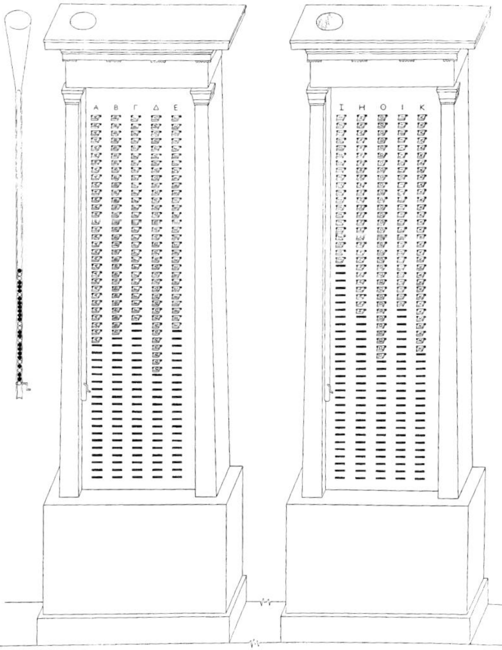

Εικ. 76. Κληρωτήριο για την επιλογή δικαστών, φωτογραφία (πάνω) και σχεδιαστική αναπαράσταση (κάτω)

Εικ. 77 (πάνω). Χάλκινο δικαστικό πινάκιο με την επιγραφή: «Δημοφάνης, (γιος του) Φιλ[- - -], Κηφισιεύς», 4ος αι. π.Χ.
Εικ. 78 (κάτω). Ενεπίγραφες δικαστικές ψήφοι, 4ος αι. π.Χ.

σήμαιναν καταδίκη (εικ. 78). Οι έξι ψήφοι με συμπαγή άξονα που εκτίθενται εδώ ανακαλύφθηκαν μαζί στα κατάλοιπα κτηρίου του 5ου και 4ου αιώνα π.Χ., κάτω από το βόρειο άκρο της Στοάς του Αττάλου 44. Αποτελούν σημαντικές ενδείξεις για την ταύτιση του κτηρίου με δικαστήριο. Στα πλάγια της προθήκης υπάρχει χάρτης του συγκροτήματος δικαστηρίων και φωτογραφία της πήλινης *ψηφοδόχου* (κάλπης).

Το άβαφο τμήμα πώματος μαγειρικού σκεύους (*εχίνος*) (αρ. 7, P 28470) φέρει γραπτή επιγραφή, η οποία, αν και αποσπασματική, φαίνεται να αναφέρεται σε έγγραφα αποθηκευμένα και σφραγισμένα στο σκεύος μέχρι την παρουσίασή τους σε δίκη (εικ. 79). Χρονολογείται στον 4ο αιώνα π.Χ. και ανακαλύφθηκε στη βορειοανατολική πλευρά της Αγοράς.

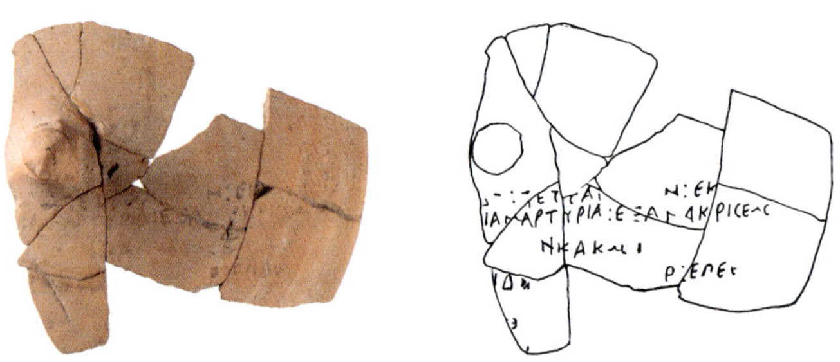

Εικ. 79. Πώμα μικρού σκεύους για την αποθήκευση εγγράφων μέχρι την παρουσίασή τους σε δίκη, όπου πιθανότατα αναγράφεται: «Μέσα βρίσκονται τα εξής τέσσερα έγγραφα: μαρτυρικές καταθέσεις από την ανάκριση· νόμος για την κακοποίηση των επικλήρων γυναικών· αντίκρουση των μαρτυριών· όρκοι των αντιδίκων. Ο Αντήνωρ το έκλεισε». 4ος αι. π.Χ. (φωτογραφία και σχέδιο).

Εικ. 80. Πήλινη κλεψύδρα-υδραυλικό ρολόι σε χρήση. Το πάνω δοχείο είναι γύψινο αντίγραφο.

Η προθήκη 32 περιέχει μοναδικό δείγμα *κλεψύδρας* για τη χρονομέτρηση ομιλιών στα δικαστήρια (P 2084). Οι ίδιοι οι αρχαίοι τη θεωρούσαν ως το πιο χαρακτηριστικό αντικείμενο ενός δικαστηρίου. Σε σχήμα σύγχρονης γλάστρας για λουλούδια με δύο λαβές, το αγγείο είχε έναν μικρό χάλκινο σωλήνα στο κάτω μέρος του και μία διαμπερή οπή ακριβώς κάτω από το χείλος, ώστε να γεμίζεται πάντα με την ίδια ποσότητα νερού (εικ. 80). Ο σωλήνας φρασσόταν με πώμα μέχρι να αρχίσει ο ομιλητής την αγόρευσή του. Μόλις ξεκινούσε να μιλά, το πώμα αφαιρείτο και ο ομιλητής είχε δικαίωμα να συνεχίσει όσο το νερό έτρεχε σε άλλο δοχείο, στην προκειμένη περίπτωση για 6 λεπτά. Η χωρητικότητα του αγγείου δηλώνεται από το «ΧΧ» στο τοίχωμά του, που σήμαινε 2 *χόες* (6,4 λίτρα). Το «ΧΧ» είναι πιο ορατό στο αντίγραφο που βρίσκεται στο πίσω μέρος της προθήκης. Επίσης, στο τοίχωμα της κλεψύδρας διακρίνονται ίχνη της λέξης «Αντιοχίς», δηλαδή της μίας από τις 10 φυλές της Αθήνας. Το υδραυλικό αυτό ρολόι-κλεψύδρα ανακαλύφθηκε σε πηγάδι του ύστερου 5ου αιώνα π.Χ., στη νοτιοδυτική γωνία της Αγοράς 8.

Εξοπλισμός δικαστηρίων: *Agora* XIV (1972), σελ. 52–56· *Hesperia* Suppl. 19 (1982), σελ. 1–6· J. McK. Camp II, *The Athenian Agora* (Λονδίνο, 1986), σελ. 107–113· *AgPicBk 23* (1994), εικ. 13, 28, 29, 36· *Agora* XXVIII (1995)· *AgPicBk* 4 (αναθ. 2004), σελ. 22–26· J. McK. Camp II στο *The Athenian Agora: New Perspectives on an Ancient Site* (Mainz, 2009), σελ. 20–22. ***Κληρωτήρια***: *Hesperia* Suppl. 1 (1937), σελ. 198–215 (I 3967 = αρ. X)· S. Dow, *HSCP* 50 (1939), σελ. 1–34. ***Κλεψύδρα***: A. Paterakis, *OSGP* 5 (1997), σελ. 80· J. K. Papadopoulos κ.ά. στο *The Art of Antiquity* (2007), σελ. 172.

ΠΡΟΘΗΚΗ 4. Ο ΣΩΚΡΑΤΗΣ ΣΤΗΝ ΑΡΧΑΙΑ ΑΓΟΡΑ

Πριν συνεχίσετε με τις προθήκες της αριστερής πλευράς της αίθουσας, επιστρέψτε στην κεντρική προθήκη, στο πίσω μέρος της οποίας υπάρχει υλικό από κτήρια που συνδέονται με τη ζωή και τον θάνατο του Σωκράτη.

Οι οστέινοι δακτύλιοι (καψούλια) για την επένδυση των οπών απ' όπου περνούν τα κορδόνια υποδημάτων και τα σιδερένια πλατυκέφαλα καρφιά που χρησίμευαν στην υποδηματοποιία (εικ. 81, αρ. 4 και 5) προέρχονται από οικία του 5ου αιώνα 9 που βρισκόταν ακριβώς έξω από την Αγορά, δίπλα στον *όρο* που ήταν τοποθετημένος κοντά στη Θόλο. Το θραύσμα μελαμβαφούς κύλικας (αρ. 6) ανακαλύφθηκε εκεί κοντά και πιθανότατα ταυτίζει τον ιδιοκτήτη του υποδηματοποιείου με τον Σίμωνα. Σύμφωνα με τον Ξενοφώντα, τον Διογένη Λαέρτιο και τον Πλούταρχο, όταν ο Σωκράτης επιθυμούσε να δει τους μαθητές που ήταν πολύ νέοι για να μπουν στην Αγορά, τους συναντούσε στο σπίτι του Σίμωνα του υποδηματοποιού, που βρισκόταν δίπλα στην Αγορά. Τα υπόλοιπα ευρήματα της προθήκης προέρχονται από κτήριο στα νοτιοδυτικά της κεντρικής πλατείας· εικάζεται ότι πρόκειται για το αρχαίο Δεσμωτήριο 72, όπου εκτελέστηκε ο Σωκράτης. Δεκατρία ιατρικά φιαλίδια (εικ. 82, αρ. 2) αποκαλύφθηκαν σε δεξαμενή του κτηρίου αυτού, αντιπροσωπεύοντας εντυπωσιακά μεγάλη συγκέντρωση αυτού του σπάνιου τύπου. Το μαρμάρινο αγαλματίδιο (εικ. 83, S 1413), που πιθανόν απεικονίζει τον ίδιο τον Σωκράτη, βρέθηκε επίσης στο ίδιο κτήριο. Στην προθήκη εκτίθεται και η ερυθρόμορφη κύλικα (σε μακροχρόνιο δανεισμό) που φέρει διακόσμηση αθλητών σε παλαίστρα και βρέθηκε στο Δεσμωτήριο (εικ. 84, P 30987).

Γενικά: *AgPicBk* 17 (1978). **Οικία του Σίμωνα**: D. B. Thompson, *Archaeology* 13 (1960), σελ. 234–240· *Agora* XIV (1972), σελ. 173–174. **Ενεπίγραφη κύλικα**: *Agora* XXI (1976), αρ. F 86. **Δεσμωτήριο (;)**: M. Crosby, *Hesperia* 20 (1951), σελ. 168–187· *Agora* III (1957, ανατ. 1973), σελ. 149–150· E. Vanderpool, *From Athens to Gordion*, (Φιλαδέλφεια, 1980), σελ. 17–31· V. Hunter, *Phoenix* 51 (1997), σελ. 296–326· S. I. Rotroff στο *The Athenian Agora: New Perspectives on an Ancient Site* (Mainz, 2009), σελ. 44–45. **Ιατρικά Φιαλίδια**: *Agora* XXIX (1997), σελ. 370, αρ. 1309.

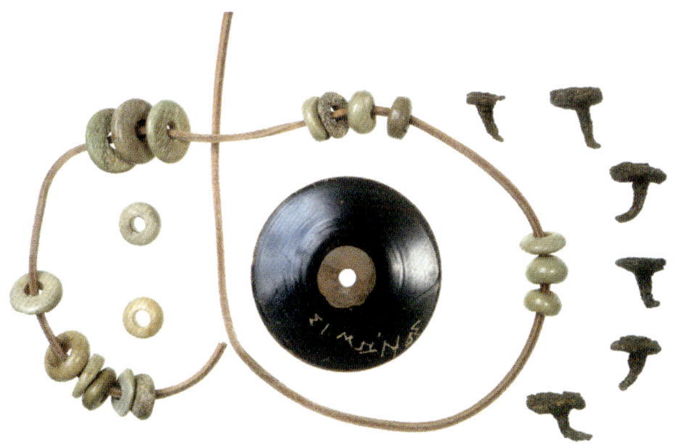

Εικ. 81 (πάνω). Οστέινα καψούλια, σιδερένια καρφιά και βάση μελαμβαφούς κύλικας που φέρει εγχάρακτο το όνομα του Σίμωνα

Εικ. 82 (κέντρο). Δεκατρία πήλινα ιατρικά φιαλίδια, 4ος αι. π.Χ.

Εικ. 83 (κάτω). Αποσπασματικά σωζόμενο μαρμάρινο αγαλματίδιο που πιθανόν απεικονίζει τον Σωκράτη, 4ος αι. π.Χ.

Εικ. 84. Ερυθρόμορφη κύλικα με σκηνή από παλαίστρα, ύστερος 5ος αι. π.Χ., μετάλλιο και εξωτερική πλευρά

ΠΡΟΘΗΚΗ 4. ΧΑΛΚΙΝΗ ΚΕΦΑΛΗ ΝΙΚΗΣ

Η κεφαλή, με μέγεθος περίπου το μισό του φυσικού, ανήκε σε φτερωτή Νίκη (εικ. 85, Β 30). Η απόληξη του κάτω τμήματος είχε σχεδιαστεί σε σχήμα V, ώστε να προσαρμόζεται σε υποδοχή στον κορμό του αγάλματος. Στην κορυφή της κεφαλής η κόμη ήταν πιασμένη σε σχήμα αλογοουράς, η οποία δεν σώζεται· είχε χυτευτεί ξεχωριστά και συγκρατείτο από την –ορατή σήμερα– προεξοχή στο πάνω τμήμα της κεφαλής. Τα μάτια, που επίσης δεν σώζονται, ήταν ένθετα. Την κόμη περιτρέχουν αυλακώσεις· παρόμοιες αυλακώσεις υπάρχουν στα πλάγια του λαιμού και στο πάνω μέρος της κεφαλής. Ίχνη παλαιότερων αυλακώσεων γεμισμένων με χαλκό είναι ορατά στον αυχένα και στα πλάγια της κεφαλής. Ακριβώς πάνω

Εικ. 85. Χάλκινη κεφαλή Νίκης, περ. 420–415 π.Χ.: (αριστερά) φωτογραφία· (δεξιά) υδατογραφία με ανασύνθεση της κόμης.

από το μέτωπο διακρίνεται τμήμα φύλλου αργύρου, ενώ πίσω από τα αυτιά υπάρχουν ίχνη χρυσού πάνω σε φύλλα αργύρου. Στην αρχαιότητα, τόσο η κεφαλή όσο και ο κορμός του αγάλματος καλυπτόταν με φύλλα αργύρου και πάνω από αυτά με φύλλα χρυσού, τα οποία μπορούσαν να αφαιρεθούν. Για αυτόν τον λόγο, η κεφαλή έχει ταυτιστεί με μια από τις «Χρυσές Νίκες», οι οποίες σύμφωνα με αρχαίους συγγραφείς και επιγραφές λειτουργούσαν, τον 5ο και 4ο αιώνα π.Χ., ως «ταμειυτήρες» για το κρατικό απόθεμα χρυσού. Δύο φορές χρειάστηκε να αποσπαστεί η πολύτιμη επικάλυψή τους προκειμένου να ενισχυθούν τα ταμεία της πόλης, λόγω οικονομικής κρίσης: προς τα τέλη του 5ου αιώνα κι έπειτα στις αρχές του 3ου αιώνα π.Χ. Ωστόσο, το συγκεκριμένο άγαλμα, που χρονολογείται μεταξύ 420–415 π.Χ., πρέπει να κατασκευάστηκε για άλλο σκοπό: εξαιτίας του μικρού μεγέθους του δεν θα μπορούσε να δεχτεί επικάλυψη με δύο τάλαντα χρυσού (όπως κάθε χρυσή Νίκη). Ανακαλύφθηκε σε πηγάδι του ύστερου 3ου αιώνα π.Χ. στα δυτικά της Αγοράς. Άλλο ένα επιχρυσωμένο χάλκινο άγαλμα βρίσκεται στην προθήκη 65 (σελ. 155–156, το χάλκινο έφιππο άγαλμα).

T. L. Shear, *Hesperia* 2 (1933), σελ. 519–527· H. A. Thompson, *HSCP* Suppl. 1 (1940), σελ. 183–210· D. B. Thompson, *Hesperia* 13 (1944), σελ. 173–209· *Agora* XIV (1972), σελ. 190–191· C. C. Mattusch, *Classical Bronzes* (Ithaca, 1996), σελ. 30-31, 121–125, 128–129.

αιώνα π.Χ. (αρ. 2, P 5117). Φέρει επίσης το συμπίλημα «ΔΕ» (= ΔΕΜΟΣΙΟΝ). Η κύλικα ανακαλύφθηκε σε πηγάδι κάτω από τη Στοά του Ελευθερίου Διός 25 και πιθανόν χρησιμοποιείτο σε κάποιο κοντινό δημόσιο κτήριο. Η μαρμάρινη λεκάνη, τμήμα της οποίας εκτίθεται δίπλα στην κύλικα (αρ. 3, I 4869), επίσης προέρχεται από δημόσιο κτήριο: σύμφωνα με την επιγραφή στο χείλος της, ανήκε στο Βουλευτήριο. Βρέθηκε νότια του Παλαιού Βουλευτηρίου 14 και με βάση τη μορφή των γραμμάτων χρονολογείται στις αρχές του 5ου αιώνα π.Χ.

Τα τρία πήλινα πλακίδια στα δεξιά του ραφιού (αρ. 31–33), με τη μία πλευρά κομμένη οδοντωτά, είναι *σύμβολα*, δηλαδή αντικείμενα κατασκευασμένα έτσι ώστε να εφαρμόζουν μεταξύ τους (MC 820–822). Έχουν το σχήμα των πλακιδίων του παιχνιδιού ντόμινο και φέρουν επιγραφές και στις δύο πλευρές. Στο πάνω τμήμα της μίας πλευράς ήταν γραμμένο το όνομα ενός δήμου, από κάτω τα γράμματα «ΠΟΛ», πιθανότατα συντόμευση για τη λέξη *Πωλητής* (κρατικός δημοπράτης)· στο κέντρο της άλλης πλευράς αναγραφόταν το όνομα μιας από τις 10 φυλές. Πριν μπει στον κλίβανο, το πλακίδιο κοβόταν στη μέση με οδοντωτή τομή. Μετά το ψήσιμο, τα δύο κομμάτια ενδεχομένως μοιράζονταν κι έπειτα ξαναενώνονταν, πιθανόν στα πλαίσια κάποιας διαδικασίας για την κλήρωση αξιωματούχων ή για την εξακρίβωση της ταυτότητας αγγελιαφόρων. Ανακαλύφθηκαν σε απόθεση του γ΄ τετάρτου του 5ου αιώνα π.Χ., πίσω από τη Στοά του Αττάλου 46.

Τα υπόλοιπα αντικείμενα που εκτίθενται στο κάτω ράφι σχετίζονται με τον αθηναϊκό στρατό και το ιππικό. Ο χάλκινος σαυρωτήρας (αρ. 19, B 1373) ήταν τοποθετημένος στην πίσω άκρη του ξύλινου στελέχους του δόρατος για να εξισορροπεί το βάρος της μεταλλικής αιχμής (εικ. 87). Φέρει την εγχάρακτη επιγραφή: «Αθεναίοι από Λεσβίον Διόσκουροι». Πιθανότατα χρονολογείται στο 428/7 π.Χ., όταν οι Αθηναίοι κατέπνιξαν εξέγερση των συμμάχων τους στη Λέσβο (Θουκυδίδης 3).

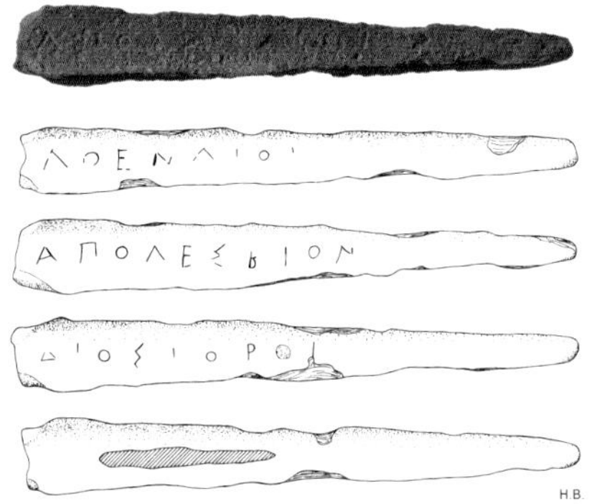

Εικ. 87. Χάλκινος σαυρωτήρας αφιερωμένος στους Διόσκουρους, λάφυρο από τους κατοίκους της Λέσβου το 428/7 π.Χ. (φωτογραφία και σχέδιο)

Το μολύβδινο έλασμα (αρ. 20) και τα στρογγυλά πήλινα εμπίεστα σύμβολα (αρ. 11–18) αποτελούν τμήμα αρχείου του ιππικού που αποκαλύφθηκε σε πηγάδι, στο σταυροδρόμι της βορειοδυτικής γωνίας της

Αρχαίας Αγοράς 27 (βλ. *Οδηγός της Αρχαίας Αγοράς της Αθήνας*, σελ. 88). Τα μολύβδινα ελάσματα, που βρέθηκαν τυλιγμένα, φέρουν το όνομα του ιδιοκτήτη ενός αλόγου, καθώς και το χρώμα, το σημάδι και την αξία του αλόγου του (εικ. 88). Προφανώς, τα άλογα του αθηναϊκού ιππικού επιθεωρούνταν και απογράφονταν συχνά. Τα πήλινα σύμβολα της προθήκης φέρουν εμπίεστη την επιγραφή: «Φείδων, Ίππαρχος στη Λήμνο» (εικ. 89). Ο ίδιος αξιωματούχος είναι γνωστός ως εκπαιδευτής νεαρών ιππέων, σύμφωνα με τον κωμικό ποιητή Μνησίμαχο (Αθήναιος 9.402f):

Εικ. 88. Μολύβδινο έλασμα, που περιγράφει άλογο του αθηναϊκού ιππικού: «Ανήκει στον Κόνωνα, ξανθοκόκκινο με σημάδι κενταύρου, αξίας 700 δραχμών» (φωτογραφία και σχέδιο).

> *Εμπρός, Μάνη, ξεκίνα για την Αγορά, για τις Ερμές, εκεί όπου συχνάζουν οι φύλαρχοι και οι νεαροί μαθητές τους, στους οποίους διδάσκει ο Φείδων πώς να ανεβοκατεβαίνουν στα άλογα.*

Εικ. 89. Πήλινα σύμβολα με εμπίεστο το όνομα του Φείδωνα, ίππαρχου της Λήμνου, εκπαιδευτή των νεαρών ιππέων στην Αγορά, 4ος αι. π.Χ.

Εικ. 90. Μολύβδινα σύμβολα για τη χορήγηση εξαρτημάτων οπλισμού: περικνημίδες, θώρακες, περικεφαλαία και ασπίδα.

Πιθανόν, τα σύμβολα χρησιμοποιούνταν κατά την ανταλλαγή μηνυμάτων ή ως ένα είδος διαβατηρίου. Τα δυο ορθογώνια πήλινα σύμβολα (αρ. 34–35, SS 8080, MC 1245) είναι επίσης δημόσια και χρησιμοποιούνταν από τον *περιπολάρχη* (διοικητή συνοριακής περιπόλου) Ξενοκλή.

Τα μικρά, στρογγυλά, μολύβδινα σύμβολα πίσω από τα σταθμά (αρ. 4–10) χρησιμοποιούνταν και αυτά από τον στρατό, για τη χορήγηση οπλισμού (εικ. 90). Η μία πλευρά κάθε δίσκου είναι σφραγισμένη με ένα γράμμα, ενώ η άλλη φέρει παράσταση τμήματος του εξοπλισμού: περικεφαλαία, θώρακα, περικνημίδες και ασπίδες.

Μέτρα και σταθμά: *Agora* X (1964)· *AgPicBk* 4 (αναθ. 2004), σελ. 30–32· J. McK. Camp II στο *The Athenian Agora: New Perspectives on an Ancient Site* (Mainz, 2009), σελ. 19–20, 22–23. **P 5117**: *Agora* XII (1970), σελ. 265, αρ. 436· *Agora* XXI (1976), αρ. Fa 2. **Σύμβολα**: H. A. Thompson, *Hesperia* 20 (1951), σελ. 51–52· *AgPicBk* 4 (αναθ. 2004), σελ. 15–16. **Στρατιωτικά αντικείμενα**: J. H. Kroll, *Hesperia* 46 (1977), σελ. 83–140 (μολύβδινα πινακίδια ιππικού)· J. H. Kroll, *Hesperia* 46 (1977), σελ. 141–146 (μολύβδινα σύμβολα)· J. H. Kroll and F. W. Mitchel, *Hesperia* 49 (1980), σελ. 86–96 (πήλινα σύμβολα)· G. R. Bugh, *The Horsemen of Athens* (Πρίνστον, 1988)· *AgPicBk* 24 (1998), σελ. 31–38· *AgPicBk* 4 (αναθ. 2004), σελ. 10–12· J. McK. Camp II στο *The Athenian Agora: New Perspectives on an Ancient Site* (Mainz, 2009), σελ. 27–29. **Σαυρωτήρας**: J. McK. Camp II, *Hesperia* 47 (1978), σελ. 192–195· J. McK. Camp II στο *The Athenian Agora: New Perspectives on an Ancient Site* (Mainz, 2009), σελ. 35–37.

Η ΣΤΗΛΗ ΤΗΣ ΔΗΜΟΚΡΑΤΙΑΣ (ΕΚΤΟΣ ΠΡΟΘΗΚΗΣ)

Δίπλα στην προθήκη 68 εκτίθεται ακέραιη μαρμάρινη στήλη που φέρει επιγραφή με τον νόμο που ψήφισαν οι Αθηναίοι το 337/6 π.Χ. (εικ. 91, I 6524). Το ψήφισμα αυτό κατά της τυραννίας, που προτάθηκε από τον Ευκράτη, γιο του Αριστότιμου από τον Πειραιά, είχε σκοπό να αποθαρρύνει προσπάθειες εγκαθίδρυσης τυραννίδας:

> *Εάν κάποιος κινηθεί εναντίον του δήμου των Αθηναίων με σκοπό να εγκαταστήσει τυραννίδα ή συμμετάσχει στην εγκατάσταση τυραννίδας ή καταλύσει τον δήμο των Αθηναίων ή τη δημοκρατία στην Αθήνα, τότε ας είναι τιμημένος εκείνος που θα σκοτώσει αυτόν που θα επιχειρήσει κάτι από όλα αυτά.*

Εάν, ωστόσο, εγκαθιδρυόταν τυραννία, ο νόμος απαγόρευε στη βουλή του Άρειου Πάγου –που ακόμη θεωρείτο θεματοφύλακας των νόμων– να συγκληθεί. Έτσι, ο τύραννος θα είχε ανέβει στην εξουσία *de facto,* χωρίς όμως να έχει και την *de jure* συναίνεση. Δύο αντίγραφα του ψηφίσματος αυτού οριζόταν να χαραχθούν σε μαρμάρινες στήλες και να τοποθετηθούν το ένα κοντά στην είσοδο του Άρειου Πάγου και το άλλο στο σημείο συνάντησης της Εκκλησίας του Δήμου. Το ποσό των 20 δραχμών θα δινόταν για τη λάξευσή τους. Πάνω από το κείμενο υπάρχει ανάγλυφο όπου η Δημοκρατία στεφανώνει τον λαό (Δήμο) της Αθήνας.

Ο νόμος ψηφίστηκε λίγους μήνες αφού ο Φίλιππος Β′ της Μακεδονίας νίκησε τους Θηβαίους και τους Αθηναίους στη μάχη της Χαιρώνειας (338 π.Χ.), ώστε να εμποδίσει την πιθανότητα φιλο-μακεδονικής εξέγερσης στην Αθήνα. Στην πραγματικότητα, ωστόσο, ο νόμος αποδείχθηκε βραχύβιος. Το 322 π.Χ. οι Μακεδόνες κατέλαβαν την Αθήνα. Λέγεται ότι ο εισηγητής του νόμου Ευκράτης είχε άσχημο θάνατο. Τα μαρμάρινα αντίγραφα του νόμου του καθαιρέθηκαν. Η στήλη που σώζεται αποκαλύφθηκε στην επίχωση του Τετράγωνου Περιστυλίου, το οποίο ήταν υπό κατασκευή στα τέλη του 4ου αιώνα, στη βορειοανατολική γωνία της Αρχαίας Αγοράς 44 (βλ. *Οδηγός της Αρχαίας Αγοράς της Αθήνας*, σελ. 106–107).

B. D. Meritt, *Hesperia* 21 (1952), σελ. 355–389, αρ. 5· M. Ostwald, *TAPA* 86 (1955), σελ. 103–128· J. Pouilloux, *Choix d'inscriptions grecques* (Παρίσι, 1960), αρ. 32· C. L. Lawton, *Attic Document Reliefs* (Οξφόρδη, 1995), σελ. 99–100, αρ. 38· P. J. Rhodes and R. Osborne, *Greek Historical Inscriptions* (Οξφόρδη, 2003), αρ. 79· *AgPicBk* 4 (αναθ. 2004), σελ. 18–19.

Εικ. 91. Η Στήλη της Δημοκρατίας· στην ανάγλυφη επίστεψη η Δημοκρατία στεφανώνει τον Δήμο της Αθήνας, 336 π.Χ.

ΠΡΟΘΗΚΗ 67. ΣΠΑΡΤΙΑΤΙΚΗ ΑΣΠΙΔΑ-ΛΑΦΥΡΟ ΑΠΟ ΤΗ ΜΑΧΗ ΤΗΣ ΠΥΛΟΥ

Αυτός ο τύπος ασπίδας (Β 262) ανήκε σε οπλίτη του 5ου αιώνα π.Χ. (εικ. 92). Η περιφέρεια της ασπίδας είναι διακοσμημένη με ανάγλυφο πλοχμό. Το μέταλλο έχει το πάχος χονδρού χαρτιού και ενδεχομένως είχε εσωτερική επένδυση από δέρμα ή άλλο υλικό.

Πάνω στον χαλκό διακρίνεται η στικτή επιγραφή: «ΑΘΗΝΑΙΟΙ ΑΠΟ ΛΑΚΕΔΑΙΜΟΝΙΩΝ ΕΚ ΠΥΛΟ». Η μορφή των γραμμάτων ανήκει στον ύστερο 5ο αιώνα π.Χ.· επομένως, η ασπίδα μπορεί να ταυτιστεί με μία από εκείνες που κρατούσαν οι 292 Σπαρτιάτες που αιχμαλωτίστηκαν από τους Αθηναίους στην Πύλο, το 425 π.Χ. (Θουκυδίδης 4.8). Το θέαμα των Σπαρτιατών που παραδόθηκαν ζωντανοί προκάλεσε τεράστια εντύπωση στον ελληνικό κόσμο. Οι Αθηναίοι κρέμασαν με υπερηφάνεια τις σπαρτιατικές ασπίδες στην Ποικίλη Στοά 35, όπου ορισμένες έμειναν κρεμασμένες μέχρι τον 2ο αιώνα μ.Χ.· τότε τις είδε ο Παυσανίας. Η ασπίδα που εκτίθεται στην αίθουσα είχε απομακρυνθεί από τη Στοά για άγνωστο λόγο και αργότερα χρησιμοποιήθηκε για να καλύψει δεξαμενή στα νότια του Ναού του Ηφαίστου 1. Θάφτηκε όταν εγκαταλείφθηκε η δεξαμενή τον 3ο αιώνα π.Χ.

T. L. Shear, *Hesperia* 6 (1937), σελ. 346–348· T. L. Shear, *AE* 1937 Α′, σελ. 140–143· *Agora* XIV (1972), σελ. 92–93· *AgPicBk* 4 (αναθ. 2004), σελ. 12–13· J. McK. Camp II στο *The Athenian Agora: New Perspectives on an Ancient Site* (Mainz, 2009), σελ. 35–36.

Εικ. 92. Χάλκινη ασπίδα-λάφυρο που πήραν οι Αθηναίοι από τους Σπαρτιάτες στην Πύλο (425 π.Χ.) και εξέθεσαν ως τρόπαιο στην Ποικίλη Στοά: φωτογραφία (αριστερά), σχέδιο όπου διακρίνεται στικτή επιγραφή και πλοχμός (δεξιά).

ΠΡΟΘΗΚΗ 66. ΜΑΡΜΑΡΙΝΕΣ ΚΕΦΑΛΕΣ ΕΡΜΑΪΚΩΝ ΣΤΗΛΩΝ

Δεδομένου ότι η Αθήνα ήταν γνωστή για τον μεγάλο αριθμό ερμαϊκών στηλών (αναπαραστάσεις του θεού Ερμή με τη μορφή τετράπλευρης στήλης, με ανθρωπόμορφη κεφαλή και φαλλό), που βρίσκονταν σε ιδιωτικούς και δημόσιους χώρους, δεν προκαλεί έκπληξη ότι πολλές από αυτές αποκαλύφθηκαν κατά τις ανασκαφές της Αγοράς. Εδώ εκτίθενται τρεις κεφαλές διάφορων τύπων (εικ. 93, βλ. *Οδηγός της Αρχαίας Αγοράς της Αθήνας*, σελ. 84–85).

Η κεφαλή ερμαϊκής στήλης (αρ. 1, S 3347) από λευκό μάρμαρο, σε φυσικό μέγεθος, φέρει κοχλιοειδείς βοστρύχους στο μέτωπο, γενειάδα και μουστάκι. Αν και βρίσκεται σε κακή κατάσταση διατήρησης, το αμυγδαλωτό σχήμα των ματιών και οι ανασηκωμένες άκρες των χειλιών την τοποθετούν χρονικά γύρω στο 510–500 π.Χ., καθιστώντας την μία από τις αρχαιότερες ερμαϊκές στήλες που έχουν βρεθεί στην Αθήνα. Ανακαλύφθηκε σε βυζαντινή επίχωση στη δυτική θεμελίωση της Ποικίλης Στοάς 35.

Η κεφαλή του Ερμή από παριανό μάρμαρο, σε μέγεθος λίγο μικρότερο του φυσικού (αρ. 2, S 2452), έπεσε θύμα του σκανδαλώδους ακρωτηριασμού των ερμαϊκών στηλών το 415 π.Χ. Βρέθηκε ανάμεσα στα αναθήματα του ύστερου 5ου αιώνα π.Χ. στον Περίβολο στο Σταυροδρόμι της Αγοράς 27. Φέρει γενειάδα και μουστάκι, ενώ μία φαρδιά ταινία πλαταίνει σχηματίζοντας κορυφή μπροστά και δένεται στο πίσω μέρος του κεφαλιού με κορδόνια. Η κόμη είναι χωρισμένη στα δύο: το μπροστινό τμήμα είναι χτενισμένο προς τα αυτιά με νατουραλιστικό τρόπο, σχηματίζοντας ογκώδεις βοστρύχους, ενώ η υπόλοιπη κόμη κατεβαίνει ακτινωτά από την κορυφή και φτάνει στο ύψος των ώμων. Το κάτω χείλος είναι

Εικ. 93. Τρεις κεφαλές ερμαϊκών στηλών που ανακαλύφθηκαν στη βορειοδυτική γωνία της Αγοράς: (από αριστερά προς τα δεξιά) 2ος αι. μ.Χ., τέλη 5ου αι. π.Χ. και αρχές 5ου αι. π.Χ.

ένθετο, προφανώς λόγω λάθους κατά τη λάξευση. Η τεχνοτροπία της κεφαλής, σε συνδυασμό με την καλή κατάσταση διατήρησής της, καταδεικνύει ότι είχε λαξευτεί λίγα μόνο χρόνια πριν από τον ακρωτηριασμό της.

Η κεφαλή από πεντελικό μάρμαρο σε φυσικό μέγεθος (αρ. 3, S 2499) χρονολογείται τον 2ο αιώνα μ.Χ. και αποκαλύφθηκε σε στρώμα του 4ου αιώνα μ.Χ. στη δίκλιτη Στοά 29 ακριβώς στα δυτικά της Βασιλείου Στοάς. Σύμφωνα με τον τύπο της, η κεφαλή ανήκει σε μια μεγάλη ομάδα αντιγράφων που συνδέονται (μέσω δύο ενεπίγραφων γλυπτών) με τον Αθηναίο γλύπτη Αλκαμένη (περ. 430–410 π.Χ.). Χαρακτηριστικές είναι οι τρεις σειρές από κοχλιοειδείς βοστρύχους που στεφανώνουν το μέτωπο και η καλοχτενισμένη κόμη που κατεβαίνει ακτινωτά από την κορυφή του κεφαλιού με το μεγαλύτερο τμήμα της να πέφτει στην πλάτη, ενώ μόνο ένας πλόκαμος έρχεται μπροστά από κάθε ώμο περνώντας πίσω από τα αυτιά. Στριφτό κορδόνι περιτρέχει την κεφαλή. Η γενειάδα και το μουστάκι είναι πλούσια και τα χείλη σαρκώδη.

S 3347: T. L. Shear Jr., *Hesperia* 53 (1984), σελ. 42–43. **S 2452**: T. L. Shear Jr., *Hesperia* 42 (1973), σελ. 164–165. **S 2499**: T. L. Shear Jr., *Hesperia* 42 (1973), σελ. 406–407.

ΠΡΟΘΗΚΗ 65. ΤΜΗΜΑΤΑ ΧΑΛΚΙΝΟΥ ΕΠΙΧΡΥΣΩΜΕΝΟΥ ΕΦΙΠΠΟΥ ΑΓΑΛΜΑΤΟΣ

Το χάλκινο πόδι, το ξίφος και το τμήμα από τις πτυχώσεις του ενδύματος (Β 1382–1384) ανήκουν σε μεγάλο επιχρυσωμένο άγαλμα από χαλκό, που απεικονίζει ανδρική μορφή πάνω σε άλογο. Πρόκειται πιθανότατα για τον Δημήτριο Πολιορκητή, Μακεδόνα κατακτητή της Αθήνας στα τέλη του 4ου αιώνα π.Χ. (εικ. 94). Τα τμήματα αυτά βρέθηκαν πεταμένα στο δημόσιο πηγάδι κοντά στο βορειοδυτικό σταυροδρόμι 27 (βλ. *Οδηγός της Αρχαίας Αγοράς της Αθήνας*, σελ. 88), σε στρώμα που χρονολογείται περίπου στο 200 π.Χ., περίοδο κατά την οποία κυριαρχούσε έντονο αντιμακεδονικό αίσθημα. Το πόδι είναι κούφιο, ενώ το ξίφος είναι από συμπαγή χαλκό. Διακρίνονται ίχνη επιχρύσωσης.

Η αναπαράσταση στον τοίχο, με την πύλη και το άγαλμα, παρέχει απλώς μια ιδέα για πώς ενδεχομένως έστεκε το άγαλμα, χωρίς να υπάρχουν σαφείς ενδείξεις για το πού ακριβώς ήταν τοποθετημένο.

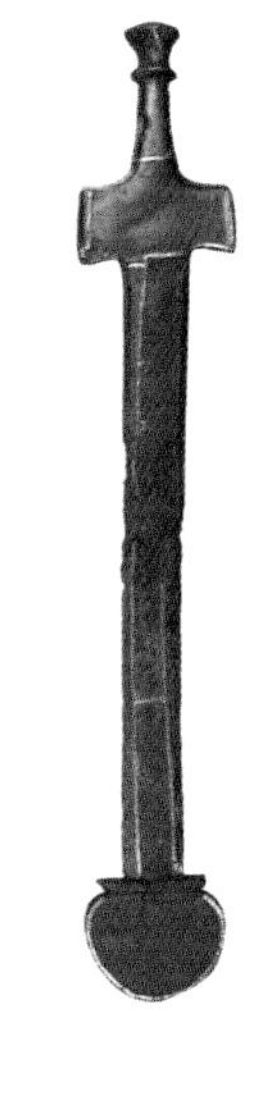

Εικ. 94 (δεξιά). Χάλκινο πόδι με τμήμα ενδύματος και ξίφος από επιχρυσωμένο έφιππο άγαλμα, τέλη 4ου αι. π.Χ.

T. L. Shear Jr., *Hesperia* 42 (1973), σελ. 165–168· J. McK. Camp II, *The Athenian Agora* (Λονδίνο, 1986), σελ. 162–165· C. C. Mattusch, *Classical Bronzes* (Ithaca, 1996), σελ. 125–129· *AgPicBk* 24 (1998), σελ. 20–21.

Στη δεξιά πλευρά της αίθουσας εκτίθενται τα κεραμικά ευρήματα. Οι προθήκες 33–36 είναι αφιερωμένες στην αθηναϊκή κεραμική με γραπτό διάκοσμο από την Αρχαϊκή και την Κλασική εποχή.

ΠΡΟΘΗΚΕΣ 33 ΚΑΙ 34. ΜΕΛΑΝΟΜΟΡΦΗ ΚΕΡΑΜΙΚΗ ΤΗΣ ΑΡΧΑΪΚΗΣ ΕΠΟΧΗΣ

Στην προθήκη 33, οι τρεις σκύφοι μεγάλων διαστάσεων (πάνω ράφι, αρ. 1–2· κάτω, αρ. 4) είναι έργα του Ζωγράφου του Θησέα και χρονολογούνται γύρω στο 500 π.Χ. Ιδιαίτερο ενδιαφέρον παρουσιάζει ο σκύφος αρ. 1 (P 1546, βλ. σελ. 8, εικ. κάτω, στο κέντρο) με παράσταση *εφεδρισμού*, δηλαδή του παιχνιδιού που πιστεύεται ότι απεικονίζεται και στο γλυπτό από τον Ναό του Ηφαίστου (S 429, σελ. 46).

Οι λήκυθοι της προθήκης 34 είναι διακοσμημένες με διάφορες σκηνές. Μία λήκυθος μεγάλων διαστάσεων (εικ. 95, P 24104, σε μακροχρόνιο δανεισμό) απεικονίζει ασυνήθιστη εκδοχή του δημοφιλούς θέματος της εισαγωγής του Ηρακλή στον Όλυμπο.

Στο πάνω ράφι (αρ. 6, P 12628) βρίσκεται αλάβαστρο διακοσμημένο από τον Ζωγράφο του Άμαση. Φέρει ταινία με παράσταση όρθιων θεοτήτων. Αποτελεί σημαντικό δείγμα της μικρογραφικής ζωγραφικής, η οποία άκμασε στα μέσα του 6ου αιώνα π.Χ. Ολόκληρη η σκηνή αναπτύσσεται στην υδατογραφία που βρίσκεται στον τοίχο.

Στο κέντρο του κάτω ραφιού βρίσκεται δείγμα κύλικας τύπου «Σιάνας» (αρ. 3, P 20716, περ. 570 π.Χ.). Στο *μετάλλιο* (παράσταση με κυκλικό περίγραμμα στον πυθμένα του αγγείου) διακρίνεται ένας πολεμιστής που τρέχει. Στις δύο πλευρές του εξωτερικού τοιχώματος υπάρχει άλογο που βόσκει. Το θραύσμα του παναθηναϊκού αμφορέα (κάτω δεξιά, αρ. 9, P 1893) είναι ένα από τα πολλά που αποκαλύφθηκαν στην Αρχαία Αγορά. Η απονομή αμφορέων με ελαιόλαδο ως επάθλων στους νικητές των Παναθηναίων συνεχίστηκε κατά την Ελληνιστική και Ρωμαϊκή εποχή, όπως αποδεικνύεται από το θραύσμα αυτό που χρονολογείται τον ύστερο 4ο αιώνα π.Χ.

Γενικά για την κεραμική: *Agora* XII (1970)· *Agora* XXIII (1986)· *Agora* XXX (1997)· K. M. Lynch στο *The Art of Antiquity* (2007), σελ. 178–220. **Σκύφοι του Ζωγράφου του Θησέα**: E. Vanderpool, *Hesperia* 15 (1946), σελ. 289–291· J. D. Beazley, *Attic Black-Figure Vase-Painters* (Οξφόρδη, 1956), σελ. 518, αρ. 4, 47, 54· *Agora* XXIII (1986), σελ. 279–280, αρ. 1484, 1486, 1490. **Αλάβαστρο του Ζωγράφου του Άμαση**: E. Vanderpool, *Hesperia* 8 (1939), σελ. 247–266· J. D. Beazley, *Paralipomena* (Οξφόρ-

Εικ. 95. Μελανόμορφη λήκυθος που απεικονίζει την εισαγωγή του Ηρακλή στον Όλυμπο, περ. 510–500 π.Χ.

δη, 1971), σελ. 64, αρ. 64· *Agora* XXIII (1986), σελ. 253, αρ. 1257. **Κύλικα Σιάνας**: E. Vanderpool, *Hesperia* 20 (1951), σελ. 61–63· J. D. Beazley, *Paralipomena* (Οξφόρδη, 1971), σελ. 25· *Agora* XXIII (1986), σελ. 299–300, αρ. 1678. **Θραύσμα παναθηναϊκού αμφορέα**: G. R. Edwards, *Hesperia* 26 (1957), σελ. 342, αρ. 23.

ΠΡΟΘΗΚΗ 35. ΑΡΧΑΪΚΗ ΕΡΥΘΡΟΜΟΡΦΗ ΚΕΡΑΜΙΚΗ

Η προθήκη περιέχει αποκλειστικά ερυθρόμορφες κύλικες. Πέρα από την τεχνοτροπία και την εικονογραφία, αρκετές από αυτές παρέχουν πληροφορίες και για το περιβάλλον όπου βρέθηκαν, αλλά και για τα εργαστήρια κεραμικής: ορισμένες βρέθηκαν μαζί, ενώ άλλες διακοσμήθηκαν από τον ίδιο ζωγράφο.

Όλες οι ερυθρόμορφες κύλικες που βρίσκονται στο πάνω ράφι χρονολογούνται τον ύστερο 6ο αιώνα. Η κύλικα στα αριστερά (εικ. 96, αρ. 1, P 24113) παρουσιάζει με τον καλύτερο τρόπο το εύρος των θεμάτων που ήταν προσφιλή στους Αθηναίους αγγειογράφους της εποχής. Στο μετάλλιό της απεικονίζει νέο που κρατά λαγό, πιθανόν ως ερωτικό δώρο. Στο εξωτερικό της κύλικας, η μία πλευρά φέρει παράσταση με τη μονομαχία του Αχιλλέα και του Μέμνονα μπροστά στις μητέρες τους και η άλλη πλευρά απεικονίζει διονυσιακό γλέντι. Στον πυθμένα του αγγείου υπάρχει η υπογραφή του κεραμέα: «Ο Γόργος με έφτιαξε», ενώ στο εξωτερικό του διακρίνεται το όνομα: «Κράτης». Στα αγγεία της περιόδου συχνά παρατηρούνται εκφράσεις ερωτικού

Εικ. 96. Ερυθρόμορφη κύλικα, τέλη 6ου αι. π.Χ.: (πάνω) νέος με λαγό στο μετάλλιο, (κάτω) η μονομαχία του Αχιλλέα με τον Μέμνονα στο εξωτερικό.

θαυμασμού για την ομορφιά ενός νέου (π.χ. «Κράτης καλός», δηλ. «ο Κράτης είναι όμορφος»).

Οι άλλες δύο κύλικες που βρίσκονται στο ράφι είναι διακοσμημένες από τον Αθηναίο ζωγράφο Επίκτητο. Το μετάλλιο της κύλικας στο κέντρο απεικονίζει σάτυρο πάνω σε γάιδαρο (αρ. 2, P 24114). Η κύλικα αρ. 3 (P 24131) φέρει διακόσμηση μόνο στο μετάλλιο: γυμνή νέα που απομακρύνεται βιαστικά από λουτήρα κρατώντας τα υποδήματα στα χέρια της. Στο μετάλλιο αναγράφεται το όνομα «Ίππαρχος». Αυτή η κύλικα ανακαλύφθηκε στο ίδιο πηγάδι κάτω από τη Στοά του Αττάλου με εκείνη που φέρει την υπογραφή του κεραμέα Γόργου (αρ. 1).

Στο κάτω ράφι, οι τρεις μεγάλες κύλικες στο πίσω μέρος της προθήκης (αρ. 1–3) είναι έργα του Ζωγράφου του Χαιρία και ανακαλύφθηκαν σε πηγάδι κάτω από το νότιο άκρο της Στοάς του Αττάλου, όπου βρέθηκαν και οι κύλικες αρ. 1 και 3 του πάνω ραφιού. Τα μετάλλιά τους απεικονίζουν: μία γυμνή γυναίκα μπροστά σε βωμό (P 24102), μία μαινάδα (P 24116) και έναν άνδρα που παίζει λύρα (P 24115). Μπροστά τους βρίσκεται θραύσμα μίας τέταρτης κύλικας (αρ. 5, P 23165) του ίδιου ζωγράφου, που απεικονίζει γυναίκα να πλένεται σε λεκάνη. Βρέθηκε σε διαφορετικό πηγάδι, κοντά στη νοτιοδυτική γωνία της Αγοράς. Όλες οι παραπάνω κύλικες χρονολογούνται γύρω στο 510–500 π.Χ.

Οι τρεις μικρότερες κύλικες που εκτίθενται στο μπροστινό μέρος της προθήκης (αρ. 6–8, P 1272–1274), αποδίδονται σε άγνωστους ζωγράφους και αναφέρονται ως «Ομάδα της Ακρόπολης 96». Αυτές οι τρεις, καθώς και η μεγαλύτερη στη δεξιά γωνία της προθήκης (αρ. 4, P 1275), αποκαλύφθηκαν στα βορειοανατολικά του Ηφαιστείου 1, σε βαθύ λάκκο που χρησιμοποιείτο ως χώρος απόθεσης απορριμμάτων από τα γειτονικά εργαστήρια κεραμικής. Και οι τέσσερις κύλικες φέρουν μόνο μία μορφή στον πυθμένα τους: έναν άλτη με αλτήρες (P 1272), έναν συμποσιαστή που παίζει κρόταλα (P 1273), έναν συμποσιαστή που παίζει *κότταβο* (παιχνίδι κατά το οποίο έριχναν κρασί από κύλικα σε συγκεκριμένο στόχο, εικ. 101, P 1274) και έναν νέο που τρέχει μεταφέροντας αμφορείς κρασιού (P 1275). Χρονολογούνται γύρω στο 510 π.Χ.

Η τελευταία κύλικα (εικ. 97, P 2698, σε μακροχρόνιο δανεισμό) παρουσιάζει ενδιαφέρον λόγω της τεχνικής επεξεργασίας της και αποτελεί σημαντικό δείγμα του συνδυασμού ερυθρόμορφης τεχνικής και κοραλλόχρωμου γανώματος, μιας δημοφιλούς τάσης στην Αθήνα κυρίως στα τέλη του 6ου και στις αρχές του 5ου αιώνα π.Χ.

Γενικά για την κεραμική: *Agora* XII (1970)· *Agora* XXIII (1986)· *Agora* XXX (1997)· K. M. Lynch στο *The Art of Antiquity* (2007), σελ. 178–220. **Κύλικες από πηγάδι της Στοάς του Αττάλου**: L. Talcott and B. Philippaki στο H. A. Thompson, *Hesperia* 24 (1955), σελ. 63–66· J. D. Beazley, *Paralipomena* (Οξφόρδη, 1971), σελ. 334, αρ. 242 (P 24113)· σελ. 328, αρ. 80 (P 24131 [λανθασμένα αναφέρεται ως 24138])· *Agora*

Εικ. 97. Κύλικα με κοραλλόχρωμο γάνωμα, περ. 500 π.Χ.

XXX (1997), σελ. 317–318, 339, αρ. 1407, 1554. **Ζωγράφος του Χαιρία**: L. Talcott, *Hesperia* 24 (1955), σελ. 72–75· *Agora* XXX (1997), σελ. 335, 341–343, 345, αρ. 1520, 1562, 1574, 1594. **Κύλικες από τον βαθύ λάκκο**: J. D. Beazley, *Attic Red-Figure Vase-Painters* (Οξφόρδη, 1942), σελ. 67, αρ. V 1–4· E. Vanderpool, *Hesperia* 15 (1946), σελ. 279–280, αρ. 33–36· *Agora* XXX (1997), σελ. 340, 342, αρ. 1555, 1571–1573. **Κοραλλόχρωμη κύλικα**: E. Vanderpool, *Hesperia* 15 (1946), σελ. 285–287, αρ. 52· *Agora* XXX (1997), σελ. 341, αρ. 1566.

ΠΡΟΘΗΚΗ 36. ΕΡΥΘΡΟΜΟΡΦΗ ΚΕΡΑΜΙΚΗ ΚΑΙ ΚΕΡΑΜΙΚΗ ΛΕΥΚΟΥ ΒΑΘΟΥΣ ΤΗΣ ΚΛΑΣΙΚΗΣ ΕΠΟΧΗΣ

Η προθήκη 36 περιέχει ορισμένες ερυθρόμορφες, ραδινές οινοχόες, που ανακαλύφθηκαν σε απόθεση στη βόρεια κλιτύ της Ακρόπολης (πάνω ράφι, αρ. 1 και 2· κάτω ράφι, αρ. 2). Τόσο το σχήμα όσο και ο γραπτός διάκοσμός τους είναι ασυνήθιστα. Στο σώμα της οινοχόης P 15845 (πάνω ράφι, αρ. 2) διακρίνεται άρμα με τέσσερα άλογα και ιπποκόμος δίπλα στα κεφάλια των αλόγων· πιθανόν η θεά Αθηνά κρατούσε τα ηνία. Σε δύο περιπτώσεις η Αθηνά απεικονίζεται στο λαιμό των αγγείων ως «Πρόμαχος» (πρώτη στη μάχη) (βλ. πάνω ράφι, αρ. 1, P 14793). Η μορφή της αποδίδεται με αρχαΐστική τεχνοτροπία, που θυμίζει τις απεικονίσεις της Αθηνάς στους παναθηναϊκούς αμφορείς. Στο μπροστινό μέρος των αγγείων προεξέχουν δύο μαστοειδείς αποφύσεις (P 15845· συμπληρωμένες στο P 15840, κάτω ράφι). Σύμφωνα με την τεχνοτροπία, τα αγγεία χρονολογούνται στα τέλη του 5ου αιώνα π.Χ. Η έντονη παρουσία της θεάς Αθηνάς και το σημείο όπου αποκαλύφθηκαν οι οινοχόες υποδηλώνουν ιερή ή δημόσια χρήση, που ίσως συνδέεται με τα Παναθήναια.

Τα δύο αγγεία με λευκό βάθος που βρίσκονται στο πάνω ράφι είναι υψηλής ποιότητας. Στο μετάλλιο της κύλικας (αρ. 5, P 43: περ. 480–470 π.Χ.) ένας νέος κουρδίζει τη λύρα του, ενώ ο λαγός του τον ακούει προσεκτικά. Στο μετάλλιο αναγράφεται το όνομα «Έρινος». Σε αποσπασματικά σωζόμενη κουβαρίστρα δίπλα (αρ. 4, P 5113), ο θεός Ήλιος, με τα φτερωτά του άλογα, ανατέλλει μέσα από τα λευκά κύματα (εικ. 98).

Εικ. 98. Κουβαρίστρα με απεικόνιση του θεού Ήλιου σε λευκό βάθος, περ. 480 π.Χ.

Ο ερυθρόμορφος χους στα δεξιά του κάτω ραφιού (αρ. 5, P 15210, βλ. σελ. 8, εικ. κάτω δεξιά) πιθανότατα συνδέεται με τα Ανθεστήρια (γιορτή που λάμβανε χώρα στις αρχές της άνοιξης). Η εύθυμη ατμόσφαιρα της γιορτής έχει επηρεάσει ακόμη και ένα χυτήριο χαλκού: ένας σκλάβος κρατά δίσκο με προσφορές και πλησιάζει τον επί κεφαλής που στέκεται με επίσημη ενδυμασία μπροστά στον κλίβανο.

Γενικά για την κεραμική: *Agora* XII (1970)· *Agora* XXIII (1986)· *Agora* XXX (1997)· K. M. Lynch στο *The Art of Antiquity* (2007), σελ. 178–220. **Οινοχόες από τη βόρεια κλιτύ**: R. Green, *Hesperia* 31 (1962), σελ. 82–94· *Agora* XXX (1997), σελ. 254, 256, αρ. 809, 812, 823. **Κύλικα λευκού βάθους**: L. Talcott, *Hesperia* 2 (1933), σελ. 224–230· J. D. Beazley, *Attic Red-Figure Vase-Painters* (Οξφόρδη, 1942), σελ. 923· *Agora* XXX (1997), σελ. 342, αρ. 1570. **Κουβαρίστρα λευκού βάθους**: L. Talcott, *Hesperia* 5 (1936), σελ. 333–335· *Agora* XXX (1997), σελ. 351, αρ. 1640. **Χους**: G. van Hoorn, *Choes and Anthesteria* (Leiden, 1951), σελ. 90, αρ. 227· *Agora* XXX (1997), σελ. 244, αρ. 716.

ΠΡΟΘΗΚΗ 37. ΜΕΛΑΝΟΜΟΡΦΟΣ ΚΑΛΥΚΟΣΧΗΜΟΣ ΚΡΑΤΗΡΑΣ ΤΟΥ ΕΞΗΚΙΑ(;)

Ένας κρατήρας, που ανακαλύφθηκε σε πηγάδι ψηλά στη βόρεια κλιτύ της Ακρόπολης, στέκεται στη δική του ξεχωριστή προθήκη (εικ. 99, AP 1044). Ενδεχομένως να πρόκειται για αφιέρωμα στην Ακρόπολη, το οποίο στη συνέχεια πετάχτηκε στα απορρίμματα. Το αγγείο είχε επιδιορθωθεί κατά την αρχαιότητα, γεγονός που καταδεικνύει ότι οι ιδιοκτήτες του το θεωρούσαν σημαντικό. Αποτελεί το αρχαιότερο γνωστό δείγμα καλυκόσχημου κρατήρα. Στη μία όψη (προς τη δεξιά πλευρά της

Εικ. 99. Μελανόμορφος κρατήρας, μέσα 6ου αι. π.Χ.: (αριστερά) μάχη πάνω από τον νεκρό Πάτροκλο, (δεξιά) πομπή που συνοδεύει τον Ηρακλή στον Όλυμπο.

προθήκης), μαίνεται η μάχη πάνω από το νεκρό σώμα του Πάτροκλου. Στην άλλη όψη, σώζεται το μπροστινό τμήμα της πομπής που συνοδεύει τον Ηρακλή κατά την εισαγωγή του στον Όλυμπο. Στο κάτω μέρος και των δύο πλευρών διακρίνεται μικρού μεγέθους παράσταση με λιοντάρια που σπαράσσουν ταύρο, η οποία πιθανόν είναι εμπνευσμένη από συνθέσεις σε αετώματα. Στην πλευρά της λαβής η παράσταση υποδηλώνει τον εορταστικό χαρακτήρα του αγγείου: πάνω από τη λαβή απεικονίζεται μαινάδα που κάθεται στη σκιά κληματαριάς, χωρίς να έχει αντιληφθεί ακόμη τον σάτυρο με τη μακριά ουρά που ανεβαίνει βιαστικά από κάτω.

Αρχικά ο κρατήρας είχε αποδοθεί στον Εξηκία, τον κορυφαίο ζωγράφο μελανόμορφων αγγείων των μέσων του 6ου αιώνα π.Χ., αλλά σήμερα φαίνεται πιο πιθανό να έχει διακοσμηθεί από άλλο ζωγράφο της εποχής, επίσης ταλαντούχο.

Γενικά για την κεραμική: *Agora* XII (1970)· *Agora* XXIII (1986)· *Agora* XXX (1997)· K. M. Lynch στο *The Art of Antiquity* (2007), σελ. 178–220. **Κρατήρας**: O. Broneer, *Hesperia* 6 (1937), σελ. 468–486· O. Broneer, *AJA* 42 (1938), σελ. 445· J. D. Beazley, *Attic Black-Figure Vase-Painters* (Οξφόρδη, 1956), σελ. 145–146, αρ. 19· E. A. Mackay, *Tradition and Originality* (Οξφόρδη, 2010), σελ. 354–357.

Η ΖΩΗ ΣΤΟ ΣΠΙΤΙ

Το υλικό από τα πηγάδια που σχετίζονταν με τις οικίες γύρω από την πλατεία της Αγοράς παρέχει πληροφορίες για την ιδιωτική ζωή των Αθηναίων και ειδικότερα των γυναικών, οι οποίες κατά κανόνα ήταν αποκλεισμένες από τη δημόσια ζωή, την πολιτική, τα δικαστήρια και τον στρατό.

Η ελληνική λέξη για το σπίτι (*οίκος*) αποτελεί το πρώτο συνθετικό του όρου «οικονομία». Η ετυμολογία καταδεικνύει ότι το ελληνικό σπίτι ήταν οικονομικό κέντρο και όχι απλώς ένα μέρος για φαγητό και ύπνο. Η ελεφαντοστέινη σφραγίδα που είχε ταφεί μαζί με την εύπορη γυναίκα της Γεωμετρικής εποχής έχει συνδεθεί με την κυριότητα της γυναίκας αυτής πάνω στα οικιακά είδη (προθήκη 16, σελ. 116), ενώ το θραύσμα πινακίου με χαραγμένο κατάλογο οικιακών σκευών ίσως σχετίζεται και αυτό με τη διαχείριση του νοικοκυριού (προθήκη 41, σελ. 168). Η δημιουργία ενδυμάτων –το γνέσιμο του μαλλιού και η ύφανση για τη δημιουργία ρουχισμού– ήταν σημαντική δεξιότητα των γυναικών και τα πολυάριθμα σφονδύλια και αγνύθες που εκτίθενται στην αίθουσα μαρτυρούν αυτή τη δραστηριότητα. Την παρασκευή φαγητού διευκόλυναν φορητά μαγειρικά σκεύη, όπως σχάρες και μαγκάλια (*πύραυνοι*) (προθήκες 60–64, 40–42, σελ. 167–168). Οι γυναίκες αντλούσαν νερό για το σπίτι είτε από πηγάδια στην αυλή τους είτε από δημόσιες κρήνες, όπως εκείνες στη νοτιοανατολική 62 και τη νοτιοδυτική γωνία 70 της πλατείας της Αρχαίας Αγοράς. Η ανατροφή των παιδιών –της επόμενης γενιάς Αθηναίων– αποτελούσε μία ακόμη σημαντική υποχρέωση. Το παιδικό κάθισμα (εικ. 100) της προθήκης 26 (σελ. 126–127)

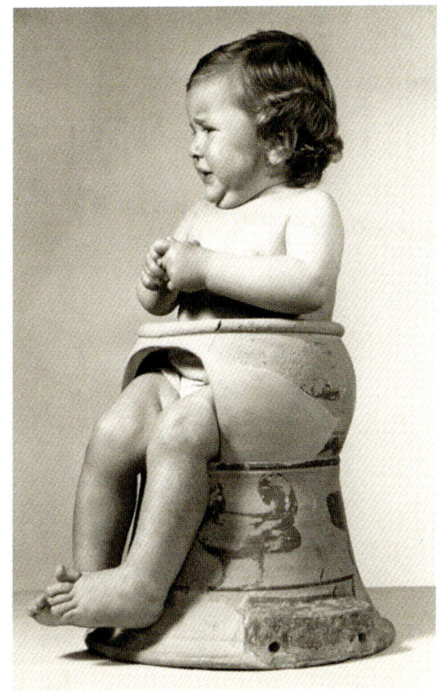

Εικ. 100. Νήπιο στο παιδικό κάθισμα

Εικ. 101. Ερυθρόμορφη κύλικα με απεικόνιση άνδρα που παίζει κότταβο, περ. 510 π.Χ.

συγκρατούσε το μωρό, όταν η μητέρα χρειαζόταν να ασχοληθεί με κάτι άλλο, ενώ ταυτόχρονα το εκπαίδευε να χρησιμοποιεί ουροδοχείο.

Παρόλο που, σαφέστατα, το σπίτι ήταν ο χώρος όπου δραστηριοποιείτο η γυναίκα, οι άνδρες είχαν στη δικαιοδοσία τους τον λεγόμενο *ανδρώνα*. Συνήθως, αυτό το δωμάτιο ήταν το πιο διακοσμημένο, επειδή ήταν το μόνο που έβλεπαν οι επισκέπτες όταν λάμβαναν μέρος σε συμπόσιο. Εδώ, οι άνδρες έτρωγαν και έπιναν ξαπλωμένοι σε ανάκλιντρα, συζητούσαν για πολιτική ή φιλοσοφία και έκαναν κοινωνικές επαφές (εικ. 101). Αποτελούσε κοινή πεποίθηση ότι ο χαρακτήρας ενός άνδρα φαινόταν από τη συμπεριφορά του σε αυτές τις ημι-ιδιωτικές συναθροίσεις. Το συμπόσιο ήταν μια μικρογραφία της ίδιας της πόλης-κράτους.

Το μεγαλύτερο μέρος της λεπτής κεραμικής ενός αθηναϊκού σπιτιού χρησιμοποιείτο στα συμπόσια, στα οποία ήταν απαραίτητος ειδικός εξοπλισμός, από τις οινοχόες έως τα κύπελλα των προσκεκλημένων. Το πιο σημαντικό αγγείο ήταν ο κρατήρας: ο οίνος δεν πινόταν σκέτος –όπως έκαναν οι βάρβαροι– και αυτό το μεγάλο δοχείο χρησίμευε για να αναμειγνύεται ο οίνος με νερό. Μετά την ανάμειξη των δύο υγρών, όλοι οι παρευρισκόμενοι έπιναν από το ίδιο αγγείο· συνεπώς, η λέξη «συμπόσιο», από την οποία πήρε το όνομά της η συνάθροιση, σημαίνει στην κυριολεξία κοινή πόση (συν-πόση).

AgPicBk 26 (2005)· *Hesperia* Suppl. 46 (2011).

ΠΡΟΘΗΚΕΣ 38 ΚΑΙ 39. ΑΝΤΙΚΕΙΜΕΝΑ ΑΠΟ ΠΗΓΑΔΙ

Οι προθήκες αυτές περιέχουν ορισμένα από τα αντικείμενα που βρέθηκαν σε πηγάδι κοντά στη νοτιοανατολική γωνία της Αρχαίας Αγοράς, το οποίο είχε εγκαταλειφθεί και γεμιστεί με απορρίμματα γύρω στο 400 π.Χ. Στο κάτω ράφι της προθήκης 38 εκτίθενται τυπικά αγγεία πόσεως της εποχής: σκύφοι και μόνωτα ή δίωτα κύπελλα. Υπάρχουν, επίσης, πυξίδες και οινοχόες. Στο πάνω ράφι είναι τοποθετημένα πήλινα ειδώλια, μία οστέινη μικρογραφία ερμαϊκής στήλης, ένα πήλινο αντίγραφο από τελείωμα βραχιολιού με λεοντοκεφαλή και μία ελεφαντοστέινη γραφίδα. Αξιοσημείωτο εύρημα από το πηγάδι αυτό είναι το χάλκινο δημόσιο μέτρο (εικ. 86, αρ. 12, Β 1082) με κυλινδρικό σχήμα· φέρει επιγραφή που δηλώνει ότι ανήκει στον δήμο της Αθήνας. Έχει χωρητικότητα 0,111 λίτρα, πιθανότατα ένα αρχαίο *ημικοτύλιον* (=μισή κοτύλη, βλ. πήλινα μέτρα της προθήκης 68, σελ. 146–147).

Η προθήκη 39 περιλαμβάνει χαρακτηριστικές τριφυλλόστομες οινοχόες (χόες), κάποιες τροχήλατες μελαμβαφείς, άλλες χειροποίητες και άβαφες. Μία από εκείνες που δεν έχουν μαύρο γάνωμα (εικ. 102, κάτω ράφι, αρ. 2, Ρ 23900) φέρει σκηνή κωμωδίας ζωγραφισμένη με παστέλ αποχρώσεις διάφορων χρωμάτων (λευκό, μελανό, ρόδινο, πράσινο) και αποτελεί δείγμα ενός συνόλου τεσσάρων όμοιων οινοχοών. Αυτά τα αθηναϊκά αγγεία αποτελούν σημαντικές μαρτυρίες της ιστορίας του θεάτρου· προηγήθηκαν των *φλυάκων* (αγγεία με φλυακογραφίες) της Νότιας Ιταλίας.

Ανάμεσα στα ερυθρόμορφα αγγεία, στο πάνω ράφι της προθήκης 39, βρίσκεται ο *χους* Ρ 23877 (αρ. 3)· απεικονίζει παιδί με τα παιχνίδια του.

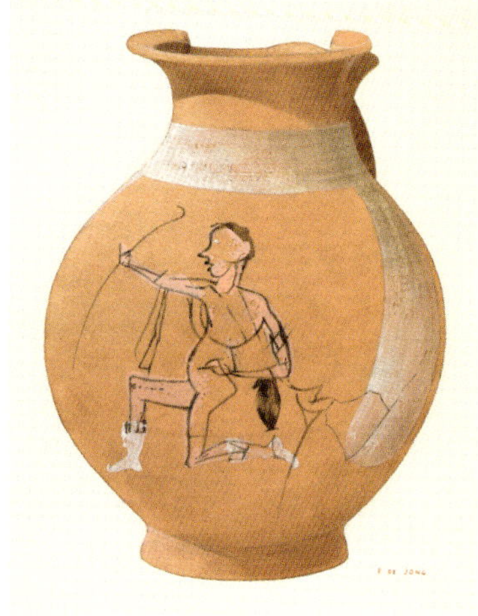

Εικ. 102. Κωμική σκηνή σε οινοχόη, περ. 400 π.Χ., φωτογραφία και υδατογραφία

Εικ. 103. Ερυθρόμορφος χους με τρίποδα και Νίκες, περ. 410–400 π.Χ.

Είναι το είδος του αγγείου που μετέφεραν τα παιδιά την ημέρα των Χοών, κατά τη γιορτή των Ανθεστηρίων. Δύο άλλοι χόες παρόμοιου σχήματος φέρουν παραστάσεις που σχετίζονται με νίκες: στη μία περίπτωση διακρίνεται αγόρι που οδηγεί άλογο κρατώντας στεφάνι νικητή στο χέρι (αρ. 2, P 23850), ενώ στη δεύτερη απεικονίζεται τρίποδας-έπαθλο πλαισιωμένος από Νίκες (εικ. 103, P 23896, σε μακροχρόνιο δανεισμό).

Στο κάτω ράφι της προθήκης είναι τοποθετημένοι πήλινοι λύχνοι, αγνύθες και μία ακονόπετρα.

Κατάλοιπα από πηγάδι: H. A. Thompson, *Hesperia* 25 (1956), σελ. 57–61. **Οινοχόες με κωμικές σκηνές**: M. Crosby, *Hesperia* 24 (1955), σελ. 76–84· T. B. L. Webster, *Hesperia* 29 (1960), σελ. 261–263· A. D. Trendall, *Phlyax Vases* (2η έκδοση, Λονδίνο, 1967), σελ. 23–24· *Agora* XII (1970), σελ. 205· A. D. Trendall and T. B. L. Webster, *Illustrations of Greek Drama* (Λονδίνο, 1971), σελ. 120· A. Pickard-Cambridge, *The Dramatic Festivals of Athens,* (2η έκδοση, Οξφόρδη, 1988), σελ. 212–213· J. K. Papadopoulos κ.ά. στο *The Art of Antiquity* (2007), σελ. 169–171.

ΠΡΟΘΗΚΕΣ 60–64, 40–42. ΚΕΡΑΜΙΚΗ ΟΙΚΙΑΚΗΣ ΧΡΗΣΗΣ, ΜΑΓΕΙΡΙΚΑ ΣΚΕΥΗ

Οι υπόλοιπες προθήκες της ενότητας παρέχουν σημαντικές πληροφορίες για τα μαγειρικά και τα επιτραπέζια σκεύη που χρησιμοποιούνταν στα αθηναϊκά σπίτια κατά την Κλασική εποχή. Η προθήκη 64, στην αριστερή πλευρά της αίθουσας, περιλαμβάνει ορισμένα από τα πιο συνήθη σχήματα των επιτραπέζιων σκευών. Όλα φέρουν το μελανό γάνωμα, που διατήρησε την υψηλής ποιότητας στιλπνότητά του κατά τον 6ο, τον 5ο και τον 4ο αιώνα π.Χ. Κυριαρχούν τα αγγεία αποθήκευσης και πόσεως κρασιού. Στα αριστερά του πάνω ραφιού βρίσκεται χους με βαφή, η οποία εμπόδιζε τυχόν διαρροές (αρ. 1, P 16453). Η γιρλάντα που είναι ζωγραφισμένη στον ώμο του αγγείου παραπέμπει στη συνηθισμένη χρήση γιρλάντας στα ελληνικά συμπόσια. Κάτω, στην πίσω σειρά (αρ. 3–5), εκτίθενται βαθείς, δίωτοι σκύφοι, οι οποίοι ανήκουν σε τύπο που είχαν εισαγάγει οι Αθηναίοι από τους Κορίνθιους. Το συγκεκριμένο σχήμα παρέμεινε δημοφιλές κατά τον 6ο και τον 5ο αιώνα π.Χ. Μπροστά τους υπάρχουν κύλικες χωρίς πόδι (αρ. 9–11), που επικράτησαν από τον 7ο έως τον 4ο αιώνα π.Χ., επειδή ήταν πιο πρακτικές από τις σύγχρονές τους διακοσμημένες κύλικες με υψηλό πόδι. Πιο προσεκτική εξέταση δείχνει ότι ορισμένα από τα μελαμβαφή αυτά αγγεία φέρουν γεωμετρικά ή φυτικά μοτίβα, τα οποία σφραγίζονταν ή χαράσσονταν στην επιφάνεια πριν σκληρύνει ο πηλός.

Ο κάνθαρος που βρίσκεται στα αριστερά του πάνω ραφιού χρονολογείται στο β′ μισό του 5ου αιώνα π.Χ (αρ. 2, P 21877). Τα πιο λιτά αγγεία στα δεξιά (αρ. 3, 4, 6) αντιπροσωπεύουν τον δημοφιλέστερο τύπο κανθάρου του 4ου και των αρχών του 3ου αιώνα π.Χ.

Η προθήκη 63 περιέχει τρία χρηστικά αγγεία. Η σφαιρική πρόχους (αρ. 2, P 20786) έφερε ακόμη το πώμα στο στόμιό της όταν ανακαλύφθηκε. Χρονολογείται γύρω στο 480 π.Χ. και το πώμα αυτό από φελλό είναι το αρχαιότερο που έχει βρεθεί. Η πρόχους είχε κρεμαστεί μέσα σε πηγάδι προκειμένου να διατηρηθεί το περιεχόμενό της δροσερό. Πίσω, η δίωτη λεκάνη (αρ. 1), η οποία ήταν εξολοκλήρου βαμμένη στο εσωτερικό και διακοσμημένη με ταινίες στο εξωτερικό, είχε διάφορες οικιακές χρήσεις. Τέλος, η *λάγυνος* (αρ. 3) είναι σκεύος σερβιρίσματος με δύο λαβές δίπλα-δίπλα, αντί για μία.

Πάνω αριστερά στην προθήκη 62 (αρ. 1–3) βρίσκονται τρεις *ψυκτήρες*, αγγεία με ειδικό σχήμα, που επέτρεπε την τοποθέτησή τους μέσα σε σκεύη με κρύο νερό. Από κάτω εκτίθεται ένα δοχείο νυκτός (*αμίς*) (αρ. 1, P 2352). Στην ίδια προθήκη βρίσκονται δύο μόνωτοι σκύφοι (αρ. 6 και 8), το πιο σύνηθες επιτραπέζιο σκεύος της περιόδου, καθώς και σειρά από όστρακα χαραγμένα με πρόχειρα σημειώματα: μηνύματα, λίστες, το αλφάβητο κ.ά. Τα περισσότερα αναφέρουν απλώς το όνομα του ιδιοκτήτη.

Οι προθήκες στο τέλος της αίθουσας (δεξιά και αριστερά) ορίζουν τη μετάβαση από τα επιτραπέζια στα μαγειρικά σκεύη. Ο εξοπλισμός της κουζίνας περιλάμβανε ευρύ φάσμα συσκευών, οι οποίες είναι κατασκευασμένες από χονδροειδή, καστανό, πυρίμαχο πηλό χωρίς καμία βαφή ή διακόσμηση. Το πάνω ράφι της προθήκης 61 παρουσιάζει τους πιο δημοφιλείς τύπους μαγκαλιού (*πύραυνος*) κατά την Κλασική εποχή, που ήταν σχεδιασμένοι να συγκρατούν μαγειρικά σκεύη με στρογγυλεμένη βάση, όπως φαίνεται από το σκεύος με αρ. 3 στην προθήκη. Περισσότερα σχετικά δείγματα περιέχονται στην προθήκη 41, στην άλλη πλευρά της αίθουσας. Στο κάτω ράφι της προθήκης 61 (αρ. 3, P 4869), όπως και στην προθήκη 60 (αρ. 2, P 21956), βρίσκονται μαγκάλια, που αποτελούνται από ρηχή στρογγυλή λεκάνη, με ίσιο πλατύ χείλος, που στέκεται σε χαμηλό στήριγμα. Προφανώς ήταν σχεδιασμένα για ψήσιμο σε χαμηλή φωτιά από κάρβουνα. Το ένα μαγκάλι φέρει προεξοχές στο χείλος του, όπου στηρίζονταν μικρές σούβλες (οβελοί). Τα κωδωνόσχημα σκεύη που βρίσκονται δίπλα, ενδεχομένως να χρησίμευαν ως φορητοί φούρνοι: μέσα τους τοποθετούσαν τη ζύμη και γύρω τα κάρβουνα. Μία σχάρα βρίσκεται επίσης στο κάτω ράφι της προθήκης 61 (αρ. 2).

Απέναντι, η προθήκη 42 περιλαμβάνει μία δεύτερη σχάρα (αρ. 2). Ανάμεσα στα βασικά μαγειρικά σκεύη στο κάτω μέρος της προθήκης 41, υπάρχει και ένας εγχάρακτος κατάλογος οικιακών σκευών (αρ. 3, P 10810). Στο κάτω ράφι της προθήκης 40 εκτίθενται δύο τηγανόσχημα σκεύη (αρ. 2 και 3). Στο πάνω ράφι υπάρχει ένα σουρωτήρι (*ηθμός*) (αρ. 3) και δύο από τα βασικότερα μεγάλα αγγεία για την άντληση και μεταφορά νερού: ο *κάδος*, με δύο λαβές, από τις οποίες δενόταν με σκοινί για να αντλεί νερό από το πηγάδι (αρ. 2), και η *υδρία*, με τις τρεις λαβές, για τη μεταφορά του νερού στο σπίτι (αρ. 1). Τα εν λόγω αγγεία, από καστανό πηλό με μίκα, είχαν εξαιρετικά λεπτά τοιχώματα και προσέθεταν ελάχιστο επιπλέον βάρος στον μεταφορέα τους· εξακολούθησαν να πλάθονται με το χέρι για μεγάλο διάστημα, ενώ σχεδόν όλα τα άλλα αγγεία φτιάχνονταν στον κεραμικό τροχό.

Κεραμική οικιακής χρήσης: *AgPicBk* 1 (1959)· B. A. Sparkes, *JHS* 82 (1962), σελ. 121–137· *Agora* XII (1970)· *Agora* XXXIII (2006). **Χαραγμένα όστρακα**: *Agora* XXI (1976)· *AgPicBk* 14 (αναθ. 1988).

Εικ. 104. Αθηναϊκά νομίσματα με απεικόνιση της θεάς Αθηνάς και της γλαύκας: (αριστερά) αργυρό, 5ος αι. π.Χ.· (δεξιά) χάλκινο, 2ος αι. π.Χ.

ΠΡΟΘΗΚΗ 5. ΝΟΜΙΣΜΑΤΑ

Πριν συνεχίσετε στα εκθέματα της Ελληνιστικής περιόδου, σταματήστε στην κεντρική προθήκη, η οποία περιλαμβάνει ορισμένα από τα 75.000 ταυτισμένα νομίσματα που έχουν αποκαλυφθεί στις ανασκαφές της Αρχαίας Αγοράς. Στο μπροστινό μέρος της προθήκης εκτίθενται νομίσματα που αντιπροσωπεύουν την ιστορία της αθηναϊκής νομισματοκοπίας από τις αρχές της, το α′ μισό του 6ου αιώνα π.Χ., έως το τέλος της με την εισβολή των Ερούλων το 267 μ.Χ. (εικ. 104). Τα χάλκινα νομίσματα του 3ου και 2ου αιώνα π.Χ. πιθανόν να κόπηκαν στο Νομισματοκοπείο της Αγοράς 61. Στο πίσω μέρος της προθήκης βρίσκονται μη αθηναϊκά νομίσματα όλων των περιόδων, τοποθετημένα έτσι ώστε να είναι ορατές και οι δύο πλευρές τους: νομίσματα από άλλες ελληνικές πόλεις, μία σειρά ρωμαϊκών νομισμάτων που ξεκινά από την εποχή του Σύλλα, καθώς και νομίσματα που κυκλοφόρησαν κατά τη Βυζαντινή περίοδο, τη Φραγκοκρατία, την Ενετοκρατία και την Τουρκοκρατία.

Στη συντριπτική τους πλειονότητα, τα νομίσματα της συλλογής είναι χάλκινα και μικρής ονομαστικής αξίας. Τα αργυρά νομίσματα ανέρχονται περίπου σε 500. Στο πίσω μέρος της προθήκης εκτίθενται στατήρας από *ήλεκτρο* (κράμα χρυσού και αργύρου) του 5ου αιώνα π.Χ. από την Κύζικο (αρ. 1) και χρυσά νομίσματα διάφορων περιόδων: ένας *δαρεικός* από την Περσία (αρ. 2, 465–425 π.Χ.), ένας στατήρας του Μεγάλου Αλεξάνδρου κομμένος στις Σάρδεις μετά τον θάνατο του βασιλιά, (αρ. 3, περ. 321 π.Χ.), ένα υστερορωμαϊκό χρυσό νόμισμα του Αρκάδιου (αρ. 47, 6η σειρά), ένα ενετικό δουκάτο (αρ. 75, 10η σειρά, 1694–1700 μ.Χ.), τρία τουρκικά νομίσματα (αρ. 88, 11η σειρά, 1574 μ.Χ., και αρ. 93–94, τελευταία σειρά, αρχές της δεκαετίας του 1800), καθώς και ένα νόμισμα των 20 φράγκων του Ναπολέοντα Γ′ (αρ. 85, στο μέσο της 11ης σειράς, 1854 μ.Χ.) (εικ. 105).

Agora II (1954)· *Agora* IX (1962)· *AgPicBk* 15 (1975)· *AgPicBk* 18 (1978)· *Agora* XXVI (1993).

Εικ. 105. (α) Στατήρας από ήλεκτρο από την Κύζικο· (β) χρυσός δαρεικός από την Περσία· (γ) χρυσός στατήρας του Μεγάλου Αλεξάνδρου· (δ) χρυσός σόλιδος του Αρκάδιου· (ε) χρυσό ενετικό δουκάτο· (στ) χρυσό οθωμανικό νόμισμα· (ζ) χρυσό νόμισμα του Ναπολέοντα (οι εμπροσθότυποι αριστερά και οι οπισθότυποι δεξιά).

ΕΛΛΗΝΙΣΤΙΚΗ (323–86 π.Χ.), ΡΩΜΑΪΚΗ (86 π.Χ.–6ος Αι. μ.Χ.) ΚΑΙ ΒΥΖΑΝΤΙΝΗ (10ος–12ος Αι. μ.Χ.) ΕΠΟΧΗ

Η καταστροφή της Αθήνας μετά τον πόλεμο με τη Σπάρτη και η άνοδος της ισχύος των Μακεδόνων υπό τον Φίλιππο και τον Μέγα Αλέξανδρο μείωσαν κατά πολύ την πολιτική δύναμη της Αθήνας. Ωστόσο, χάρη στην υποστήριξη από τους ελληνιστικούς ηγεμόνες, που εκφράστηκε, μεταξύ άλλων, με την ανέγερση της Στοάς του Αττάλου από τον βασιλιά της Περγάμου Άτταλο Β′ (159–138 π.Χ.), η πόλη δεν έχασε ποτέ την πολιτισμική της επιρροή. Η μακρά περίοδος που μεσολάβησε μεταξύ του θανάτου του Μεγάλου Αλεξάνδρου (323 π.Χ.) και της πολιορκίας της Αθήνας από τον Σύλλα (86 π.Χ.) αντιπροσωπεύεται στην αίθουσα κυρίως από κεραμικά αντικείμενα και πήλινα ειδώλια.

Παρόλο που, μετά την πολιορκία του Σύλλα, η Αρχαία Αγορά καταπατήθηκε από ιδιωτικές βιοτεχνίες, υπήρξε αναβίωσή της κατά την περίοδο του Οκταβιανού Αυγούστου (π.χ. η ανέγερση του Ωδείου ως δωρεά του Αγρίππα). Τη Ρωμαϊκή εποχή συνεχίστηκε η παραγωγή νεοαττικής γλυπτικής, η οποία είχε ξεκινήσει από τα ελληνιστικά χρόνια, ενώ παράλληλα φιλοτεχνήθηκαν αντίγραφα των σημαντικότερων γλυπτών της Αρχαϊκής και της Κλασικής περιόδου. Ορισμένα από αυτά βρίσκονται κατά μήκος της εσωτερικής κιονοστοιχίας και στον πάνω όροφο.

Η εισβολή των Ερούλων το 267 μ.Χ. άλλαξε τη μορφή ολόκληρης τη Αθήνας και φυσικά της Αρχαίας Αγοράς, με τις εκτεταμένες καταστροφές και τη μετατόπιση των τειχών της πόλης, που άφησε την Αγορά έξω από αυτά. Ωστόσο, η Αθήνα διατήρησε τη φήμη της ως φιλοσοφικό κέντρο. Πολλά από τα εκθέματα της αίθουσας προέρχονται από πολυτελείς οικίες του 4ου αιώνα, οι οποίες ήταν χτισμένες στις παρυφές του παλιού κέντρου της πόλης. Ορισμένες από αυτές είχαν, πιθανότατα, χρησιμοποιηθεί ως φιλοσοφικές σχολές.

Η τελευταία προσθήκη της αίθουσας περιλαμβάνει δείγματα κεραμικής από τη μικρή –αλλά σημαντική– συνοικία που αναπτύχθηκε στη θέση της Αγοράς κατά τη Βυζαντινή εποχή. Τα αντικείμενα αυτά χρονολογούνται, κυρίως, μεταξύ του 10ου και 12ου αιώνα μ.Χ.

Ελληνιστικά: J. McK. Camp II, *The Athenian Agora* (Λονδίνο, 1986), σελ. 153–180· *AgPicBk* 2 (αναθ. 1992). **Ρωμαϊκά–Βυζαντινά**: *AgPicBk* 7 (1961)· *Agora* XX (1971)· *Agora* XIV (1972), σελ. 204–219· J. McK. Camp II, *The Athenian Agora* (Λονδίνο, 1986), σελ. 181–214· *Agora* XXIV (1988).

Τα εκθέματα από την Ελληνιστική και τη Ρωμαϊκή εποχή βρίσκονται μετά την κεραμική συλλογή. Η περιήγηση ξεκινά με τη γλυπτική, στην αριστερή πλευρά της αίθουσας.

ΠΡΟΘΗΚΗ 59. ΓΛΥΠΤΙΚΗ ΚΑΙ ΑΝΤΙΓΡΑΦΑ ΓΝΩΣΤΩΝ ΑΓΑΛΜΑΤΩΝ

Οι ανασκαφές έχουν φέρει στο φως πολλά από τα μικρογραφικά αντίγραφα διάσημων αγαλμάτων του παρελθόντος, που φιλοτεχνήθηκαν από Αθηναίους γλύπτες κατά την Ελληνιστική και τη Ρωμαϊκή εποχή και προορίζονταν να διακοσμήσουν αθηναϊκές οικίες. Το αγαλμάτιο της Αφροδίτης στο κέντρο του πάνω ραφιού (S 1192: περ. 150–86 π.Χ.), στον δεξιό ώμο του οποίου κάποτε στηριζόταν ο Έρωτας, ανήκει στον ίδιο τύπο με το υπερμέγεθες άγαλμα που σήμερα βρίσκεται στις κιονοστοιχίες της Στοάς (S 378, σελ. 38). Διατηρεί ακόμη ίχνη αρχαίων χρωμάτων. Ο κουρασμένος Ηρακλής στα δεξιά (S 1241: Ρωμαϊκή εποχή) παραπέμπει σε άγαλμα του 4ου αιώνα π.Χ., πιθανότατα έργο του Λυσίππου. Ο τύπος του είναι περισσότερο γνωστός από ένα αντίγραφο υπερφυσικού μεγέθους, τον «Ηρακλή Farnese» που βρίσκεται στη Νάπολη και φέρει υπογραφή του Αθηναίου γλύπτη Γλύκωνα. Στο κάτω ράφι (αρ. 3), η μικρή τρίμορφη Εκάτη (S 852: 1ος–2ος αι. μ.Χ.), θεά που προστάτευε τα σταυροδρόμια και τις εισόδους, φέρνει στο νου το διάσημο έργο του Αλκαμένη στην Ακρόπολη.

Τα δύο αγαλμάτια που βρίσκονται στα αριστερά της προθήκης είναι εμπνευσμένα από λατρευτικά αγάλματα ιερών της Αγοράς. Πάνω, ο βαριά ενδεδυμένος Απόλλωνας με κιθάρα (S 877: αβέβαιη χρονολόγηση) αποτελεί αντίγραφο –σε κλίμακα 1/10– του Απόλλωνα Πατρώου του Ευφράνορα, που βρίσκεται στον χώρο των κιονοστοιχιών (S 2154, σελ. 33). Κάτω, στον μικρό λατρευτικό ναΐσκο (εικ. 106, S 922: ύστερος 4ος αι. π.Χ.) κάθεται η Μητέρα των Θεών, ανάμεσα σε ακολούθους· κρατά *φιάλη* (ανοιχτό αγγείο για τέλεση σπονδών), τύμπανο και λιοντάρι. Παρόμοιο πρέπει να ήταν το άγαλμα στο Μητρώο 14.

Εικ. 106. Μικρογραφικό αντίγραφο αγάλματος της Μητέρας των Θεών. Το πρωτότυπο βρισκόταν στο Μητρώο.

Το ανάγλυφο με τις πολλές μορφές στο κέντρο του κάτω ραφιού (αρ. 2, S 1251) είναι αυθεντικό έργο του ύστερου 4ου αιώνα π.Χ. Απεικονίζει οικογένεια λατρευτών που πλησιάζει τις Ελευσίνιες θεότητες: την καθιστή Δήμητρα, την όρθια Περσεφόνη και τον Ευβουλέα (ή, λιγότερο πιθανόν, τον Ίακχο) που κρατά τον μικρό Πλούτο στο ένα του χέρι.

Γενικά: *AgPicBk* 27 (2006), εικ. 39, 41, 44, 50, 51. **Αφροδίτη**: T. L. Shear, *Hesperia* 10 (1941), σελ. 5· A. Stewart, *Hesperia* 81 (2012), σελ. 289–292, 297–298, 326–327. **Ηρακλής**: H A. Thompson, *Hesperia* 17 (1948), σελ. 180. **Εκάτη**: *Agora* XI (1965), σελ. 103, αρ. 147. **Απόλλωνας**: *Agora* XIV (1972), σελ. 139. **Μητέρα των Θεών**: *Agora* XIV (1972), σελ. 31· M. Munn, *The Mother of the Gods, Athens, and the Tyranny of Asia* (Berkeley, 2006), σελ. 62–64. **Ελευσίνιες θεότητες**: H. A. Thompson, *Hesperia* 17 (1948), σελ. 177–178· *Agora* XXXI (1998), σελ. 218–219, αρ. 7.

ΠΡΟΘΗΚΕΣ 56–58. ΡΩΜΑΪΚΗ ΓΛΥΠΤΙΚΗ

Στην προθήκη 58 εκτίθενται ιδιαίτερα λεπτότεχνες προτομές (1ος αι. π.Χ.–αρχές 1ου αι. μ.Χ.). Ενδιαφέρον παρουσιάζει η κεφαλή Αιγύπτιου ιερέα που χρονολογείται τον 1ο αιώνα π.Χ. (αρ. 1, S 333). Η ιδιότητά του δηλώνεται με την ξυρισμένη του κεφαλή και το παχύ κορδόνι που φορά στο κεφάλι. Στο μέσο βρίσκεται κεφαλή νεαρής γυναίκας, της οποίας η κόμμωση παραπέμπει στην εποχή του Τιβέριου (αρ. 2, S 1631: 14–37 μ.Χ.). Υπάρχει επίσης μία πολύ όμορφη προτομή νεαρού άνδρα της Ιουλιοκλαυδιανής περιόδου (αρχές 1ου αι. μ.Χ.)· ίσως πρόκειται για μέλος της αυτοκρατορικής οικογένειας (αρ. 3, S 356).

Εικ. 107. Ρωμαϊκό πορτραίτο άνδρα· βρέθηκε στη Βιβλιοθήκη του Πανταίνου, περ. 100 μ.Χ.

Στην προθήκη 57, νεαρός σάτυρος κρατά τράγο στα αριστερά του, ενώ στο δεξί χέρι του κρατούσε σύριγγα του Πάνα (βλ. σελ. 9, εικ. πάνω, κέντρο, S 221). Η έντονη στίλβωση στην επιδερμίδα, που προκαλεί αντίθεση με την τραχιά επιφάνεια της κόμης και της προβιάς, είναι χαρακτηριστικό της εποχής των Αντωνίνων (μέσα 2ου αι. μ.Χ.). Διακρίνονται ακόμη ίχνη αρχαίων χρωμάτων στα μαλλιά.

Οι τρεις τελευταίες προτομές της προθήκης 56 (S 1182, S 1299, S 2468) πιθανότατα χρονολογούνται στον πρώιμο 2ο αιώνα μ.Χ. Η πρώτη από δεξιά ίσως απεικονίζει τον Πάνταινο, ιδρυτή της ομώνυμης Βιβλιοθήκης 48, εάν θεωρηθεί σημαντικό για την ταύτισή της το γεγονός ότι ανακαλύφθηκε στο εν λόγω κτήριο (εικ. 107).

Πορτραίτα: *Agora* I (1953)· *AgPicBk* 5 (1960). **Σάτυρος**: T. L. Shear, *Hesperia* 2 (1933), σελ. 536–541.

ΠΡΟΘΗΚΗ 6. ΕΛΕΦΑΝΤΟΣΤΕΪΝΟ ΑΓΑΛΜΑΤΙΔΙΟ ΛΥΚΕΙΟΥ ΑΠΟΛΛΩΝΑ. ΕΛΕΦΑΝΤΟΣΤΟ, ΧΡΥΣΟΣ ΚΑΙ ΓΥΑΛΙ

Το τελευταίο γλυπτό της συλλογής βρίσκεται στο μπροστινό τμήμα της κεντρικής προθήκης: ένα ελεφαντοστέινο αγαλμάτιο που απεικονίζει τον Απόλλωνα να στέκεται με προτεταμένο το αριστερό χέρι, στο οποίο κάποτε κρατούσε τόξο ή λύρα (BI 236). Πρόκειται για αντίγραφο του 2ου ή του 3ου αιώνα μ.Χ., από έργο του 4ου αιώνα π.Χ., το οποίο βρισκόταν στο Λύκειο του Αριστοτέλη στην Αθήνα. Η συνηθισμένη απόδοση του πρωτότυπου αγάλματος στον Πραξιτέλη δεν είναι βέβαιη· ωστόσο, η μεγάλη φήμη του πρωτοτύπου αποδεικνύεται από τα πολυάριθμα αντίγραφά του που έχουν ανακαλυφθεί. Το συγκεκριμένο αντίγραφο αποκαλύφθηκε σε πηγάδι, θρυμματισμένο σε περισσότερα από 200 θραύσματα (εικ. 108).

Στο πίσω μέρος της προθήκης υπάρχει συλλογή από ελεφαντοστέινα, γυάλινα, οστέινα και χρυσά αντικείμενα. Το ημικυκλικό οστέινο πλακίδιο (αρ. 6, BI 288) κάποτε κοσμούσε μικρό φέρετρο του 4ου ή του 5ου αιώνα π.Χ. Στο κέντρο διακρίνεται μορφή με πτυχωτά ενδύματα που κρατά δύο δόρατα στο αριστερό χέρι και λοφιοφόρο περικεφαλαία στο δεξί. Στο πεδίο αριστερά υπάρχουν δύο μπόγοι, ενώ δεξιά ένας αμφορέας. Η ταύτιση της μορφής παρουσιάζει δυσκολίες. Το ευμέγεθες ελεφαντοστέινο τμήμα λαβής ξίφους (αρ. 5, BI 457) είναι σπάνιο και αξιόλογο εύρημα. Τέλος, εδώ εκτίθενται γυάλινα αγγεία και χρυσά κοσμήματα της Ρωμαϊκής εποχής.

Ελεφαντοστέινο αγαλμάτιο του Απόλλωνα: T. L. Shear, *Hesperia* 6 (1937), σελ. 349–351· *AgPicBk* 3 (1959), εικ. 60· A. Paterakis, *OSGP* 5 (1997), σελ. 75–79· C. Lawton στο *The Art of Antiquity* (2007), σελ. 228–229. **Οστέινο πλακίδιο**: T. L. Shear, *Hesperia* 6 (1937), σελ. 380–381. **Γυάλινα αντικείμενα**: *Agora* XXXIV (2009).

ΠΡΟΘΗΚΕΣ 43–46. ΕΛΛΗΝΙΣΤΙΚΗ ΚΕΡΑΜΙΚΗ

Στη δεξιά πλευρά της αίθουσας εκτίθενται τα κεραμικά αντικείμενα. Το τελευταίο τέταρτο του 4ου αιώνα π.Χ., την ερυθρόμορφη αγγειογραφία είχαν ήδη διαδεχθεί άλλες τεχνικές διακόσμησης αγγείων. Μία καινοτομία ήταν η χρήση αραιωμένου πηλού και λευκής βαφής για διακόσμηση με φυτικά και γεωμετρικά μοτίβα, η λεγόμενη δηλαδή τεχνοτροπία της Δυτικής Κλιτύος, η οποία πήρε το όνομά της από τα πολυάριθμα αντικείμενα παρόμοιας τεχνοτροπίας που βρέθηκαν στη δυτική κλιτύ της Ακρόπολης τη δεκαετία του 1890. Την ίδια εποχή χρησιμοποιήθηκαν ευρέως *μήτρες* (καλούπια) για την κατασκευή απομιμήσεων μεταλλικών αγγείων με χαμηλή, ανάγλυφη διακόσμηση και ειδικότερα για τους λεγόμενους «μεγαρικούς σκύφους»· οι σκύφοι αυτοί αποκαλούνταν έτσι γιατί θεωρείτο –λανθασμένα– ότι προέρχονταν από τα Μέγαρα.

Εικ. 108. Ελεφαντοστέινο αγαλματίδιο του Λυκείου Απόλλωνα, 2ος–3ος αι. μ.Χ.: (πάνω) τα θραύσματα όπως βρέθηκαν, (δεξιά) μετά τη συγκόλλησή τους.

Εικ. 109. Κάνθαρος με διακόσμηση Δυτικής Κλιτύος και επιγραφή περί φιλίας, περ. 275 π.Χ.

Η μελανόμορφη τεχνική εξακολούθησε να εμφανίζεται περιστασιακά, κυρίως στους παναθηναϊκούς αμφορείς (προθήκη 34, σελ. 156). Η ποιότητα της κεραμικής επιδεινώθηκε μετά τον 4ο αιώνα, εν μέρει επειδή οι πιο εύποροι πολίτες χρησιμοποιούσαν πλέον περισσότερο τα μεταλλικά αγγεία, ενώ οι υπόλοιποι αρκούνταν σε πήλινες απομιμήσεις των μεταλλικών.

Η προθήκη 43 περιέχει αρκετά σημαντικά δείγματα του τύπου της Δυτικής Κλιτύος. Ο κάνθαρος με υψηλό πόδι στην άκρη του πάνω ραφιού (εικ. 109, αρ. 6, P 5811) φέρει επιγραφή πρόποσης που αναφέρεται στη φιλία. Ο μεγάλος κάνθαρος του κάτω ραφιού (αρ. 1, P 6878) αποτελεί ενεπίγραφο ανάθημα του Μενοκλή στον Διόνυσο και την Άρτεμη. Στην καλύτερα σωζόμενη πλευρά του διακρίνεται παράσταση κυνηγιού με μικρό ιερό της Άρτεμης, θεάς του κυνηγιού, στο κέντρο (βλ. σελ. 9, εικ. κάτω αριστερά). Στο κάτω ράφι είναι τοποθετημένα χρυσά κοσμήματα· σχεδόν όλα βρέθηκαν στο πηγάδι κοντά στο βορειοδυτικό σταυροδρόμι της Αγοράς 27 (βλ. *Οδηγός της Αρχαίας Αγοράς της Αθήνας*, σελ. 88). Ιδιαίτερο ενδιαφέρον παρουσιάζουν τα σκουλαρίκια με τη μορφή φτερωτών Ερώτων.

Στο πάνω ράφι της προθήκης 44 υπάρχει απομίμηση υδρίας τύπου «Hadra». Ο τύπος αυτός χρησιμοποιείτο ως τεφροδόχος στην ομώνυμη νεκρόπολη της Αλεξάνδρειας (αρ. 1, P 6313) και εμφανίζεται σπάνια στην

Εικ. 110. Σκύφος κατασκευασμένος με μήτρα, διακοσμημένος με πέταλα λωτού. Λεπτομέρεια του ρόδακα στο κάτω μέρος του, περ. 225–200 π.Χ.

Αθήνα. Το κάτω ράφι της προθήκης περιέχει δείγματα *λαγύνου*, είδους κανάτας κρασιού με ψηλόλιγνο λαιμό και σώμα είτε σφαιρικό είτε γωνιώδες, πολύ δημοφιλές στον ελληνιστικό κόσμο. Οι λάγυνοι με το γαλακτώδες επίχρισμα είχαν εισαχθεί στην Αθήνα, πιθανότατα από τη Μικρά Ασία.

Οι διπλανές προθήκες περιλαμβάνουν ποικίλα χαρακτηριστικά προϊόντα της Ελληνιστικής περιόδου. Η κατασκευή των λεγόμενων «μεγαρικών σκύφων», η οποία λάμβανε χώρα στην Αθήνα από το τελευταίο τέταρτο του 3ου αιώνα π.Χ. έως τα μέσα του 1ου αιώνα π.Χ., αντιπροσωπεύεται από μήτρες και από σφραγίδες για την κατασκευή των καλουπιών (προθήκη 45, κάτω ράφι, αρ. 4–9). Ορισμένοι από τους παλαιότερους σκύφους με αποκλειστικά φυτικό διάκοσμο σε ωραίο, χαμηλό ανάγλυφο πιθανότατα μιμούνται μεταλλικά πρότυπα (εικ. 110, πάνω ράφι, αρ. 3, P 19908). Ακολουθούν αγγεία διακοσμημένα με μορφές, με διάφορα, ως επί το πλείστον ειδυλλιακά, θέματα (αρ. 2). Στα μέσα του 2ου αιώνα π.Χ. εμφανίστηκε ένας τύπος διακόσμησης με λεπτά και μακριά πέταλα, ο οποίος και επικράτησε μέχρι το τέλος της περιόδου (αρ. 4). Όπως φαίνεται και στην προθήκη 47 (σελ. 178–180), οι πήλινοι λύχνοι της περιόδου συχνά έχουν την ίδια ανάγλυφη διακόσμηση με τους «μεγαρικούς σκύφους».

Στο κάτω ράφι της προθήκης 45 υπάρχει κρατήρας, κατασκευασμένος σε μήτρα, από γκριζωπό πηλό της Μικράς Ασίας (αρ. 2, P 3155). Οι ανάγλυφες μορφές στον λαιμό του αγγείου (σάτυροι, μαινάδες κλπ., που συνάδουν με την εορταστική χρήση του) είχαν κατασκευαστεί ξεχωριστά σε μήτρα και στη συνέχεια εφαρμόστηκαν στο αγγείο. Τόσο ο κρατήρας, όσο και οι λαβές του, μιμούνται σαφώς μεταλλικά πρότυπα.

Στην προθήκη 46 τα μυροδοχεία σε σχήμα σφονδυλιού από γκρίζο πηλό (κάτω ράφι, αρ. 7 και 9) βρίσκονται κυριολεκτικά σε όλες τις ανεσκαμμένες θέσεις της Ελληνιστικής περιόδου στην Ανατολική Μεσόγειο. Τόσο τα ίδια τα δοχεία όσο και το περιεχόμενό τους έχουν πιθανότατα κοινή προέλευση, αλλά η χαρακτηριστική μορφή τους έχει αντιγραφεί και αλλού -όπως στην Αθήνα- και έχει διακοσμηθεί με την τεχνική της Δυτικής Κλιτύος. Τα μικροσκοπικά φαρμακευτικά φιαλίδια ήταν επίσης πολύ διαδεδομένα εκείνη την περίοδο (πάνω ράφι, αρ. 6–9). Πήλινα ή μολύβδινα, συχνά ήταν σφραγισμένα με τα ονόματα του φαρμάκου και του κατασκευαστή. Πολυάριθμα είναι και τα μολύβδινα δοχεία γνωστού καθαρτικού (*λύκιον*), σε μέγεθος δαχτυλήθρας.

Ελληνιστική κεραμική: S. G. Miller, *Hesperia* 43 (1974), σελ. 194–245· *Agora* XXII (1982)· H. A. Thompson, D. B. Thompson, and S. I. Rotroff, *Hellenistic Pottery and Terracottas* (Πρίνστον, 1987)· *Agora* XXIX (1997)· *Agora* XXXIII (2006)· S. I. Rotroff στο *The Art of Antiquity* (2007), σελ. 236–252. **Κοσμήματα**: T. L. Shear Jr., *Hesperia* 42 (1973), σελ. 131–132.

ΠΡΟΘΗΚΗ 47. ΕΙΔΩΛΙΑ ΚΑΙ ΧΕΙΡΟΠΟΙΗΤΟΙ ΛΥΧΝΟΙ ΤΗΣ ΕΛΛΗΝΙΣΤΙΚΗΣ–ΡΩΜΑΪΚΗΣ ΠΕΡΙΟΔΟΥ

Στην προθήκη 47 εκτίθενται ορισμένα από τα αναρίθμητα μικρά πήλινα και χάλκινα ειδώλια που έχουν ανακαλυφθεί στην Αρχαία Αγορά. Κάποια από τα πήλινα ειδώλια βρέθηκαν μαζί με τις μήτρες τους στα κατάλοιπα των εργαστηρίων των κατασκευαστών τους, που ονομάζονται κοροπλάστες. Μία ή δύο ομάδες ανήκουν σε τύπους κατάλληλους για αναθήματα σε ιερά, όπως π.χ. το Ελευσίνιο. Στην ίδια προθήκη βρίσκονται και πλαστικοί λύχνοι της Ελληνιστικής περιόδου με μορφή κεφαλών (αρ. 33–34).

Η γενειοφόρος κεφαλή, στα δεξιά της προθήκης (αρ. 39, Τ 313), απεικονίζει *σιληνό* ή ίσως τον Σωκράτη και δεν έχει κατασκευαστεί σε μήτρα. Είναι χειροποίητη, λεπτοδουλεμένη και ενδεχομένως χρησίμευε ως θετικό πρότυπο για την κατασκευή καλουπιών. Μπροστά, βρίσκεται πήλινο σφράγισμα, που δημιουργήθηκε όταν τμήμα της διακοσμημένης πόρπης μιας ζώνης πιέστηκε πάνω σε κομμάτι πηλού (αρ. 35, Τ 3393). Δίπλα υπάρχει το σύγχρονο εκμαγείο. Διακρίνονται ίχνη από το κορδόνι με το οποίο το μέταλλο προσαρμοζόταν στη δερμάτινη επένδυση. Ο πολεμιστής έχει ταυτιστεί με τον Οδυσσέα που κάθεται δίπλα στα όπλα του Αχιλλέα, τα οποία τού παραχωρήθηκαν μετά τον θάνατο του τελευταίου. Ο Οδυσσέας είναι θλιμμένος, πιθανότατα για την επικείμενη κατάληξη του μεγάλου αντιπάλου του, Αίαντα, ο οποίος ίσως απεικονιζόταν στο άλλο μισό της πόρπης. Το σφράγισμα, το οποίο κατασκευάστηκε από κάποιον τεχνίτη προκειμένου να διατηρήσει το διακοσμητικό θέμα για μελλοντική χρήση, εκφράζει το υψηλό τεχνικό επίπεδο και την ευαισθησία στην εκτέλεση που χαρακτήριζαν την αθηναϊκή μεταλλοτεχνία στα τέλη του 5ου αιώνα π.Χ.

Εικ. 111. Πήλινα ειδώλια ηθοποιών, 4ος αι. π.Χ.

Αρκετά ειδώλια έχουν θρησκευτικά θέματα, όπως ο βωμός πίσω δεξιά στην προθήκη (αρ. 21), ο χοίρος (αρ. 31, ίσως υποκατάστατο θυσίας) και οι γυναικείες μορφές στα αριστερά (αρ. 13–15). Η καθιστή μορφή (αρ. 16) παραπέμπει σε λατρευτική εικόνα θεάς. Χαρακτηριστικές είναι οι πήλινες και οι χάλκινες, όπως άλλωστε και οι μαρμάρινες, ερμαϊκές στήλες (αρ. 4–12): γλυπτές απεικονίσεις με ρεαλιστική κεφαλή πάνω σε σχηματικό κορμό. Ο θεός που σχεδόν πάντα απεικονίζεται έτσι είναι ο Ερμής, είτε σε νεαρή ηλικία είτε γενειοφόρος. Σπανιότερα εμφανίζονται και κάποιες θεές σε αυτή τη μορφή, όπως φαίνεται από το υψηλό πήλινο ειδώλιο που βρίσκεται στην αριστερή γωνία (Τ 1828).

Πίσω δεξιά στην προθήκη εκτίθενται ειδώλια που σχετίζονται με το θέατρο και συνιστούν σημαντική κατηγορία ανάμεσα στα πήλινα αντικείμενα που έχουν ανακαλυφθεί στην Αθήνα. Ακριβώς μπροστά από τον τοίχο βρίσκονται δύο μορφές σε ανάκλιντρο: μία ανακεκλιμένη γυναικεία μορφή και μία καθιστή ανδρική (Τ 2404). Η σχετική επιγραφή (με λατινικούς χαρακτήρες) ταυτίζει τη γυναικεία μορφή με την Κωμωδία και την ανδρική με τον Πυλάδη, πιθανόν γνωστό κωμικό ηθοποιό με αυτό το όνομα. Χρονολογείται στον 3ο αιώνα μ.Χ. και αντίγραφά του είναι γνωστά από την αρχαία Όστια, ενώ το συγκεκριμένο έκθεμα αποτελεί σύγχρονο εκμαγείο από αρχαία μήτρα. Αρκετά από τα ειδώλια γύρω του απεικονίζουν σκλάβους σε χαρακτηριστικές στάσεις της Μέσης Κωμωδίας (εικ. 111) και χρονολογούνται στον 4ο αιώνα π.Χ.: η μία μορφή είναι καθισμένη με αυθάδη τρόπο πάνω σε βωμό (Τ 1742), η άλλη κουβαλά τεράστια κανάτα με κρασί (Τ 1685) και μία τρίτη (Τ 1683) γλυκοκοιτάζει νεαρή (που δεν σώζεται). Η ψηλόλιγνη μορφή με τα χέρια στη μέση, που φορά γούνινο κοντό παντελόνι, αποτελεί σπάνιο και ενδιαφέροντα χαρακτήρα σατυρικού έργου (PNT 139). Μπροστά τους είναι τοποθετημένα χαρακτηριστικά θεατρικά προσωπεία: ένας ηλικιωμένος άνδρας, μία εταίρα και ένας σκλάβος.

Η ιπτάμενη Νίκη που κρέμεται στο πίσω μέρος της προθήκης χρονολογείται στον 3ο αιώνα π.Χ. Στους ώμους της είναι ορατές οι εγκοπές για τα φτερά (αρ. 2, Τ 2309). Πλαισιώνεται από, επίσης ιπτάμενους, Έρωτες.

Πήλινα ειδώλια: D. B. Thompson, *Hesperia* 2 (1933), σελ. 184–194· *AgPicBk* 3 (1951)· *Agora* VI (1961)· H. A. Thompson, D. B. Thompson, and S. I. Rotroff, *Hellenistic Pottery and Terracottas* (Πρίνστον, 1987). **Πήλινο σφράγισμα από μεταλλική πόρπη**: D. B. Thompson, *Hesperia* 8 (1938), σελ. 285–316· *Hesperia* Suppl. 8 (1949), σελ. 365–372· *Hesperia* 38 (1969), σελ. 242–251· E. R. Williams, *Hesperia* 45 (1976), σελ. 41–66. **Θεατρικά ειδώλια**: T. B. L. Webster, *Hesperia* 29 (1960), σελ. 254–284.

ΠΡΟΘΗΚΕΣ 48–49. ΔΙΑΦΟΡΑ ΑΝΤΙΚΕΙΜΕΝΑ ΤΗΣ ΡΩΜΑΪΚΗΣ ΕΠΟΧΗΣ

Οι γειτονικές προθήκες στα αριστερά περιέχουν ποικίλα εκθέματα από τον 1ο αιώνα π.Χ. έως τον 5ο αιώνα μ.Χ. Οι μικρογραφικές μορφές της Πρώιμης Ρωμαϊκής περιόδου, η Αφροδίτη και ο Έρωτας από χαλκό και από πηλό στην προθήκη 48 (πάνω ράφι, αρ. 3–6), παραπέμπουν σε διάσημα παλαιότερα γλυπτά. Μεγαλύτερο ενδιαφέρον όμως για την ιστορία της τέχνης παρουσιάζουν τα χονδροειδή, αλλά γεμάτα ζωντάνια, πήλινα ειδώλια του 4ου και 5ου αιώνα μ.Χ., στο κάτω ράφι. Εδώ ο κοροπλάστης εργάστηκε πιο ελεύθερα: δεν τον ενδιέφερε πλέον η λεπτότητα στο πλάσιμο, αλλά βασίστηκε περισσότερο στην εγχάραξη και στο χρώμα. Αξιοσημείωτα ευρήματα είναι η γενειοφόρος κεφαλή, κάτω δεξιά (αρ. 16, Τ 3055), ο σκύλος-κουδουνίστρα περίπου στο κέντρο (αρ. 6, Τ 1510) και η καθιστή γυναικεία μορφή που θηλάζει παιδί, πίσω δεξιά (αρ. 12, Τ 511): αυτός ο τύπος ειδωλίου παραπέμπει τόσο στην Ίσιδα και τον Ώρο της Αιγύπτου, όσο και στην Παναγία και τον Ιησού της χριστιανικής τέχνης. Κατά την Υστερορωμαϊκή περίοδο οι κοροπλάστες ασχολήθηκαν πολύ με την κατασκευή χειροποίητων λύχνων και παιδικών παιχνιδιών, τα οποία αντιπροσωπεύονται από αρκετά ευρήματα σε αυτή την προθήκη.

Η κεφαλή σάτυρου σε στυλ μπαρόκ που βρίσκεται στο κέντρο (αρ. 10, BI 752) αποτελεί αντιπροσωπευτικό δείγμα λάξευσης ελεφαντοστού του 2ου αιώνα μ.Χ. και πιθανότατα κοσμούσε κάποιο έπιπλο. Στα αριστερά της είναι τοποθετημένα ζάρια και *αστράγαλοι* (κότσια από πρόβατα), αγαπημένο παιχνίδι των παιδιών στην αρχαία Ελλάδα (αρ. 8–9).

Πίσω, στον τοίχο της προθήκης, είναι κρεμασμένα δύο πήλινα προσωπεία, σε φυσικό μέγεθος, του 3ου αιώνα μ.Χ. (αρ. 1–2, Τ 1818, Τ 478). Πιθανότατα, αποτελούν πιστά αντίγραφα θεατρικών προσωπείων που ήταν κατασκευασμένα από ελαφρύτερο και πιο ανθεκτικό υλικό. Το πρώτο απεικονίζει φιγούρα παντόμιμου ενώ το άλλο τον κορυφαίο σκλάβο ρωμαϊκής Κωμωδίας.

Το χάλκινο φίδι με ανθρώπινο κεφάλι και μακριά μαλλιά, στο πάνω ράφι, αποτελεί μία από τις λίγες γνωστές απεικονίσεις του Γλύκωνα, της μετενσάρκωσης δηλαδή του Ασκληπιού, την οποία πραγματοποίησε ένας μάγος στην Ανατολία τον 2ο αιώνα μ.Χ. (αρ. 8, Β 253).

Η προθήκη 49 περιέχει χαρακτηριστικά προϊόντα εργαστηρίων της Ρωμαϊκής εποχής, τόσο αθηναϊκά όσο και εισηγμένα. Εκείνη την εποχή, σε αντίθεση με παλαιότερες περιόδους, μεγάλο ποσοστό της λεπτής κεραμικής που χρησιμοποιείτο στην Αθήνα ήταν εισαγόμενο. Το γεγονός αυτό οφείλεται εν μέρει στις μεγάλες φθορές που είχε υποστεί η αθηναϊκή κεραμοποιία κατά την πολιορκία της πόλης από τον Σύλλα, το 86 π.Χ. Πάνω δεξιά στην προθήκη βρίσκεται κύπελλο του β′ μισού του 1ου αιώνα π.Χ. από το Αρρήτιον (σημερινό Αρέτσο), στη βόρεια Ιταλία (αρ. 4, Ρ 17219). Κάτω, το μεγάλο ερυθροβαφές πινάκιο με μορφές σε χαμηλό ανάγλυφο είναι επίσης εισηγμένο, ενδεχομένως από τη βόρεια Αφρική, και χρονολογείται στον 3ο αιώνα μ.Χ. (αρ. 3, Ρ 15179). Στο ίδιο ράφι παρουσιάζει ενδιαφέρον και το πήλινο αγγείο με κεφαλή του Οκταβιανού Αυγούστου σε υψηλό ανάγλυφο στο εσωτερικό του (αρ. 6, Ρ 19267, βλ. σελ. 9, εικ. κάτω, στο κέντρο).

Εικ. 112. Ρωμαϊκή ανάγλυφη λάγυνος, 1ος αι. μ.Χ.

Τα χριστιανικά σύμβολα διαδόθηκαν στην Αθήνα τον 5ο αιώνα μ.Χ. Αρκετά από αυτά παρουσιάζονται εδώ: μία πρόχους με χριστόγραμμα και εγχάρακτη την επιγραφή «της Παρθένου» (αρ. 2, Ρ 25133), ένα θραύσμα από το εσωτερικό ερυθρόχρωμου πινακίου με το κεφάλι άγνωστου μάρτυρα που φέρει σταυρό (αρ. 8, Ρ 197) και ένας χάλκινος λύχνος με σταυρό (αρ. 10, Β 579).

Στο πάνω ράφι βρίσκονται πλαστικά αγγεία του 3ου αιώνα μ.Χ. κατασκευασμένα σε καλούπι με σχήμα κεφαλιών αγοριών (Ρ 10004, Ρ 11939)· αξίζει να συγκριθούν με τις μαρμάρινες κεφαλές της ίδιας εποχής στην προθήκη 56, στην άλλη πλευρά της αίθουσας. Στην προθήκη 49 υπάρχει και μία λάγυνος του 1ου αιώνα μ.Χ., με ανάγλυφες επίθετες πήλινες μορφές (εικ. 112, αρ. 3, Ρ 10714). Στο κάτω ράφι βρίσκεται παρόμοιο ανάγλυφο αγγείο, το οποίο όμως έχει κατασκευαστεί με τη χρήση μήτρας (αρ. 1, Ρ 17877, σε μακροχρόνιο δανεισμό).

Ρωμαϊκή κεραμική και ειδώλια: *Agora* V (1959)· *AgPicBk* 3 (1959)· *Agora* VI (1961)· *Agora* XXXII (2008). **Μετάλλια αγγείων με πορτραίτα**: *AgPicBk* 5, εικ. 3–6.

ΠΡΟΘΗΚΗ 50. ΛΥΧΝΟΙ

Αρκετοί από τους περίπου 6.000 πήλινους λύχνους που έχουν ανακαλυφθεί στις ανασκαφές εκτίθενται εδώ, προκειμένου να παρουσιάσουν την εξέλιξη αυτού του κοινού οικιακού αντικειμένου. Πάνω αριστερά στην προθήκη βρίσκεται χειροποίητος ανοιχτός λύχνος (αρ. 1). Οι Έλληνες δανείστηκαν τον τύπο αυτού του αντικειμένου –καθώς και αρκετών άλλων– από την Εγγύς Ανατολή, τον 7ο αιώνα π.Χ. Η μορφή του σταδιακά εξελίχθηκε και έγινε πιο πρακτική: το χείλος στράφηκε προς τα μέσα ώστε να μην χύνεται το περιεχόμενο, δημιουργήθηκε ακροφύσιο (*μύξα*) για να κρατά καλύτερα το φυτίλι, προστέθηκε λαβή και, τέλος, γάνωμα ώστε το λάδι να μην διαπερνά τον πηλό (εικ. 113, πάνω ράφι, αρ. 4). Από τον 6ο έως τον 3ο αιώνα π.Χ. οι λύχνοι ήταν τροχήλατοι.

Εικ. 113. Μελαμβαφής λύχνος, περ. 480–415 π.Χ.

Κατά την Ελληνιστική περίοδο, οι λύχνοι κατασκευάζονταν με τη χρήση ζεύγους καλουπιών: ένα για το πάνω τμήμα και ένα για το κάτω (τέτοιο καλούπι υπάρχει στο κάτω ράφι, αρ. 4). Η νέα αυτή τεχνική επιτάχυνε την παραγωγή και επέτρεψε την προσθήκη χειροποίητης ανάγλυφης διακόσμησης, παρόμοιας με εκείνη των «μεγαρικών σκύφων» της ίδιας περιόδου.

Τον 1ο αιώνα π.Χ., το πάνω τμήμα του λύχνου (*δίσκος*) άρχισε να διακοσμείται με κυκλικό ανάγλυφο που απεικόνιζε ποικιλία θεμάτων. Κατά τον 2ο και 3ο αιώνα μ.Χ. η τεχνική δεξιότητα των Αθηναίων τεχνιτών κορυφώθηκε. Στα αριστερά εκτίθεται δίσκος λύχνου (αρ. 13, L 4251) του 3ου αιώνα μ.Χ. που απεικονίζει την ιστορία της Ηρώς και του Λέανδρου: ο Λέανδρος κολυμπά στον Ελλήσποντο, προς την απέναντι ακτή, οδηγούμενος από το φως του λύχνου που κρατά η Ηρώ έξω από το παράθυρό της, ψηλά στον πύργο της. Έκτοτε, η επινοητικότητα στέρεψε: καλούπια κατασκευάζονταν από λύχνους και λύχνοι από καλούπια με το ίδιο θέμα, μέχρι που κατέληξαν σε χονδροειδείς καρικατούρες του πρωτοτύπου. Τον 6ο αιώνα οι αθηναϊκοί λύχνοι είχαν πλέον εκφυλιστεί, τόσο καλλιτεχνικά όσο και τεχνικά. Όταν η κατασκευή τους αναβίωσε κατά τη Βυζαντινή εποχή, η πορεία τους ξεκίνησε από την αρχή με τη μορφή του ανοικτού λύχνου (αρ. 21).

Εικ. 114. Λύχνος με απεικόνιση του απόστολου Πέτρου στον δίσκο, 5ος αι. μ.Χ.

Χριστιανικά θέματα εμφανίζονται σε μεταγενέστερους λύχνους. Στον λύχνο με αρ. 18 (εικ. 114, L 4754) απεικονίζεται ολόσωμος ο απόστολος Πέτρος να κρατά τον σταυρό του μαρτυρίου, ενώ θραύσμα από τον δίσκο λύχνου (αρ. 17, L 1153) φέρει την προτομή του απόστολου Παύλου.

Σε όλες τις περιόδους οι λύχνοι γεμίζονταν με φυτικό λάδι, κυρίως ελαιόλαδο, και άναβαν με φυτίλι από ύφασμα, σαν αυτό που βρίσκεται στον λύχνο του κάτω ραφιού (αρ. 5). Τέτοιου είδους λύχνοι παρέμεναν αναμμένοι για μία-δύο ώρες παρέχοντας το φως ενός κεριού.

Agora IV (1958, ανατ. 1966)· *Agora* VI (1961)· *AgPicBk* 9 (1963).

ΠΡΟΘΗΚΕΣ 51–54. ΑΝΤΙΚΕΙΜΕΝΑ ΑΠΟ ΕΝΑ ΠΗΓΑΔΙ

Οι προθήκες στο βόρειο άκρο της αίθουσας παρουσιάζουν ορισμένα από τα αντικείμενα που βρέθηκαν σε ένα μόνο πηγάδι, στη βόρεια κλιτύ του Άρειου Πάγου. Με 35 μ. βάθος, το συγκεκριμένο πηγάδι είναι ένα από τα βαθύτερα: τυπική είναι η μεγάλη ποικιλία αντικειμένων που έπεσαν ή πετάχτηκαν μέσα σε αυτό. Η στρωματογραφημένη απόθεση εκτείνεται χρονικά από τον 1ο έως τον 6ο αιώνα μ.Χ. Μετά από ένα κενό κατά την περίοδο των Σκοτεινών Χρόνων στην Αθήνα, η καταγραφή των ευρημάτων συνεχίζεται για λίγο τον 10ο αιώνα (εικ. 115, στον τοίχο της προθήκης 53 υπάρχει εικόνα που επεξηγεί τα διάφορα στρώματα χρονολόγησης του πηγαδιού). Χαρακτηριστικά ευρήματα από διάφορους αιώνες περιέχονται στις προθήκες, με τα αρχαιότερα να βρίσκονται στην προθήκη 51. Μπορεί κανείς να παρατηρήσει τις αλλαγές που έλαβαν χώρα στα επιτραπέζια σκεύη ανά τους αιώνες, ενώ ο αριθμός των ακέραιων λύχνων μαρτυρεί πολλούς νυχτερινούς περιπάτους προς το πηγάδι.

Τα πιο πολυάριθμα ευρήματα είναι τα αγγεία νερού· περιλαμβάνουν αρκετές οινοχόες για τη μεταφορά νερού στο σπίτι. Οι κάδοι μεσαίου μεγέθους με τοξωτή λαβή χρησιμοποιούνταν για την άντληση νερού, δεμένοι με σκοινί (προθήκη 51, κάτω ράφι, αρ. 2).

Στην προθήκη 51 εκτίθεται και ένα ζευγάρι ζάρια (κάτω, αρ. 7). Περισσότερα πιθανά παιχνίδια, όπως κοχύλια, βρίσκονται στην επόμενη προθήκη (προθήκη 52, αρ. 9), ενώ δίπλα, τα καρύδια και τα κουκούτσια από ροδάκινο (αρ. 10) παρέχουν ενδιαφέρουσες πληροφορίες για τη διατροφή.

Στο πάνω ράφι της προθήκης 53 είναι τοποθετημένο πήλινο ειδώλιο (αρ. 5), καθώς και ένας ακόμη κάδος με τοξωτή λαβή (αρ. 1), ο οποίος αποτελεί ένα από τα τελευταία δείγματα αυτού του τύπου. Υπάρχουν επίσης αγγεία για τη μεταφορά νερού που δεν είναι πήλινα: εδώ εκτίθεται ένα μολύβδινο που χρονολογείται στον 4ο αιώνα μ.Χ. (αρ. 5, IL 563)· έχουν επίσης ανακαλυφθεί δύο αγγεία της ίδιας περιόδου από σανίδες ξύλου, αλλά δεν εκτίθενται (W 6, W 14).

Agora V (1959), σελ. 82–120, Group M· *Agora* XXXII (2008).

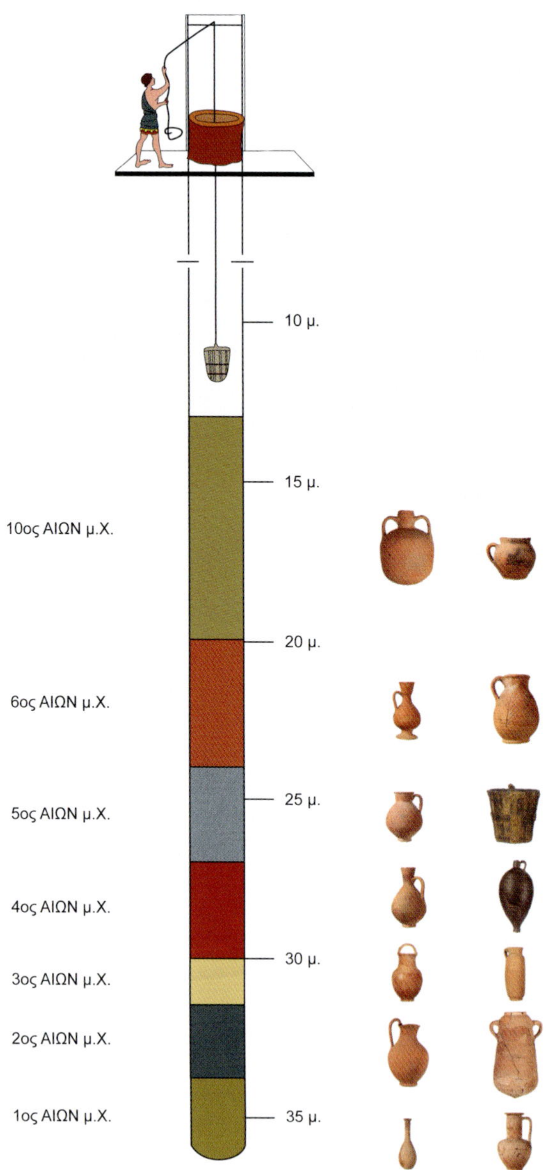

Εικ. 115. Σχέδιο στρωματογραφημένης επίχωσης πηγαδιού που χρησιμοποιήθηκε από τον 1ο έως τον 10ο αι. μ.Χ.

ΠΗΓΑΔΙΑ

Περισσότερα από 450 αρχαία πηγάδια (εικ. 116) έχουν ανασκαφεί στην Αρχαία Αγορά. Τα πηγάδια αποτελούσαν βασική πηγή νερού για την αρχαία πόλη και σήμερα προσφέρουν πολύτιμες πληροφορίες στους αρχαιολόγους. Προκειμένου να συλλεχθεί νερό από τα υπόγεια ύδατα για καθημερινή χρήση, ένα βαθύ όρυγμα σκαβόταν στον μαλακό βράχο. Ορισμένες φορές αυτό το όρυγμα επενδυόταν με μικρούς λίθους για να αποφεύγεται πιθανή κατάρρευση, ενώ κρατήματα για τα χέρια και τα πόδια λαξεύονταν στα πλάγια, ώστε να διευκολύνεται ο καθαρισμός του. Στα τέλη του 5ου αιώνα π.Χ. άρχισε να χρησιμοποιείται μία νέα τεχνική: τα πηγάδια επενδύθηκαν με μεγάλα πήλινα κεραμίδια και πέτρες. Αυτή αποτέλεσε και την τυπική μορφή κατασκευής τους κατά τα ελληνιστικά χρόνια, παρόλο που τότε οι «στέρνες» –μεγάλες υπόγειες δεξαμενές με αδιάβροχη επένδυση– προτιμήθηκαν ως χώροι συγκέντρωσης νερού. Πάνω από το άνοιγμα του πηγαδιού υπήρχε κάλυμμα για να αποτρέπεται η πτώση αντικειμένων, ζώων ή ανθρώπων. Ως τέτοιο κάλυμμα χρησίμευε ένα μεγάλο αγγείο σε δεύτερη χρήση ή ένα στενό κυλινδρικό στόμιο στην κορυφή του πηγαδιού, όπως εκείνα που βρίσκονται στο βόρειο άκρο του ανδήρου της Στοάς του Αττάλου (εικ. 19, σελ. 29). Συνήθως, η άντληση του νερού γινόταν με σκοινί και ένα αγγείο δεμένο στην άκρη του, αλλά και η χρήση χειροκίνητου βαρούλκου δεν είναι άγνωστη. Ορισμένες φορές, τα αγγεία έπεφταν στον πάτο του πηγαδιού, δημιουργώντας έτσι αρχαιολογική απόθεση, την επίχωση που αντιπροσωπεύει την περίοδο χρήσης του πηγαδιού.

Δεδομένου ότι τα πηγάδια ήταν σκαμμένα βαθιά στο έδαφος, ήταν πιο πιθανό να διατηρηθούν ακόμη και όταν οι υπέργειες κατασκευές καταστρέφονταν. Τα στοιχεία που έχουμε για την κατοίκηση της Αγοράς κατά τη Νεολιθική εποχή προέρχονται σχεδόν αποκλειστικά από πηγάδια (προθήκη 81, σελ. 103). Τα περισσότερα από τα πηγάδια της Αγοράς σχετίζονται με οικίες και η ανακάλυψή τους μας επιτρέπει να χαρτογραφήσουμε τις συνοικίες της Αθήνας, καθώς και τα όρια ιδιωτικού και δημόσιου χώρου σε διάφορες περιόδους. Αυτό είναι ιδιαίτερα χρήσιμο στην ανατολική πλευρά της πλατείας της Αγοράς, όπου δεν σώζεται κανένα κτίσμα που να χρονολογείται πριν από την Ελληνιστική περίοδο. Όπως φαίνεται σε πολλές προθήκες της αίθουσας, το περιεχόμενο αυτών των πηγαδιών παρέχει ποικίλες πληροφορίες. Ένα πηγάδι που χρησιμοποιείτο για μεγάλο χρονικό διάστημα περιέχει πολύ χρήσιμα στρωματογραφικά δεδομένα για τη σχετική χρονολόγηση των ευρημάτων και κυρίως της κεραμικής.

Εικ. 116. Η συγγραφέας βγαίνει από ένα από τα πηγάδια της Αγοράς

Για παράδειγμα, τα αντικείμενα των προθηκών 51–54 από πηγάδι βάθους 35 μ. καλύπτουν ένα εύρος αρκετών αιώνων, παρουσιάζοντας τις αλλαγές που έλαβαν χώρα στις μορφές των αντικειμένων με το πέρασμα του χρόνου (εικ. 115). Όταν ένα πηγάδι έπαυε να χρησιμοποιείται, γέμιζε με απορρίμματα, τα οποία αποκαλύπτουν σήμερα τι είδους δραστηριότητες πραγματοποιούνταν γύρω του. Τα πηγάδια που έκλεισαν μετά την περσική εισβολή στην Αθήνα (480 π.Χ.) περιέχουν ευρήματα από τα κτήρια που προμήθευαν με νερό. Σε ορισμένες περιπτώσεις, είναι εφικτή η ανασύνθεση ολόκληρου του εξοπλισμού της κουζίνας και της τραπεζαρίας μιας οικίας σε συγκεκριμένη χρονική περίοδο. Τέλος, μικρός αριθμός πηγαδιών συνδέεται με καταστήματα που πουλούσαν κεραμικά αντικείμενα.

AgPicBk 11 (1968)· *Hesperia* Suppl. 46 (2011).

ΠΡΟΘΗΚΗ 55. ΕΦΥΑΛΩΜΕΝΗ ΚΕΡΑΜΙΚΗ

Αυτή η προθήκη περιλαμβάνει επιλεγμένα δείγματα λεπτής κεραμικής από τα κατάλοιπα οικιών που κάλυπταν μεγάλο τμήμα της Αγοράς από τον 10ο μέχρι τον 12ο αιώνα μ.Χ. Τα περισσότερα κεραμικά ήταν εισηγμένα στην Αθήνα.

Πολλά από τα αγγεία που χρονολογούνται από τον 11ο έως τον 12ο αιώνα μ.Χ. είναι διακοσμημένα με την εγχάρακτη τεχνική (*sgraffito*): ο σκουρόχρωμος πηλός καλυπτόταν με παχύ λευκό επίχρισμα· όταν αυτό στέγνωνε, χαρασσόταν πάνω του με ακίδα το διακοσμητικό θέμα έτσι ώστε να αφαιρείται το επίχρισμα και να φαίνεται από κάτω ο σκούρος πηλός. Επίσης, το ανοιχτόχρωμο επίχρισμα απομακρυνόταν από μεγαλύτερα τμήματα του βάθους, με αποτέλεσμα το σχέδιο να ξεχωρίζει φωτεινό πάνω σε σκούρα βάση. Έπειτα, ολόκληρη η διακοσμημένη επιφάνεια καλυπτόταν με προστατευτικό, λεπτό και σχεδόν διάφανο, υάλωμα. Ζώα και πτηνά εμφανίζονται συχνά στο μετάλλιο των αγγείων, περιτριγυρισμένα από περίτεχνο γεωμετρικό διάκοσμο και, σπανιότερα, από απομιμήσεις αραβικής γραφής (*ψευδοκουφική*), όπως για παράδειγμα στο πινάκιο στον τοίχο (αρ. 2, P 5026). Σε χονδροειδέστερα και ελαφρώς παλαιότερα αγγεία, όπως η μεγάλη φρουτιέρα κάτω δεξιά (αρ. 10, P 9552), το σχέδιο δεν είναι εγχάρακτο, αλλά ζωγραφισμένο (με πράσινο και μελανό) πάνω σε ελαφρύ επίχρισμα· και αυτό το αγγείο –όπως και τα προηγούμενα– έχει καλυφθεί με διάφανο υάλωμα. Στο πάνω ράφι εκτίθενται δύο εφυαλωμένα *σαλτσάρια* (δοχεία για την παρασκευή και το σερβίρισμα σάλτσας), καθένα από τα οποία περιλαμβάνει ανοικτό τμήμα, όπου τοποθετούνταν κάρβουνα για να διατηρείται το φαγητό ζεστό (αρ. 1 και 5, P 3075, P 10147).

Τα θραύσματα των εγχάρακτων κεραμικών στο κάτω ράφι της προθήκης παρουσιάζουν ορισμένα από τα κατορθώματα του Διγενή Ακρίτα. Ιδιαίτερο ενδιαφέρον παρουσιάζει το μεσαίο πινάκιο (αρ. 7, P 8623), όπου απεικονίζεται ο Διγενής Ακρίτας να σκοτώνει δράκο με πέντε βέλη, σύμφωνα με το έπος (βλ. σελ. 9, εικ. κάτω δεξιά).

M. A. Frantz, *Hesperia* 7 (1938), σελ. 429–467· M. A. Frantz, *Hesperia* 10 (1941), σελ. 9–13 (Ακρίτας)· *AgPicBk* 7 (1961)· C. MacKay στο *The Art of Antiquity* (2007), σελ. 276–285.

ΣΥΝΤΟΜΟΓΡΑΦΙΕΣ

AA	*Archäologischer Anzeiger*
AgPicBk	*Athenian Agora Picture Books*
AJA	*American Journal of Archaeology*
AJP	*American Journal of Philology*
AM	*Mitteilungen des Deutschen Archäologischen Instituts, Athenische Abteilung*
AntP	*Antike Plastik*
AE	*Αρχαιολογική Εφημερίς*
Chiron	*Chiron. Mitteilungen der Kommission für alte Geschichte und Epigraphik des Deutschen Archäologischen Instituts*
DOP	*Dumbarton Oaks Papers*
Hesperia	*Hesperia. The Journal of the American School of Classical Studies at Athens*
Historia	*Historia. Zeitschrift für alte Geschichte*
HSCP	*Harvard Studies in Classical Philology*
JdI	*Jahrbuch des Deutschen Archäologischen Instituts*
JHS	*Journal of Hellenic Studies*
JWalt	*Journal of the Walters Art Gallery*
OJA	*Oxford Journal of Archaeology*
OpAth	*Opuscula Atheniensia*
OpRom	*Opuscula Romana*
OSGP	*Objects Specialty Group Postprints*
Phoenix	*Phoenix. The Classical Association of Canada*
RÉA	*Revue des études anciennes*
RendLinc	*Atti dell'Accademia nazionale dei Lincei. Rendiconti*
RM	*Mitteilungen des Deutschen Archäologischen Instituts, Römische Abteilung*
ZPE	*Zeitschrift für Papyrologie und Epigraphik*

Κατάλογος Εκδόσεων

ΚΑΤΑΛΟΓΟΣ ΕΚΔΟΣΕΩΝ ΤΗΣ ΑΜΕΡΙΚΑΝΙΚΗΣ ΣΧΟΛΗΣ ΚΛΑΣΙΚΩΝ ΣΠΟΥΔΩΝ ΑΝΑΦΟΡΙΚΑ ΜΕ ΤΗΝ ΑΡΧΑΙΑ ΑΓΟΡΑ ΤΗΣ ΑΘΗΝΑΣ

The Athenian Agora: Results of Excavations Conducted by the American School of Classical Studies at Athens

Επιστημονικές μονογραφίες αναφορικά με τα τελικά αποτελέσματα των ανασκαφών:

I E. B. Harrison, *Portrait Sculpture* (1953).

II M. Thompson, *Coins: From the Roman through the Venetian Period* (1954).

III R. E. Wycherley, *Literary and Epigraphical Testimonia* (1957· ανατ. 1973).

IV R. H. Howland, *Greek Lamps and Their Survivals* (1958· ανατ. 1966).

V H. S. Robinson, *Pottery of the Roman Period: Chronology* (1959).

VI C. Grandjouan, *Terracottas and Plastic Lamps of the Roman Period* (1961).

VII J. Perlzweig, *Lamps of the Roman Period: First to Seventh Century after Christ* (1961· ανατ. 1971).

VIII E. T. H. Brann, *Late Geometric and Protoattic Pottery: Mid-8th to Late 7th Century* B.C. (1962· ανατ. 1971).

IX G. C. Miles, *The Islamic Coins* (1962).

X M. Lang and M. Crosby, *Weights, Measures, and Tokens* (1964).

XI E. B. Harrison, *Archaic and Archaistic Sculpture* (1965).

XII B. A. Sparkes and L. Talcott, *Black and Plain Pottery of the 6th, 5th, and 4th Centuries* B.C. (1970).

XIII S. A. Immerwahr, *The Neolithic and Bronze Ages* (1971).

XIV H. A. Thompson and R. E. Wycherley, *The Agora of Athens: The History, Shape, and Uses of an Ancient City Center* (1972).

XV B. D. Meritt and J. S. Traill, *Inscriptions: The Athenian Councillors* (1974).

XVI A. G. Woodhead, *Inscriptions: The Decrees* (1997).

XVII D. W. Bradeen, *Inscriptions: The Funerary Monuments* (1974).

XVIII D. J. Geagan, *Inscriptions: The Dedicatory Monuments* (2011).

XIX G. V. Lalonde, M. K. Langdon, and M. B. Walbank, *Inscriptions: Horoi, Poletai Records, and Leases of Public Lands* (1991).

XX A. Frantz, *The Church of the Holy Apostles* (1971).

XXI M. Lang, *Graffiti and Dipinti* (1976).

XXII S. I. Rotroff, *Hellenistic Pottery: Athenian and Imported Moldmade Bowls* (1982).

XXIII M. B. Moore and M. Z. P. Philippides, *Attic Black-Figured Pottery* (1986).

XXIV A. Frantz, *Late Antiquity: A.D. 267–700* (1988).

XXV M. Lang, *Ostraka* (1990).

XXVI J. H. Kroll, with A. S. Walker, *The Greek Coins* (1993).

XXVII R. F. Townsend, *The East Side of the Agora: The Remains beneath the Stoa of Attalos* (1995).

XXVIII A. L. Boegehold et al., *The Lawcourts at Athens: Sites, Buildings, Equipment, Procedure, and Testimonia* (1995).

XXIX S. I. Rotroff, *Hellenistic Pottery: Athenian and Imported Wheelmade Table Ware and Related Material* (1997).

XXX M. B. Moore, *Attic Red-Figured and White-Ground Pottery* (1997).

XXXI M. M. Miles, *The City Eleusinion* (1998).

XXXII J. W. Hayes, *Roman Pottery: Fine-Ware Imports* (2008).

XXXIII S. I. Rotroff, *Hellenistic Pottery: The Plain Wares* (2006).

XXXIV G. D. Weinberg and E. M. Stern, *Vessel Glass* (2009).

XXXV J. B. Grossman, *Funerary Sculpture* (2013).

Athenian Agora Picture Books

Σύντομες θεματικές εκδόσεις (32–50 σελίδες) με πλούσια εικονογράφηση και σύντομα κείμενα. Όσες φέρουν αστερίσκο (*) είναι διαθέσιμες και στα Ελληνικά.

1. B. A. Sparkes and L. Talcott, *Pots and Pans of Classical Athens* (1959).
2. H. A. Thompson, *The Stoa of Attalos II in Athens* (αναθ. 1992).
3. D. B. Thompson, *Miniature Sculpture from the Athenian Agora* (1959).

4.* M. Lang, *The Athenian Citizen: Democracy in the Athenian Agora* (αναθ. 2004).

5. E. B. Harrison, *Ancient Portraits from the Athenian Agora* (1960).

6. V. R. Grace, *Amphoras and the Ancient Wine Trade* (αναθ. 1979).

7. A. Frantz, *The Middle Ages in the Athenian Agora* (1961).

8. D. B. Thompson and R. E. Griswold, *Garden Lore of Ancient Athens* (1963).

9. J. Perlzweig, *Lamps from the Athenian Agora* (1963).

10. B. D. Meritt, *Inscriptions from the Athenian Agora* (1966).

11. M. Lang, *Waterworks in the Athenian Agora* (1968).

12. D. B. Thompson, *An Ancient Shopping Center: The Athenian Agora* (αναθ. 1993).

13. S. A. Immerwahr, *Early Burials from the Agora Cemeteries* (1973).

14. M. Lang, *Graffiti in the Athenian Agora* (αναθ. 1988).

15. F. S. Kleiner, *Greek and Roman Coins in the Athenian Agora* (1975).

16.* J. McK. Camp II, *The Athenian Agora: A Short Guide* (αναθ. 2003).

17. M. Lang, *Socrates in the Agora* (1978).

18. F. S. Kleiner, *Mediaeval and Modern Coins in the Athenian Agora* (1978).

19. J. McK. Camp II, *Gods and Heroes in the Athenian Agora* (1980).

20. C. C. Mattusch, *Bronzeworkers in the Athenian Agora* (1982).

21. J. McK. Camp II and W. B. Dinsmoor Jr., *Ancient Athenian Building Methods* (1984).

22. R. D. Lamberton and S. I. Rotroff, *Birds of the Athenian Agora* (1985).

23. M. Lang, *Life, Death, and Litigation in the Athenian Agora* (1994).

24. J. McK. Camp II, *Horses and Horsemanship in the Athenian Agora* (1998).

25. J. Neils and S. V. Tracy, *The Games at Athens* (2003).

26. S. I. Rotroff and R. D. Lamberton, *Women in the Athenian Agora* (2006).

27. C. Lawton, *Marbleworkers in the Athenian Agora* (2006).

Hesperia Supplements

Τα συμπληρωματικά τεύχη της *Hesperia*, του επιστημονικού περιοδικού της Αμερικανικής Σχολής Κλασικών Σπουδών στην Αθήνα, έχουν την ίδια μορφή με τα τακτικά τεύχη, αλλά εκδίδονται σε ακανόνιστα διαστήματα. Τα τεύχη που αφορούν ευρήματα από την Αρχαία Αγορά είναι τα εξής:

1. S. Dow, *Prytaneis: A Study of the Inscriptions Honoring the Athenian Councillors* (1937).
2. R. S. Young, *Late Geometric Graves and a Seventh-Century Well in the Agora* (1939).
4. H. A. Thompson, *The Tholos of Athens and Its Predecessors* (1940).
5. W. B. Dinsmoor, *Observations on the Hephaisteion* (1941).
8. *Commemorative Studies in Honor of Theodore Leslie Shear* (1949).
9. J. V. A. Fine, *Horoi: Studies in Mortgage, Real Security, and Land Tenure in Ancient Athens* (1951).
12. D. J. Geagan, *The Athenian Constitution after Sulla* (1967).
13. J. H. Oliver, *Marcus Aurelius: Aspects of Civic and Cultural Policy in the East* (1970).
14. J. S. Traill, *The Political Organization of Attica* (1975).
17. T. L. Shear Jr., *Kallias of Sphettos and the Revolt of Athens in 286 B.C.* (1978).
19. *Studies in Attic Epigraphy, History, and Topography Presented to Eugene Vanderpool* (1982).
20. *Studies in Athenian Architecture, Sculpture, and Topography Presented to Homer A. Thompson* (1982).
22. E. J. Walters, *Attic Grave Reliefs That Represent Women in the Dress of Isis* (1988).
23. C. Grandjouan, *Hellenistic Relief Molds from the Athenian Agora* (1989).
25. S. I. Rotroff and J. H. Oakley, *Debris from a Public Dining Place in the Athenian Agora* (1992).
29. R. S. Stroud, *The Athenian Grain-Tax Law of 374/3 B.C.* (1998).
31. J. K. Papadopoulos, *Ceramicus Redivivus: The Early Iron Age Potters' Field in the Area of the Classical Athenian Agora* (2003).

38. M. B. Walbank, *Fragmentary Decrees from the Athenian Agora* (2008).

46. K. M. Lynch, *The Symposium in Context: Pottery from a Late Archaic House near the Athenian Agora* (2011).

47. S. I. Rotroff, *Industrial Religion: The Saucer Pyres of the Athenian Agora* (2013).

ΛΟΙΠΕΣ ΣΧΕΤΙΚΕΣ ΕΚΔΟΣΕΙΣ (ΔΙΑΘΕΣΙΜΕΣ ΚΑΙ ΣΤΑ ΕΛΛΗΝΙΚΑ)

C. A. Mauzy, *Agora Excavations, 1931–2006: A Pictorial History* (2006).

J. K. Papadopoulos et al., *The Art of Antiquity: Piet de Jong and the Athenian Agora* (2007).

ΕΥΡΕΤΗΡΙΟ

* = Αρχαία φιλολογική πηγή